U0087721

演化與人性

演化倫理學與
儒家思想的創新

李雅明　著

三民書局

自 序

　　人性論是儒家思想中重要的一部份，也大幅影響了後代儒學的發展。《三字經》的第一句就是「人之初，性本善。性相近，習相遠。」上學以後，有機會讀到《論語》、《孟子》、《荀子》的文章，對於孟子主張性善，而荀子主張性惡的印象非常深刻。覺得他們講的都很有道理，不過就是合不到一起去。這種疑團一直留在腦子裡，直到近年來有機會讀到演化倫理學的主張，終於有了一個比較協調一致的看法。

　　達爾文的演化論主張「物競天擇，適者生存」，所有生物在演化中最優先的考量必然是自己的生存與繁衍，基本上都是自私的。人類在這種情形下，為什麼會有道德感？甚至在一定的情況下，會有利他的行為？這是達爾文最感困惑的地方，甚至說這可能會推翻他所有的理論。這個問題一直到 1960 年代，一些演化學者先是提出了「近親選擇」理論，後來把這個理論應用到動物行為的各個方面，形成了演化倫理學的主張以後，才有了比較明確的解釋。我的本行是物理，後來長期作半導體的研發工作。不過我從年輕的時候開始，就一直對文史哲很有興趣，剛進臺大的時候，一年級讀的是醫科，後來才轉到物理系。大一的時候曾經修過動物學和植物學，所以對於演化論還不至於很陌生。

　　2013 年我先是在臺灣哲學學會的年會上作了有關演化倫理學與儒家人性論的報告。2014 年把報告內容寫成一篇文章

〈從演化倫理學觀點整合儒家人性論的嘗試〉，刊登在《思想》期刊第 26 期。後來也分別應新人類文明文教基金會和幾家大學的邀請去做過有關這個議題的演講。

儒家自孔子以後，有孟子和荀子兩位宗師。孟子是儒家理想主義的代表，荀子則是儒家自然主義的代表。孟子重心性，而荀子重經驗。這跟西方哲學中的唯理論和經驗論兩大主流思想很類似。在唐代以前，孟子和荀子都被尊為儒學宗師，各有其地位而無分高下，甚至荀子在漢代的影響還大一些。但是到了宋明理學之後，因為荀子主張性惡的關係，大多宋明理學家開始以孟子為宗，而以荀子為偏。這就窄化了儒學的內容，限制了儒學的發展。而且因為荀子比較重經驗，比較有實證的精神，貶抑荀學把儒學帶上了更重心性、更為形上的道路，也讓中國士人比較不重視科學的發展，從而導致了科技的落後。這樣的發展在思想和現實上，都是很不幸的。到了鴉片戰爭的時候，終於造成重大的失敗，釀成中國的百年國恥。

有了演化倫理學以後，我們可以知道：人類如果說有天性的話，人性其實是「善惡混」的，或者說是「善惡並存」的。有了這樣的認知，就可以把孟子的性善論和荀子的性惡論整合到一起，形成有科學基礎的儒家人性論。去除了對於荀子性惡論的顧忌，就可以用「科學的儒家人性論」重新詮釋儒家思想，把孟子和荀子都回歸到儒學主流，開創出儒家思想與近代科學充分融合的新道路。

本書先介紹歷史上的儒家人性論，以及近代學者對於人性

論的看法。然後討論演化論的興起、演化論的發展、演化倫理學的出現、以及有關社會生物學的爭論。接著討論如何應用演化倫理學來重新詮釋儒家思想，以及對於儒學現代化的一些想法。希望還可以對有興趣探討如何發揚中國傳統文化的讀者們作為參考。

　　本書之得以完成，首先要感謝《思想》期刊總編輯錢永祥先生刊出拙文〈從演化倫理學觀點整合儒家人性論的嘗試〉，也要感謝新人類文明文教基金會 2017 年 12 月 7 日邀我在基金會主辦的「大師公益講座」演講這個題目，並且把演講的短片放上網，讓超過一千三百人可以在網路上聽到演講內容。我也要感謝三民書局同仁的支持，特別是副總編輯和主編的大力協助。最後，我要對內人多年來的鼓勵表示最深的謝意。

李　雅　明

中華民國 109 年 11 月

演化與人性
——演化倫理學與儒家思想的創新
══ 目次 ══

Evolution and Human Nature: Evolutionary Ethics and the Renewal of Confucianism

CONTENTS

━━ 第 1 章 ━━
導　論

　　中國是世界四大文明古國之一，也是一個連續不斷的文明。其他三個世界古文明中，埃及文明起源很早，早期歷史也很輝煌，但是後來長期被外人統治。公元前 17 世紀，埃及北部被希克索人佔領大約一百年 。後來又兩度被波斯所滅 （公元前 525-404 年及公元前 343-332 年）。到了公元前 332 年，馬其頓王亞歷山大 （Alexander the Great，公元前 356-323 年，公元前 336-323 年在位） 攻佔埃及，趕走了波斯人。他的部將後來建立希臘人的托勒密 (Ptolemy) 王朝。從亞歷山大起，埃及連續被托勒密王朝、羅馬帝國、阿拉伯伊斯蘭王朝、土耳其的奧托曼帝國、 大英帝國統治、 中間法國還佔領了三年（1798-1801 年）、一直到 1952 年才獲得獨立。埃及被外國人連續統治了長達兩千兩百多年，古代的埃及文明幾乎消失殆盡，只剩下古蹟供人憑弔。

　　兩河流域文明起源也很早，但是各階段分別由不同的民族主導， 主要有蘇美 (Sumer)、 阿卡德 (Akkad)、 阿摩利(Amorite)、巴比倫 (Babylon)、亞述 (Assur)、埃蘭 (Elam)、喀西特 (Kassite)、胡理安 (Hurrian)、迦勒底 (Chaldea) 等民族，因此其文明是混雜的。到了公元前 539 年被波斯攻佔，公元前 332 年又被亞歷山大攻佔，後來亞歷山大的部將建立希臘人的賽流西 (Seleucid) 王朝。公元前 150 年之後，兩河流域變成羅馬與安息 (Parthia) 的戰場。公元 7 世紀之後，又被穆斯林王朝統治。兩河流域的文明因而不是一個統一連續的文明。

　　印度從公元前大約 3000 年到公元前 1500 年，有印度河文

明，或稱哈拉帕 (Harappan) 文明[1]，到了公元前 1500 年左右就完全湮滅不見了，可能是被入侵的雅利安人所驅逐消滅，哈拉帕文明跟後來的印度文明因此不是一回事。公元 8 世紀後，穆斯林民族入侵印度。17 世紀起，英國開始蠶食印度，最後把印度變成了英國的殖民地。印度的民族和宗教繁多，語言文字各異。在英國殖民統治之前，也從來沒有統一過。印度文明因此成分複雜、不是一個統一協調的合體。與世界其他三個古文明比起來，中華民族的文明因而連續性最強，成分也齊一，這在世界上是非常獨特的。

在思想方面，歷史上各個民族雖然都有自己的文化，但是只有古代的希臘、印度和中國發展出哲學體系。因此在歷史和哲學兩方面，中華民族都是非常獨一無二的，這種記錄的確值得我們後代子孫寶貴珍惜。

歷史上的儒家人性論

在中國哲學史上，人性論是一個重大的議題。因為它不但是孟子和荀子討論的重點，也大幅影響了後代儒學的發展。對於人性，孔子（公元前 551-479 年）認為「性相近也、習相遠也」[2]，但對於人性究竟是善是惡並未多所申論。先秦諸子中：孟子（約公元前 372-289 年）主張性善，告子主張性無善無

---

1. 考古發現的兩個主要城市為 Harappa 和 Mohenjo-daro，因此也稱為哈拉帕—摩亨佐達羅文明 (Harappa-Mohenjo-daro civilization)。

2. 《論語·陽貨》，第 2 章。

惡，世碩主張性有善有惡，荀子（約公元前 313-238 年）主張性惡 [3]。告子與孟子同時，並且與孟子有過辯難。世碩是孔子七十子的弟子 [4]。孟子和荀子是孔子之後的兩位儒學宗師，意見如此不同，實在是儒家思想史上的重大爭議。雖然有不少學者認為，仔細分析起來他們兩人的差異並不像表面看起來的那麼大，但是他們的不同主張，的確影響了後世儒家的思想發展。先秦諸子對人性論已經有這麼多不同的看法，我們可以知道人性論從一開始，就是一個眾說紛紜的議題。

漢代以下，董仲舒主張人性本質為善但其情為惡，揚雄主張性善惡混，王充認為性有高下之分，韓愈提出性三品說 [5], [6]。與宋明理學以孟子為尊不同，在唐代以前，孟子的地位與諸子無分高下，與荀子、揚雄、董仲舒並稱 [7]。荀子在漢代的影響，甚至比孟子還要大 [8]。可是到了宋代以後，孟子成為宋明理學的正統，而以荀子為偏。宋明理學的這種觀點翻轉了儒學的走向，對後來中國儒家思想的影響重大，也造成許多問題。

其實儒學內部從一開始就有兩條不同的義理之路。孟子代

---

3. 陳榮捷，《中國哲學文獻選編》（臺北：巨流圖書，1993），頁 394。

4. 《漢書·藝文志》云：「《世子》二十一篇。」班固自注：「名碩，陳人也。七十子之弟子。」

5. 張岱年，《中國倫理思想研究》（北京：中國人民大學出版社，2011），頁 77 起。

6. 牟鐘鑒，《儒學價值的新探索》（濟南：齊魯書社，2001），頁 92 起。

7. 陳來，《宋明理學》（遼寧：遼寧教育出版社，1991），頁 23。

8. 陳榮捷，《中國哲學文獻選編》（臺北：巨流圖書，1993），頁 201。

表儒家中理想主義的一派,而荀子代表儒家現實主義的一派 [9]。
孟子重心性,而荀子重經驗 [10]。以孟子為代表的路線,強調道
德的先驗性,以縱貫、內省為特徵。而以荀子為代表的一派,
則強調道德的後天人為,以橫貫、外觀為特徵。這一差別經過
宋明理學的發展,形成了注重明心見性的陸王心學與強調格物
窮理的程朱理學的分野 [11]。宋代以後,隨著強調經驗論的荀子
被排除在儒學正統之外,一般學子所追逐的目標與實際日益脫
節,科技的發展也因而不顯。西方哲學因為比較重視經驗,西
方人也重視實際經濟利益, 從 15 世紀末以後逐漸走向海洋,
不但發現了新大陸,而且實行殖民主義,進而變成帝國主義。
雖然帝國主義的行徑不符人道,但是卻造成西方國家的強勢地
位,執掌世界大局將近五百年。宋明以後的儒學則因為重心性
而不重經驗,讓中國雖然有一些技術,但是卻缺乏更深一層的
科學。到了鴉片戰爭的時候,終於來到一個爆發點,讓中國人

---

9. 馮友蘭,《中國哲學簡史》(天津:天津社會科學院出版社,2005),
頁 60。

10. 關於荀子的經驗論,可見:⑴陳榮捷,《中國哲學文獻選編》(臺北:
巨流圖書,1993),頁 203;⑵徐復觀,《中國人性論史——先秦篇》
(臺北:臺灣商務印書館,2010),頁 225;⑶韋政通,《中國思想
史》(臺北:水牛出版社,2001),頁 319。關於朱子的經驗論,可見:
⑴張君勱,《新儒家思想史》(臺北:弘文館出版社,1986),頁 233;
⑵韋政通,《中國思想史》(臺北:水牛出版社,2001),頁 1166;
⑶張岱年主編,《中華的智慧》(臺北:貫雅文化,1991),頁 381。

11. 魏彩霞,《全球化時代中的儒學創新——杜維明的現代新儒學思想》
(北京:中國社會科學出版社,2004),頁 17。

經歷了長達百餘年的國難，也讓李鴻章嘆為「三千年未有之大變局。」

宋明理學之後，孟子成了儒家的正統，性善論也就成為一般儒者的共識。清代以後，這種情形稍有變化，注重荀子的學者變多了。到了近代，對於人性論，持「心性之學」宗旨的現代心學論者，如梁漱溟、熊十力、牟宗三、唐君毅、徐復觀等人均宗孟子性善的主張。但是其他學者，如胡適、傅斯年、馮友蘭、陳大齊、韋政通、張岱年、李澤厚等則對這個問題有不同的意見，他們多認為這個問題並不像宋明理學家說的那麼簡單，現代學者對於人性論因而沒有一個一致的答案。

西方學術思想的來源

反觀西方，西方哲學從希臘時代開始，就有較為實際的傾向，比較富有向外求知的精神。希臘最早期的哲學家，像是伊奧尼亞 (Ionia) 學派的泰利斯 （Thales，約公元前 624-546 年）、阿那克西曼德（Anaximander，約公元前 610-546 年）和阿那克西美尼斯（Anaximenes，約公元前 588-524 年）都很注重自然。泰利斯曾從事幾何、天文、氣象方面的研究，並把研究成果應用於實物，認為水是萬物之本原。阿那克西曼德據說繪出第一張地圖，製造了天球儀和計時器。他看到水本原說的侷限性，認為萬物本原是「無定」。阿那克西美尼斯提出氣是本原，氣綜合了水和無定的特徵[12]。另一位來自伊奧尼亞地

---

12. 趙敦華，《西方哲學簡史》（臺北：五南圖書，2002），頁 14-16。

區的赫拉克利特斯（Heraclitus of Ephesus，約公元前 535-
475 年）認為萬物流轉，世界原初狀態是火，火轉化為萬物，
萬物又轉化為火。他認為「濯足流水，水非前水」，一切都在生
成變化之中 13。在義大利南部希臘城邦開創宗教學術團體的畢
達哥拉斯（Pythagoras，約公元前 578-510 年）14 結合宗教與
數學，注重數的形象性。像是直角三角形的兩個直角邊長的平
方和等於斜邊的平方，就是以畢達哥拉斯的名字來命名。

愛利亞 (Elea) 派的巴門尼德斯（Parmenides，約公元前
515-445 年），反對赫拉克利特斯認為一切事物都在轉化之中
的觀點。巴門尼德斯認為，這無異說一切事物既是又不是，混
淆了是與非。他通過思辨規定是者的性質，包括：不生不滅、
連續性和完整性。巴門尼德斯的弟子齊諾（Zeno the Eleatic，
約公元前 490-430 年）提出四個運動悖論。像是希臘神話中的
英雄阿基利 (Achilles) 和烏龜賽跑，因為烏龜先爬了一段路程，
所以阿基利永遠也追不上烏龜。他的論辯多憑藉「無限可分性」
的矛盾來論理。

生於西西里島的恩培多克利斯（Empedocles of Akragas
in Sicily，約公元前 490-435 年）認為火、土、氣、水是組成
萬物的四個根源，萬物因四根的組合而生成，因四根的分離而
消失。阿那克薩戈拉（Anaxagoras，約公元前 500-428 年）

---

13. ⑴傅偉勳，《西洋哲學史》（臺北：三民書局，1965），頁 25；⑵趙敦
　　華，《西方哲學簡史》（臺北：五南圖書，2002），頁 17。

14. Wikipedia 的 "Pythagoras" 把他的生卒年代估為 ： 約公元前 570-
　　495 年。

認為構成萬物是他稱為種子 (spermata) 的細小微粒。 到了路西帕斯（Leucippus，活動於公元前 5 世紀）和他的弟子德謨克利特斯（Democritus，約公元前 460-370 年）提出了原子論，認為世界的本原是原子和虛空，原子的原意是不可分割，用來表示最小的微粒。原子是肉眼觀察不到的微粒，它既滿足了本原所需要的不生不滅，又符合感覺到的生滅變化的事實。以上這些希臘哲學家們對於自然的推論，雖然在今天看起來顯得粗略，但是至少他們都具有向自然探索的意願和敏銳的觀察力。

一些古希臘科學家的貢獻，更是令人矚目。像前面提到畢達哥拉斯的數學， 阿里斯塔克斯 （Aristarchus， 約公元前 310-230 年）、 喜帕恰斯 （Hipparchus， 約公元前 190-120 年）的天文學、歐幾里得（Euclid，約公元前 323-235 年）的幾何學、阿基米德（Archimedes，約公元前 287-212 年）的力學等 [15]，都是古代科學極高的成就。

蘇格拉底 （Socrates， 約公元前 469-399 年）、 柏拉圖（Plato，約公元前 427-347 年）和亞里士多德 （Aristotle，公元前 384-322 年）為古希臘的三大哲人。柏拉圖和亞里士多德都有很多著作流傳下來。其中亞里士多德就是一個非常講究事實根據，努力蒐集經驗材料，建構系統化科學知識的學者 [16]。

[15.] (1) W. C. Dampier, *A History of Science* (Cambridge: Cambridge University Press, 1952), Ch. 1: Science in the Ancient World. (2)鮑耀三、張純成主編，《簡明自然科學史》（河南：河南大學出版社，1988），第 1 章〈古代世界的科學〉。

[16.] 傅偉勳，《西洋哲學史》（臺北：三民書局，1964），頁 115。

這些人的年代多是在公元前 200 年以前，在這麼早的時期，古希臘就能有這麼重要的科學成就，實在是非常令人敬佩的，這也開創了西方科學的傳統。提到這些，並不是在長他人志氣。這只是要說明，各民族都有自己的長處，古希臘人的確有向外求知的傳統。中國古代學者中，也不是沒有注重經驗學問的，荀子就代表了儒家強調現實主義的一派[17]，他的論證也有強烈經驗論的傾向。但是很可惜的是，荀子因為主張性惡論，受到宋明理學家的排斥，後世學者未能發展出科學。現在演化倫理學證明荀子對於人性的論述，大多是正確的。未來儒家思想的發展，應該孟荀並重，不可偏廢，尤其應該重視荀子的經驗論主張，使儒學和科學能夠更好的銜接。

古代希臘人的成就固然輝煌，但是從公元 4 世紀到公元 15世紀的中世紀，由於基督教變成了歐洲國家的國教，基督教控制了一切思想，哲學變成了神學的婢女，這段時期成了西方文明的黑暗時代。一直要到文藝復興和啟蒙運動之後，歐洲國家才能重拾希臘羅馬的典章文物，降低基督教神學的影響，重振哲學探索。西洋哲學一直有唯理論 (idealism) 和經驗論 (empiricism) 的兩大主流。到了近、現代時期，歐陸哲學一般傾向唯理論，而英美哲學則傾向經驗論。我們可以注意到，英國人的思想一直以經驗論為主。英國後來成為工業革命的發源地，西方國家在殖民主義和帝國主義的全球競爭中，英國也是最後勝出的國家，這中間的關係應該不是偶然的。

---

17. 馮友蘭，《中國哲學簡史》（天津：天津社會科學院出版社，2005），頁 60。

至於西方人的人性論，按照基督教的說法人有原罪，因此
基本上是主張性惡論的。到了近代，基督教的勢力逐漸衰退，
不同的主張也就陸續出現。像是英國的洛克 (John Locke,
1632-1704) 就主張「白板說」[18]，認為人生下來，就像一張
白板，知識都是從經驗得來，沒有什麼天賦人性可言。

演化論的發展

1858 年達爾文 (Charles Darwin, 1809-1882) 和華來士
(Alfred Wallace, 1823-1913) 一起發表了他們有關物種演化
的論文。達爾文接著在 1859 年出版了《物種起源》(*The
Origin of Species*, 1859)，認為物種不是不變，不像基督教所
說物種都是神在七天之內創造出來的，而是由於「自然選擇」
(natural selection)，或者說「天擇」的作用演化出來的。由於
擔心基督教會的反應，又過了十二年，達爾文才在 1871 年出
版了《人的起源》(*The Descent of Man, and Selection in
Relation to Sex*, 1871) 一書，論述人類的演化，把「適者生
存」的原則也應用到人類社會。這與拉馬克 (Jean-Baptiste
Lamarck, 1744-1829) 所主張的「用進廢退說」不同。由於達
爾文不願意公開爭辯，赫胥黎 (Thomas Huxley, 1825-1895)
成了演化論最有力的辯護者。史賓塞 (Herbert Spencer,
1820-1903) 也提出「適者生存」的說法。1865 年，孟德爾

---

18. 陳修齋主編，《歐洲哲學史上的經驗主義與理性主義》(北京：人民出
版社，1986)，頁 62。

(Gregor Johann Mendel, 1822-1884) 發表了他做豌豆實驗的遺傳定律，但是沒有受到注意。德國的魏斯曼 (August Weismann, 1834-1914) 在 1883 年提出「種質論」，認為負責物種遺傳的種質，與一般的體質細胞是不同的。他也用切掉老鼠尾巴的實驗，證明拉馬克「用進廢退說」的不確。1900 年孟德爾的遺傳定律重新被發現。起初有些人以為達爾文和孟德爾的主張是有矛盾的。達爾文主義在遺傳學上因而有一段比較沉寂的日子。當時主要的孟德爾派學者都沒有接受天擇說[19]。一直要到 1930、40 年代，生物學者才認識到：達爾文的天擇學說與孟德爾的遺傳定律其實是互補的。把達爾文的天擇理論與孟德爾的遺傳定律結合起來，就是現代演化綜合理論 (evolutionary synthesis)，或稱新達爾文主義。

另一方面，史賓塞「適者生存」的說法，和達爾文表弟高登 (Francis Galton, 1822-1911) 提倡的優生學，形成了有爭議的社會達爾文主義。由於社會達爾文主義的不良影響，以演化論為基礎的倫理學一度消沉。

演化倫理學的出現

自從有了達爾文的演化論以後，生物學家就在思索人類的道德感是從那來的。演化論主張「物競天擇，適者生存」，人類在這種情形下，為什麼會有道德感？甚至有時候會有利他的行

---

[19]. Ernst Mayr, *One Long Argument* (Cambridge, MA: Harvard University Press, 1991), pp. 132-134.

為？這是達爾文最感困惑的地方，甚至說這可能會推翻他所有的理論 20。這個問題有很長一段時期，得不到圓滿的解釋。

一直到了 1963 年和 1974 年間，四位生物學家發展出有關演化論的新革命。這四位學者是漢彌敦 (William Hamilton, 1936-2000)、威廉斯 (George Williams, 1926-2010)、崔弗斯 (Robert Trivers, 1943-) 和梅納史密斯 (John Maynard Smith, 1920-2004) 21。他們把基因，而不是個體，作為遺傳的單位。用這種理論，他們解釋了過去不能解釋的動物行為，包括利他現象。

到了 1975 年，哈佛大學教授威爾森 (Edward O. Wilson, 1929-) 出版了《社會生物學 —— 新綜合》(*Sociobiology: A New Synthesis*, 1975) 一書。他把演化論應用到社會科學，稱之為社會生物學。這引起了學術界很大的爭議，一方面因為威爾森的社會生物學強調生物學的影響，重燃了「天性與教養」(nature vs. nurture) 孰重孰輕的爭議。另一方面，許多左派人

20. (1) K. N. Laland and G. R. Brown, *Sense and Nonsense: Evolutionary Perspectives on Human Behavior* (Oxford: Oxford University Press, 2002), p. 75. (2) A. Grafen and M. Ridley (eds.), *Richard Dawkins: How a Scientist Changed the Way We Think* (Oxford: Oxford University Press, 2006), p. 76.

21. (1) K. N. Laland and G. R. Brown, *Sense and Nonsense: Evolutionary Perspectives on Human Behavior* (Oxford: Oxford University Press, 2002), p. 70. (2)舒遠招，《西方進化倫理學 —— 進化論運用於倫理學的嘗試》(湖南：湖南師範大學出版社，2006)，頁 221。

士認為威爾森的主張有種族主義和性別主義的傾向，也有替資本主義現狀合理化辯護的嫌疑，因此大肆加以攻擊。這當中尤其以同在哈佛大學任教的雷翁廷 (Richard Lewontin, 1929-) 和古爾德 (Stephen J. Gould, 1941-2002) 態度最為激烈。 繼威爾森之後， 英國學者道金斯 (Richard Dawkins, 1941-) 在 1976 年出版了《自私的基因》(*The Selfish Gene*, 1976)， 在 1987 年又出版了 《盲眼鐘錶匠》 (*The Blind Watchmaker*, 1987) 等書，闡述與威爾森類似的理論。道金斯與威爾森的主張雖然稍有出入，道金斯也不喜歡用社會生物學這個名詞，但是他們基本上都大力為演化倫理學辯護。

中西學術的接觸

中國人第一次接觸西方文明是在唐代，基督教的聶斯托利派 (Nestorian) 傳入中國，稱為景教，但景教傳播的時間很短，對中國文化也沒有產生什麼影響。基督教在元朝第二次傳入中國，稱為也里可溫教，包括景教與天主教在內，元朝滅亡後，也在中國銷聲匿跡了。中國人最早接觸到西洋學術，應該是在明末清初， 利瑪竇 (Matteo Ricci, 1552-1610)、 湯若望 (Johann Adam Schall von Bell, 1591-1666) 等耶穌會士來到中國傳教，翻譯了一些西方著作。但是他們傳來的是西方比較舊的學術， 像是在天文學方面， 就是哥白尼 (Copernicus, 1473-1543) 之前的理論。由於禮儀之爭，雍正帝在 1724 年禁止天主教，中西學術的接觸又中斷了。

　　等到鴉片戰爭一聲炮響，讓中國人震驚於西方的船堅炮利。因而展開了洋務運動，「師夷之長技以制夷」，但還不及於西方思想。西方思想真正對中國產生重大影響是在維新運動。甲午戰爭的失利讓中國人受到莫大的衝擊，嚴復 (1854-1921) 在 1896 年翻譯了赫胥黎的《天演論》(*Evolution and Ethics*, 1893)，宣揚達爾文「物競天擇，適者生存」的演化論主張，對中國思想界產生了重大的影響。後來他又翻譯了斯密 (Adam Smith, 1723-1790) 的《原富》(即《國富論》(*The Wealth of Nations*, 1776))、密爾 (John Stuart Mill, 1806-1873) 的《名學》(*A System of Logic*, 1843) 和《群己權界論》(即《論自由》(*On Liberty*, 1859))、孟德斯鳩 (Charles Montesquieu, 1689-1755) 的《法意》(即《論法的精神》(*The Spirit of Law*, 1748))、史賓塞的《群學肄言》(即《社會學研究》(*The Study of Sociology*, 1873)) 等書。

　　在嚴復翻譯的西方書籍中，《天演論》的影響可以說是最大的。演化論讓中國人深切體會到在「物競天擇，適者生存」的環境下，如果不改弦更張，國家民族隨時有亡國滅種的危機。這本書對於喚醒當時的中國人有著不可磨滅的貢獻。像胡適原名嗣穈，因為看到《天演論》改名胡適，字適之。陳炯明受到《天演論》的影響，取字「競存」[22]。嚴復接受英國經驗論的思想，贊同洛克有關人性的「白板說」。他站在經驗論的立場，對於傳統儒學的「古書成訓」和「心成之說」進行了批判。他認為，陸王心學就是這種「心成之說」的集中代表，因此他對

22. 維基百科：「天演論」。

陸王心學進行批判。他說:「夫陸王之學,質而言之,則直師心自用而已。……王氏窗前格竹,七日病生之事,若與西洋植物學家言之,當不知幾許軒渠[23],幾人齒冷。」[24]嚴復在瞭解了演化論的宗旨之後,用一種儒家學者以前從來沒有用過的角度,批評陸王心學妨礙了中國的科技發展。

儒家思想的未來

儒家思想是中華民族傳統思想的核心,也為中華民族的生存繁榮提供了最具基礎、也最切實的保證。儒家思想不是不能批評,儒家思想畢竟是兩千五百年前開創的,一些看法與現代社會有些出入也是很自然的。由於歷史上歷代王朝都想藉著儒學來鞏固他們的統治,因此儒家思想也受到一些不利的影響。儒家思想中的糟粕在五四運動中受到嚴厲的批評,這些批評其實對於分清儒學中的精華與糟粕也是有幫助的。由於社會的進步,這些不利因素在現代社會中是很容易可以排除的。排除這些糟粕並沒有影響到儒家思想的核心主張。重要的是我們要維護儒家思想的精華,這些精華是中華文化的核心,也是中華文明得以延續的中心力量。所以今天最重要的,是如何能讓儒家思想現代化。

儒家人性論是儒家思想中重要的組成部份。演化倫理學正

---

23. 軒渠:笑的樣子。

24. 程志華,《中國近現代儒學史》(北京:人民出版社,2010),頁6-9。

可以為儒家思想提供與科學符合的人性論。如果我們把人的天賦通性稱為人性的話，演化倫理學就解釋了人類的天性由何而來，以及人會有什麼樣天性的問題。這就為人性論奠定了科學基礎。在本書中，我們將先討論演化論的興起，演化倫理學的由來，然後把演化倫理學應用到儒家人性論，得到符合科學的儒家人性論。再以這個新的「科學的儒家人性論」，重新詮釋儒家思想，讓孟子之學和荀子之學都重新回到儒學的主流，這不但擴展了儒學的思想領域，也開創出儒家思想與現代科學充分融合的新道路，為儒學的現代化奠定基礎，這就是本書的主要宗旨。

══ 第 2 章 ══
歷史上的儒家人性論

先秦諸子的人性論

中國哲學史上，在人性論方面，孔子認為「性相近也、習相遠也」¹，但對於人性究竟是善是惡並未多所申論。《論語》中與人性有關的言論，有「子曰：已矣乎！吾未見好德如好色者也！」²，與「子曰：唯上知與下愚不移。」³《論語》中也記載道「子貢曰：夫子之文章，可得而聞也。夫子之言性與天道，不可得而聞也。」⁴ 因此，孔子的確很少討論有關人性的事情。

孟子則主張性善。「孟子曰：……所以謂人皆有不忍人之心者：今人乍見孺子將入於井，皆有怵惕惻隱之心，非所以內交於孺子之父母也，非所以要譽於鄉黨朋友也，非惡其聲而然也。由是觀之，無惻隱之心，非人也；無羞惡之心，非人也；無辭讓之心，非人也；無是非之心，非人也。惻隱之心，仁之端也；羞惡之心，義之端也；辭讓之心，禮之端也；是非之心，智之端也。人之有是四端也，猶其有四體也。」⁵

類似的話，也見於《孟子·告子上》，「孟子曰：……惻隱之心，人皆有之；羞惡之心，人皆有之；恭敬之心，人皆有之；是非之心，人皆有之。惻隱之心，仁也；羞惡之心，義也；恭

---

1. 《論語·陽貨》，第 2 章。
2. 《論語·衛靈公》，第 13 章。
3. 《論語·陽貨》，第 3 章。
4. 《論語·公冶長》，第 13 章。
5. 《孟子·公孫丑上》，第 6 章。

敬之心，禮也；是非之心，智也。仁義禮智，非由外鑠我也，我固有之也，弗思耳矣。」[6]

在《孟子・盡心上》，「孟子曰：人之所不學而能者，其良能也；所不慮而知者，其良知也。孩提之童，無不知愛其親者；及其長也，無不知敬其兄也。親親，仁也；敬長，義也。」[7]

與孟子同時的告子則主張性無善無惡。告子的著作沒有流傳下來，他的人性主張見於《孟子》。《孟子》中提到：「告子曰：生之謂性」[8] 和「告子曰：食色性也」[9]，以及「公都子曰：『告子曰：性無善無不善也。』」[10] 因此，他主張生來如此的就是性，食色都是性，而且性無善無惡。

荀子則主張性惡，而與孟子意見相左。他說：「人之性惡，其善者偽也。今人之性，生而有好利焉，順是，故爭奪生而辭讓亡焉；生而有疾惡焉，順是，故殘賊生而忠信亡焉；生而有耳目之欲，有好聲色焉，順是，故淫亂生而禮義文理亡焉。然則從人之性，順人之情，必出於爭奪，合於犯分亂理，而歸於暴。故必將有師法之化，禮義之道，然後出於辭讓，合於文理，而歸於治。用此觀之，然則人之性惡明矣，其善者偽也。」[11]「偽」是人為的意思。

他又說：「孟子曰：『人之學者，其性善』。曰：是不然，是

6.　《孟子・告子上》，第 6 章。

7.　《孟子・盡心上》，第 15 章。

8.　《孟子・告子上》，第 3 章。

9.　《孟子・告子上》，第 4 章。

10.　《孟子・告子上》，第 6 章。

11.　《荀子・性惡》。

不及知人之性，而不察乎人之性偽之分者也。凡性者，天之就也，不可學，不可事。禮義者，聖人之所生也，人之所學而能，所事而成者也。不可學，不可事，而在人者，謂之性；可學而能，可事而成，之在人者，謂之偽；是性偽之分也。」[12]

除了孟子主張性善，告子主張性無善無惡，荀子主張性惡之外，世碩主張性有善有惡。世碩是孔子七十子的弟子。世碩的主張，見於王充的《論衡》一書：「周人世碩，以為人性有善有惡，舉人之善性，養而致之則善長；性惡，養而致之則惡長。如此，則性各有陰陽，善惡在所養焉。」[13]

另外，楊朱重己。《孟子》上說：「楊子取為我，拔一毛而利天下，不為也。」[14]《列子》上也說：「楊朱曰：古之人損一毫利天下，不與也。悉天下奉一身，不取也。人人不損一毫，人人不利天下，天下治矣。」[15]楊朱這樣主張自私的說法，其效果顯然傾向於性惡。法家的韓非說：「好利惡害，夫人之所有」，也認為人性惡[16]。

漢代至唐代的儒家人性論

漢代的董仲舒認為，人之德性，天生之而人成之，生而即

---

12. 《荀子・性惡》。

13. 陳榮捷，《中國哲學文獻選編》（臺北：巨流圖書，1993），頁393。

14. 《孟子・盡心上》，第26章。

15. 《列子・楊朱》。

16. (1)韋政通，《中國思想史》（臺北：水牛出版社，2001），頁363；(2)勞思光，《新編中國哲學史㈠》（臺北：三民書局，1981），頁342。

有的自然之質，有善質而未可謂善，需經後天教化而成其善。他說：「性如繭如卵，卵待覆而為雛，繭待繅而為絲，性待教而為善，此之謂真天。」[17]

揚雄主張善惡混。他認為：「人之性也善惡混，修其善則為善人，修其惡則為惡人。」[18]

王充在《論衡·本性》中把性分為上、中、下。他說：「余固以孟軻言人性善者，中人以上者也；孫卿言人性惡者，中人以下者也；揚雄言人性善惡混者，中人也。」[19]他總結了過去有關人性的理論，認為：(1)有些人天生為善，有些人天生為惡（世碩）。(2)人生而性善（孟子）。(3)人本無善惡（告子）。(4)人生而性惡（荀子）。(5)人始而為善，人本質為善，但其情為惡（董仲舒）。(6)人性為惡但情為善（劉向）。(7)人性善惡相混（揚雄）。

唐代的韓愈提出性三品說，在〈原性〉一文中，他說：「性也者，與生俱生者也；情也者，接於物而生者也。性之品有三，而其所以為性者五；情之品有三，而其所以為情者七。曰：何也？曰：性之品有上中下三。上焉者，善焉而已矣；中焉者，可導而上下也；下焉者，惡焉而已矣。」[20]

---

17. 董仲舒，《春秋繁露·深察名號》，引自：牟鐘鑒，《儒學價值的新探索》（濟南：齊魯書社，2001），頁109。

18. 揚雄，《法言·修身》，引自：牟鐘鑒，《儒學價值的新探索》（濟南：齊魯書社，2001），頁108。

19. 陳榮捷，《中國哲學文獻選編》（臺北：巨流圖書，1993），頁394。

20. (1)陳榮捷，《中國哲學文獻選編》（臺北：巨流圖書，1993），頁572；(2)牟鐘鑒，《儒學價值的新探索》（濟南：齊魯書社，2001），

　　李翱提出性善情惡論，說：「人之所以為聖人者，性也；人之所以惑其性者，情也」[21]，把性與情對立起來，認為性善而情惡，主張去情復性[22]。

宋明理學的儒家人性論

　　到了宋代，理學家從張載起，中經二程程顥、程頤，到朱熹，他們用理氣論來分析人性問題。張載區別「天地之性」與「氣質之性」，提出性二元論。他說：「形而後有氣質之性，善反之，則天地之性存焉。」氣質之性是人既生成形之後才有的，天地之性則是人與天地萬物共同的本性[23]。程顥以為，氣稟之性是有善有惡的，天賦的本性則不能說善惡。程頤區別了「極本窮源之性」與「所稟之性」。朱熹採用了張載所謂「天地之性」與「氣質之性」的名稱。天地之性即是理，氣質之性則是理與氣的結合。天地之性純粹至善；氣質之性，有清濁昏明之不同，因而有善有惡[24]。他們雖然並不直指氣質之性為惡，但認為天地之性純善，氣質之性中含有惡，就其基本傾向而言，

頁 110。

21. 韋政通，《中國思想史》（臺北：水牛出版社，2001），頁 959。

22. 牟鐘鑒，《儒學價值的新探索》（濟南：齊魯書社，2001），頁 113。

23. 張載，〈正蒙篇〉、〈誠明篇〉，見張岱年，《中國倫理思想研究》（北京：中國人民大學出版社，2011），頁 84。

24. 張岱年，《中國倫理思想研究》（北京：中國人民大學出版社，2011），頁 84-86。

乃是一種變相的性善情惡論，因為氣質之性就是有情之性[25]。

　　王安石說：「性不可以善惡言之」，認為情有善惡，性則是情的根源[26]。但他認為「性情一也」，說：「性者情之本，情者性之用，故吾曰性情一也。」[27]

　　程顥認為天理是善的，人性也是善的，但是現象中有惡，他的態度就是指出現象中的惡，並非根本惡，它們是現象中的實然。現象中有善惡相對，但是本體上絕對是善的，這是張載的立場，也是程顥的立場[28]。

　　程頤對於性之善惡說：「心本善，發於思慮，則有善與不善。若既發，則此謂之情，不可謂之心。」[29]他認為：「氣有善不善，性則無不善也。」「心」連著性說，「才」連著氣說[30]。他極反對荀子的性惡論，說：「荀子以人性為惡，則是誣天下萬世之人皆為惡也，其昧於理如是之甚」[31]、「荀子極偏駁，只一句性惡，大本已失。」[32]

　　到了南宋的朱子，朱子是性二元論的集大成者。他主張心統性情說，認為「合如此是性，動處是情，主宰是心」，又說：「性，本體也，其用，情也；心則統性情，該動靜而為之，主

25. 牟鐘鑒，《儒學價值的新探索》（濟南：齊魯書社，2001），頁113。

26. 陳來，《宋元明哲學史教程》（北京：三聯書店，2010），頁40。

27. 牟鐘鑒，《儒學價值的新探索》（濟南：齊魯書社，2001），頁113。

28. 杜保瑞，《北宋儒學》（臺北：臺灣商務印書館，2005），頁210。

29. 杜保瑞，《北宋儒學》（臺北：臺灣商務印書館，2005），頁227。

30. 杜保瑞，《北宋儒學》（臺北：臺灣商務印書館，2005），頁236。

31. 田富美，《清代荀子學研究》（新北：花木蘭文化，2011），頁27。

32. 張京華，《新譯近思錄》，卷14，〈總論聖賢〉，頁594。

宰也。」性是善的，因為理當如此；一發用便為情，情有中與不中之別，屬於氣質之性，故有善有不善。惻隱是情是善，人欲是情是惡[33]。朱子極贊同張載的「心統性情」一語，由此發展出他的心性情三分架局[34]。他批評荀子的性惡論說：「不須理會荀卿，且理會孟子性善。」[35]但是，他也說：「人之性皆善。然而有生下來善底，有生下來惡底，此是氣稟不同。」[36]他對孟子先善後惡的陷溺之說作出批評[37]，認為孟子的缺陷乃在於「論性不論氣，有些不備」[38]，不能解釋惡的來源和人生來即有惡這一事實。這樣的論點其實與荀子的主張只有一步之遙了。

與朱子互相論爭的陸九淵把人的良心看成是完全不依賴學習與社會生活的天賦意識[39]。他說：「心，一心也；理，一理也；至當歸一，精義無二。此心此理，實不容有二。……愛其親者，此理也；敬其兄者，此理也；見孺子將入井，而有怵惕惻隱之心者，此理也」[40]，「千萬世之前，有聖人出焉，同此心，同此理也。千萬世之後，有聖人出焉，同此心，同此理也。

33. 朱熹，《文集》，卷 74，引自：牟鐘鑒，《儒學價值的新探索》（濟南：齊魯書社，2001），頁 115。

34. 劉述先，《朱子哲學思想的發展與完成》（臺北：學生書局，1982），頁 350。

35. 《朱子語類》，卷 8。

36. 《朱子語類》，卷 4。

37. 郭齊勇，《中國儒學之精神》（上海：復旦大學出版社，2009），頁 208。

38. 《朱子語類》，卷 4。

39. 張岱年，《中華的智慧》（臺北：貫雅文化，1991），頁 389。

40. 陳榮捷，《中國哲學文獻選編》（臺北：巨流圖書，1993），頁 699。

東南西北海，有聖人出焉，同此心，同此理也。」[41] 因此，「象山的思想，可用『發明本心』四字概括。所謂本心，即孟子既屬先驗又是普遍的道德心。」[42]

繼承陸九淵心學傳統的王守仁認為良知是生來固有的，這是一種道德先驗論[43]。他說：「天命之性，吾心之本體。自然靈昭明覺者也。凡意念之發，吾心之良知，無有不自知者。其善歟，惟吾心之良知自知之，其不善歟，亦惟吾心之良知自知之。」[44]

宋儒所說的性二元論，有義理之性，又有氣質之性，到明代引起許多反對的意見。明末清初之際，王夫之提出人性日生日成說。他認為性情一體，都是在不斷演變中形成。他指出人性是個過程，包括感性和理性都在後天生活中逐步形成[45]。

清代的顏元主張性情統一、理氣一元。他反對將人性混同天道，認為人性皆氣質之性[46]。因此，他不認為性可以分為義理之性與氣質之性，認為性只有一個，那就是氣質之性[47]。

戴震力主性情合一論，提出血氣心知即性[48]。他所謂的「性」，指本能之全部，故純是自然意義。錢穆指出戴震以生物

---

41. 陳榮捷，《中國哲學文獻選編》（臺北：巨流圖書，1993），頁 703。
42. 韋政通，《中國思想史》（臺北：水牛出版社，2001），頁 1192。
43. 張岱年，《中華的智慧》（臺北：貫雅文化，1991），頁 401。
44. 馮友蘭，《中國哲學史》（臺北：臺灣商務印書館，1993），頁 951。
45. 牟鐘鑒，《儒學價值的新探索》（濟南：齊魯書社，2001），頁 117。
46. 牟鐘鑒，《儒學價值的新探索》（濟南：齊魯書社，2001），頁 117。
47. 韋政通，《中國思想史》（臺北：水牛出版社，2001），頁 1419。
48. 牟鐘鑒，《儒學價值的新探索》（濟南：齊魯書社，2001），頁 118。

本能說「性」，以明智之選擇說「善」，認為戴震此種思路近於荀子[49]。

　　歷史上的儒家學者關於人性善惡，張岱年先生認為有下列的不同主張[50]：

　　1.性善論：孟子、宋明理學家、王夫之、顏元、戴震。

　　2.性無善無不善論：告子、王安石。

　　3.性惡論：荀子、仲常敖。

　　4.性有善有惡論：世碩、董仲舒、揚雄。

　　5.性三品說：王充、韓愈。

　　6.性二元論：張載主張認為有天地之性與氣質之性的分別。程顥、程頤講天命之性與氣稟之性，朱熹講本然之性與氣質之性，朱門弟子講義理之性與氣質之性。

---

[49] 勞思光，《新編中國哲學史（三下）》（臺北：三民書局，2012），頁790-791，原見：錢穆，《中國近三百年學術史》（臺北：臺灣商務印書館，1998）。

[50] 張岱年，《中國倫理思想研究》（北京：中國人民大學出版社，2011），頁77。

第 3 章

近代學者
對儒家人性論的看法

近代學者對於人性論的看法，可以分述如下：

1. 胡適 (1891-1962)

胡適認為：「孟子把『性』字來包含一切『善端』，如惻隱之心之類，故說性是善的。荀子把『性』來包含一切『惡端』，如好利之心、耳目之欲之類，故說性是惡的。這都是由於根本觀點不同之故。孟子又以為人性含有『良知良能』，故說性善。荀子又不認此說。……依此說來，荀子雖說性惡，其實是說性可善可惡。」[1] 他又說：「後來的儒者讀了『人之性惡，其善者偽也』把『偽』字看做真偽的偽，便大罵荀卿，不肯往下讀了。所以荀卿受了許多冤枉。」[2]

2. 梁漱溟 (1893-1988)

推崇東方文化的梁漱溟，強調本體不能向外尋求，而應反求諸己，反求諸己也就是反之於心。由此他將自己的哲學歸結到陸王心學系統之中[3]。

3. 傅斯年 (1896-1950)

傅斯年認為：與孟子相比，荀子的主張更接近孔子。孔子認為人生下來大體類似，但是仍能看得出差等，所以一定要藉由學習，否則即使是良材也無法成器，雖顏回亦不是例外。這

---

1. 胡適，《中國哲學史大綱——古代哲學史》(臺北：臺灣商務印書館，2008)，頁 342。

2. 胡適，《中國哲學史大綱——古代哲學史》(臺北：臺灣商務印書館，2008)，頁 340。

3. 顏炳罡，《當代新儒學引論》(北京：北京圖書館出版社，1998)，頁 132。

種想法與孟子的「萬物皆備於我，反身而誠樂莫大焉」的想法不同 [4]。

4. 馮友蘭 (1895-1990)

馮友蘭認為：「宋明道學家陸王一派，假定人本有完全的良知，假定『滿街都是聖人』，故以為人只須順其良知而行，即萬不致誤。孔子初無此意。人之性情之真的流露，本不必即可順之而行無不通。」[5] 他也說：「我們亦不必主張如宋明道學家所主張之極端性善論。宋明道學家以為人之性如完全底寶珠，其在人如一寶珠在混水中。寶珠雖為混水所蔽，而其為完全底寶珠自若。陸王一派，更有『滿街都是聖人』之說。我們不必如此主張，即孟子所說性善，亦不如此極端。」[6]

5. 熊十力 (1885-1968)

熊十力認為良知是一個呈現，而非假設 [7]。他無疑是孟子性善論的強烈支持者。熊十力特別凸顯了智的意義，認為智與知識不同，相當於宋儒所謂「德行之知」與「見聞之知」的差別。他所說的智與王陽明的致良知「義旨本近」 [8]。熊十力因此是一個繼承陸王的心學論者，也是一個主觀唯心論者，與荀子站在完全不同的立場。

---

4. 傅斯年，《性命古訓辯證》，收錄於《傅孟真先生集》，第 3 冊（臺北：臺大出版中心，1952），頁 139。

5. 馮友蘭，《中國哲學史》（臺北：臺灣商務印書館，1944），頁 100。

6. 馮友蘭，《貞元六書（上）》（上海：華東師範大學出版社，1996），頁 104。

7. 牟宗三，《心體與性體》，上冊（臺北：正中書局，2012），頁 178。

8. 景海峰，《熊十力》（臺北：東大圖書，1991），頁 241。

6. 陳大齊 (1886-1983)

　　陳大齊認為：「作者淺見，既不贊同孟子的性善說，亦不贊成荀子的性惡說，無寧對於告子的性無善無不善說較有同感。故對於孟荀二子所說，不欲做左右祖。」[9]

7. 方東美 (1899-1977)

　　方東美認為：「中國哲學人性論，旨在強調由天地生物之仁心來推測人心之純善，更從人心之純善，進一步欣賞讚嘆人性之完美。誠然，在中國哲學史上亦有性善與性惡之爭，但若仔細思量，便知都只是來自方法學上的缺點，仍然可以消融衝突，化解無憾。」[10]他對於人性的看法，基本上循著過去傳統的講法。不過，他並不十分贊同宋明理學[11]，也強烈批評王守仁的「致良知」說[12]，與熊、唐、牟、徐等當代心學家有所區隔[13]。

8. 牟宗三 (1909-1995)

　　牟宗三強烈贊同熊十力認為良知是一個呈現，而不是假設的看法[14]。牟宗三認為人性論有三層：最高一層是義理之性，

9. 陳大齊，《孟子性善說與荀子性惡說的比較研究》（新北：中央文物供應社，1953），頁2。

10. 方克立、鄭家棟主編，《現代新儒家人物與著作》（天津：南開大學出版社，1995），頁202。

11. 劉述先，《當代中國哲學論——人物篇》（新北：八方文化，1996），頁196。

12. 傅偉勳，《從西方哲學到禪佛教》（臺北：東大圖書，1986），頁8。

13. 顏炳罡，《當代新儒學引論》（北京：北京圖書館出版社，1998），頁247。

14. 牟宗三，《心體與性體》，上冊（臺北：正中書局，2012），頁178。

這是先驗而純粹的道德理性；較高的一層是氣質之性，較低層是指飲食男女的生物本能之動物性。後面的兩層統稱之為生之謂性，是經驗的實然的人性[15]。他認為告子所說的「生之謂性」，只看到人的自然生命。荀子性惡說只觸及人性中的動物層，是偏至而不中肯的學說。董仲舒把自然生命轉到「氣」處言，也是偏至而不中肯；王充主「用氣為性，性成命定」亦講「氣性」，始創了中國的定命論。三國時的劉劭更從「氣性」轉到「才性」。他認為以上五人是中國心性之學旁支五個最重要的代表，儘管其價值遠遜於「心性之學」正宗思想的價值[16]。

9.唐君毅 (1909-1978)

　　唐君毅少年時，對於孟荀的性善、性惡之論皆表不滿，力主人性兼有善惡[17]。日後唐君毅在他的著作中說：「心本體是完滿和至善的，它清明廣大而恆常真實。心本體的絕對完滿和至善性，就是道德自我純善的本質。」[18]他認為：歷史上各種有關人性理論的分歧，都是出於人的心思原有不同的方向、不同

---

15. 石永之，《中國文化的再展開──儒學三期之回顧與展望》（安徽：安徽人民出版社，2012），頁 301。

16. 牟宗三，《中國哲學的特質》（臺北：學生書局，2009），頁 93。

17. ⑴顏炳罡，《當代新儒學引論》（北京：北京圖書館出版社，1998），頁 315；⑵黃克劍，《百年新儒林──當代新儒學八大家論略》（北京：中國青年出版社，2000），頁 184。

18. 方克立、鄭家棟主編，《現代新儒家人物與著作》（天津：南開大學出版社，1995），頁 228，原見：唐君毅，《道德自我之建立》（臺北：學生書局，1985）。

深度的運用的結果[19]。

10.徐復觀 (1903-1982)

　　徐復觀認為：荀子所謂的性，包括兩方面的意義，一指的是官能的能力，二指的是官能所發生的欲望。孟子則不把由耳目所發生的欲望當作性，而荀子正是以欲為性。兩人所說的性的內容並不相同。則荀子以孟子為對手來爭論性的善惡，不僅沒有結果，也沒有意義[20]。

11.張岱年 (1909-2004)

　　張岱年認為：孟子宣稱仁義禮智是「不學而能」的良能，「不慮而知」的良知，這些都表現了道德先驗論的傾向，而道德先驗論是錯誤的[21]。荀子把惡歸於性，把善歸於習，也是不符合實際狀況的[22]。

　　張岱年說：「如果所謂性指生而具有，無待學習的本能，那麼應該說性是無善無惡的。在這個意義上，告子所謂『性無善無不善也』是正確的。如果所謂性包含那些有待學習而後實現的可能性，那麼應該承認性有善有惡。在這個意義上，世碩『性

<hr />

19. 方克立、鄭家棟主編，《現代新儒家人物與著作》（天津：南開大學出版社，1995），頁 252，原見：唐君毅，《中國哲學原論——原性篇》（臺北：學生書局，1984）。

20. 徐復觀，《中國人性論史——先秦篇》（臺北：臺灣商務印書館，2010），頁 234-238。

21. 張岱年，《中國倫理思想研究》（北京：中國人民大學出版社，2011），頁 78。

22. 張岱年，《中國倫理思想研究》（北京：中國人民大學出版社，2011），頁 81。

有善有惡』或戰國時期『性可以為善，可以為不善』的觀點是
正確的。孟子專講性善，陷於一偏。……荀子專講性惡，有自
相矛盾之處。他所謂性不包括任何可能性，但他所舉出的性的
部份內容卻又僅僅是一些可能性，因而陷於矛盾。但荀子反對
道德先驗論，肯定道德是人們『積思慮』而後提出的，確實有
重要的理論意義。」[23]

12. 韋政通 (1923-2018)

　　韋政通認為：孟子與荀子的人性論，他們二人不是在同一
個觀點上出發。他們之間的根本歧異點，在他們討論人性問題
時，使用了不同的方法。孟子用的是先驗法，荀子用的是經驗
法。由於不同的方法，產生對人性不同的瞭解。由此可知孟子
性善說和荀子性惡說，不是兩種相反的說法，荀子與孟子之間
的爭論，也不是針鋒相對的爭論，而是依據自己的方法，建立
了各自的人性論[24]。

　　韋政通又說：討論人性問題的觀點或方法；可以採取兩種
觀點，一是先驗的，一是經驗的；孟子屬於前者，荀子屬於後
者[25]。孟荀討論人性的觀點不同，孟子主張性善，乃本之先驗
的觀點。荀子說性惡，是從經驗的觀點來看人性的。因此他們
所說的性，意義根本不同。孟子肯定人有善性，而惡之起，乃
由於人的良心為欲所蔽。所以在實踐工夫中，良心與欲望必然

23. 張岱年，《中國倫理思想研究》（北京：中國人民大學出版社，
　　2011），頁 88-89。

24. 韋政通，《傳統與現代之間》（北京：中華書局，2011），頁 48。

25. 韋政通，《中國思想史》（臺北：水牛出版社，2001），頁 270。

處於對決的局面[26]。

不過，韋政通指出：孔子說性，與孟子說性的立場不同。有人根據宋儒「義理之性」和「氣質之性」的區別，把孔子性說歸於「氣性」一路，這大致不錯。但在傳統的儒者，是只把握孟子說性的層面，對氣質之性的複雜性，很少肯作深入的探討。根據現代人類學民族學的知識，放諸四海而皆準的價值內容幾乎是不存在的，所以性善之說，並不是定然不可移的。他又說：孟子例證的方式是不當的。孟子之說，使人的善行的範圍，受到太多的限制。孟子對擴充工夫上的複雜性和艱難性所知太少，也就不免把工夫看得太容易[27]。他認為：從人性論的角度看，儒家倫理對生命體會膚淺，對人性負面認識不夠深刻[28]。

13.李澤厚（1930- ）

李澤厚認為：「孟子講性善，是指人先驗地具有善的道德理性。荀子說性惡，是說人必須自覺地用現實社會的秩序規範來改造自己，所以說『其善者，偽也』，是控制、節制、改變自己內在自然性（動物性）的結果。可見性善性惡之爭，來源於對社會秩序規範的根源不同理解：孟子歸結於心理的先驗，荀子歸結於現實的歷史；從而前者著重於主觀意識的內省修養，後

---

26. 韋政通，《中國思想史》（臺北：水牛出版社，2001），頁319起。

27. 韋政通，《中國哲學思想批判》（臺北：水牛出版社，1976），頁99起。

28. 尹文漢，《儒家倫理的創造性轉化——韋政通倫理思想研究》（安徽：安徽人民出版社，2008），頁31。

者著重客觀現實的人為改造。而荀子的這個客觀現實既包括外在的自然，也包括了內在的『人性』。所以，同樣一個所謂『修身』，孟荀便完全分道揚鑣了。」[29]

不過，他說：「一方面，純粹理論上肯定了感性自然的生存發展，並不要求本體與現象世界的分離；另方面實際又要求禁錮、壓制甚至否定人的感性自然要求，倫理本體必須與現象世界劃清界限。這個重大矛盾，在宋明理學的核心——人性論的『心統性情』的理論中，由潛伏而走向爆發。」[30]

14.蔡仁厚 (1930-2019)

蔡仁厚認為：「中國哲學中的人性論，看起來好像很複雜，其實也不過二條主線，或是以氣言性，或是以理言性。……自孔子孟子中庸易傳下及宋明儒，都是以理言性，必須是這樣的義理之性，才是第一義的性，才可以建立道德實踐所以可能的根據。順告子下來的種種說法，則是以氣言性。如荀子的性惡說，以及漢儒之種種說，都是順自然生命的種種內容和特質來看人性。……但以氣言性這一線，並不是人的正性，必須在『氣』上逆顯一『理』而以理言性，亦即由第二義的性升進到第一義的性，才能奠定道德實踐的根據，以開發生活的原理，開創生命的道路。」[31]

因此，近代學者對於人性論的看法是有些分歧的。持「心

29. 李澤厚，《中國古代思想史論》（臺北：三民書局，1996），頁 113。

30. 李澤厚，《中國古代思想史論》（臺北：三民書局，1996），頁 249。

31. 蔡仁厚，〈中國哲學的反省與新生〉，收錄於《當代新儒學論文集——總論篇》，牟宗三等編（臺北：文津出版社，1991），頁 33。

性之學」宗旨的現代心學論者，如梁漱溟、熊十力、牟宗三、唐君毅、徐復觀、蔡仁厚等人均宗孟子性善的主張。但是其他學者，如胡適、傅斯年、馮友蘭、陳大齊、韋政通、張岱年、李澤厚等則對這個問題有不同的意見，他們多認為這個問題並不像宋明理學家說的那麼簡單，現代學者對於人性論因而沒有一致的答案。

— 第 4 章 —

演化論的興起

　　根據現在科學界的瞭解，宇宙的年齡大約有 137 億年，地球的年齡約有 45 億年，而地球上的生物大約在 35 到 38 億年前開始 [1]。在此之後，物種的演化包括：新物種的形成，物種本身的變化，以及許多物種的滅絕。整個地球的生物演化在不斷的發生。估計曾經生活在地球上的物種有 99% 以上已經滅絕，地球目前的物種數目估計有一千萬到一千四百萬種。

　　古今中外有許多哲人都討論過物種的來源。希臘早期的哲學家，像是泰利斯認為水是萬物之源。阿那克西曼德推測人類的祖先是從海中出來的。阿那克西美尼斯則認為氣是萬物之源。恩培多克利斯想像動物是由不同的組織，以碰運氣的方式形成的，然後適合環境的存留了下來。德謨克利特斯認為世界是由原子組成的，任何東西都是由於機緣和需要的關係而形成的。

　　在古代希臘哲學家中，柏拉圖反對物種會變化，他的哲學是本質主義 (essentialism)，這種理論認為我們在世界上所看到的不過是理想形式的一種反映，這種理想形式是由本質定義的，生物物種的變化因而是無足觀的。亞里士多德對於演化的說法也不是很清晰，不過他在生物的分類方面有些貢獻。兩千年後，瑞典植物學家林奈 (Carl Linnaeus, 1707-1778) 在他的著作《自然系統》(*Systema Naturae*, 1735) 中致力於這種生物分類的工作。不過亞里士多德相信物種是不會改變的。物種形狀和功能由目的論 (teleology) 來解釋，也就是所有的東西都是為了某種最終目的而設計的。根據這種理論，動物有眼睛

---

1. Wikipedia: "History of Earth" 以及 "Evolutionary History of Life" 等。

是因為牠們想要看。柏拉圖的本質主義和亞里士多德的目的論成了雙套的枷鎖，讓後來兩千年的演化思想都沒有什麼發展。

到了羅馬共和國末期，詩人和哲學家盧克萊修（Lucretius，約公元前 99-前 55 年），以哲理長詩《物性論》（*De Rerum Natura*）著稱於世。他提出一些類似於達爾文物種演化的想法，認為物種在漫長的過去歲月中都在變化。現在存留下來的生物是由於牠們的能力和智力才得以保存的。不過與現在演化思想不同的是，他不認為新物種是從舊物種演變出來的，也不認為陸上的動物是從海洋生物演化過來的[2]。

中國古代思想家中也有人想到物種的變化。與亞里士多德同時代的中國哲學家莊子（約公元前 369-286 年）提出包括人類在內的生物，都擁有可以適應環境的能力，可以從簡單的變成複雜的這種想法。《莊子·秋水》說：「物之生也，若驟若馳。無動而不變，無時而不移。何為乎，何不為乎？夫固將自化。」所以，莊子認為「自化」是生物演化的要旨。在《莊子·寓言》也有：「萬物皆種也，以不同形相禪，始卒若環，莫得其倫，是謂天均。天均者，天倪也。」在《莊子·至樂》更有一長段，說到各種動物的演變：「種有幾，得水則為繼，得水土之際則為蠅蠙之衣，生於陵屯則為陵舄，陵舄得鬱棲則為烏足，烏足之根為蠐螬，其葉為胡蝶。胡蝶胥也化而為蟲，生於竈下，其狀若脫，其名為鴝掇。鴝掇千日為鳥，其名為乾餘骨。乾餘骨之沫為斯彌，斯彌為食醯。頤輅生乎食醯，黃軦生乎九猷，瞀芮

---

2. Mark Pallen, *The Rough Guide to Evolution* (London: Rough Guides, 2009), pp. 4-5.

生乎腐蠸，羊奚比乎不筍，久竹生青寧，青寧生程，程生馬，馬生人，人又反入於機。萬物皆出於機，皆入於機。」翻譯成白話是：「物種中有一種極微小的生物叫幾，它得到水以後就變成斷續如絲的繼草，在水和土的交境就變成了青苔，生在高地上就變為車前草，車前草得到糞土以後就變為烏足草，烏足草的根變為蝎子，它的葉子變為蝴蝶。蝴蝶一會兒就化為蟲，生在火灶底下，形狀好像蛻化了皮似的，它的名叫鴝掇。鴝掇蟲過了一千日以後就變成鳥，名叫乾餘骨。乾餘骨的唾沫變為斯彌，斯彌變成蠛蠓。頤輅蟲生於蠛蠓，黃軦生於九猷蟲，瞀芮蟲生於螢火蟲，羊奚草和不筍久竹結合就生出青寧蟲，青寧蟲生出赤蟲，赤蟲生出馬，馬生出人，人又復歸於自然。萬物都從自然中出來，又回歸於自然。」[3] 這其中提到的動物植物名稱，雖然已經不可細考了，但是這中間講到物種的演化，卻是很清楚的[4]。

大約一千年後，伊斯蘭學者中也有物種變化的想法。賈希茲 (Al-Jahiz, 781-869) 是阿巴斯王朝時期的人，他住在巴格達，寫了一本有關動物的書，書中提到動物的生存競爭。米斯卡瓦伊 (Ibn Miskawayh, 932-1030) 是波斯人，他是一個哲學家、史學家。他有一些關於演化的想法。他認為石頭可以進化成植物，然後從植物進化成低等的動物，然後低等動物進化成猿猴，猿猴進化成野蠻人，野蠻人進化成為人，人如果再進化，

---

3. 陳鼓應，《莊子今注今譯》（臺北：中華書局，2013），頁 494。

4. 胡適，《中國哲學史大綱》（臺北：臺灣商務印書館，2008），頁 279。

可以變成天使，然後再變成神。神是開始，最後也歸於神 [5]。

　　文藝復興時期的成就建立在重新發現了歐洲古代的文化，科學也不例外。到了 16 世紀，哥白尼的日心說打破了傳統。加利略加強了哥白尼的理論，與天主教會發生衝突，加利略遭到教廷的審判，並判處終生監禁。在宗教革命之後，天主教廷的勢力在英國式微，培根 (Francis Bacon, 1561-1626) 發展出要從自然界收集資料，然後以歸納法 (induction) 導出自然定律的科學方法。牛頓 (Isaac Newton, 1643-1727) 接著發展出地心引力的理論，並推出力學三定律。這極大的促進了 17、18 世紀科學的發展，開展出啟蒙運動。

　　18 世紀末，啟蒙運動有關理性和機械論的思想影響了自然界的研究。法國自然學者布豐 (Georges-Louis Leclerc, Comte de Buffon, 1707-1778) 出版了他劃時代的多卷著作《自然史》(*Histoire Naturelle*)。這部書幾乎包括了當時歐洲所有有關自然界的知識。他甚至推測人與猿之間可能有共同的祖先。居維葉 (Georges Cuvier, 1769-1832) 是法國人，他被認為是比較解剖學 (anatomy) 的開創者，大幅度的擴展了亞里士多德的架構。在 18 世紀末，他提出有關物種滅絕的說法。他提出的化石證據顯示，一些哺乳動物，像是乳齒象 (mastodons) 和大樹懶 (giant sloths) 這些絕種的動物，跟現在的動物很不相同。這讓他發展出「災變說理論」(theory of catastrophism)，這個理論認為大多地質特徵和物種的生命史都可以由災變說來解

---

5. Mark Pallen, *The Rough Guide to Evolution* (London: Rough Guides, 2009), p. 5.

釋，這些災變也造成了大規模的物種滅絕。

拉馬克 (Jean-Baptiste Lamarck, 1744-1829) 是巴黎自然博物館標本室的負責人，他提出了第一個比較實在的演化理論。他認為生物物種，包括人類在內，都是從其他物種經過一個緩慢而連續的過程演化而來的。這種理論讓他跟居維葉的災變說有了衝突。拉馬克認為生物演化是自然定律的結果，而不是由於什麼神祇的作用。不過他的理論還是有些形上學的成分，不全是科學的。他認為演化是兩種神祕力量的結果：一種是生命的力量，這讓生物變得更為複雜。另一種就是環境的影響，這是物種與牠們的環境接觸時所產生的適應力量。拉馬克的理論一直到 20 世紀都還很有影響力 [6]。

在英國同時也出現了演化的觀念，在伯明罕 (Birmingham) 有一個稱為「滿月協會」(the Lunar Society) 的組織，這是一個當地著名工業界人士和學者們的討論會，他們在月圓的時候聚會。達爾文的祖父伊拉斯穆斯·達爾文 (Erasmus Darwin, 1731-1802) 就是會員之一。他用詩歌和散文的形式，表現出一種宇宙和生物演化的思想。富蘭克林 (Benjamin Franklin, 1706-1790) 也與會員們通信，在發展演化理論中扮演了一定的角色。他在 1751 年所寫的有關人口壓力的文章，在半個世紀後影響了英國經濟學家馬爾薩斯 (Thomas Malthus, 1766-1834)，馬爾薩斯出版了《人口論》(*Essay on the Principle of Population*, 1798) 一書，預言一種

---

6. Mark Pallen, *The Rough Guide to Evolution* (London: Rough Guides, 2009), p. 7.

大難將臨的狀況，也就是說如果沒有限制的話，人口的數量會超過糧食的供給。他說：「人口壓力超過地球可以提供養育人類的能力如此之多，人類必定會提早遭遇到某種形式的死亡」。他這種對人類災難數學式的預言對於後來的許多經濟、政治和生物方面的學者都有很大的影響，包括達爾文和華來士在內。

演化思想進步的重要一環就是實際地質年齡的辨認，以及地形學 (geomorphology) 的發展。中國北宋時期的沈括 (1031-1095) 在物理、數學、天文、地理、醫藥等方面都有重要的貢獻。在地形學方面，他由雁盪山等的地形，認識到水的侵蝕作用。從太行山岩石中的生物遺蹟，他推論沖積平原形成的過程 [7]。他在公元 11 世紀就發展出一種地形學的理論。西方國家要到 18 世紀末，蘇格蘭的地質學家修頓 (James Hutton, 1726-1797) 才做出類似的發展。修頓研究蘇格蘭岩石的形成，讓他得到地球的形狀是由兩種力量平衡所造成的理論，一種是侵蝕破壞，另一種是地殼上升的創造機制，地形是這兩者平衡造成的。他把他的想法寫成《地質論》(*Theory of the Earth*, 1795) 一書。很重要的，修頓是首先提出地球的年代要比《聖經》中所說的要古老得多的人當中的一位。他也把「漸進」(gradualism) 這個觀念帶入地質學。他論述今天看到地質形成的過程，是地球在過去亙古時期一直不斷在進行中的。這種觀點現在稱為均變理論 (uniformitarianism)，這種理論與居維葉的災難理論 (catastrophism) 對立。這種觀點可以用「目前就是瞭解過去的鑰匙」(the present is the key to the past)

---

7. 維基百科：「沈括」。

這句話來表示。英國地質學家萊爾 (Charles Lyell, 1797-1875) 是達爾文同時代的人，他寫了多卷本的《地質學原理》(*Principles of Geology*, 1830-1833)，推展和普及了修頓均變理論的觀點 [8]。

用宇宙有創造者的想法來解釋自然界看起來像是有設計、有目的、有機制的這種嘗試在古代就已經有了。羅馬政治家西塞羅（Cicero，公元前 106-前 43 年）在公元前 45 年，就把宇宙比擬為一個日晷，認為兩者都是設計出來的。在後來的兩千年中，許多人包括笛卡兒 (Rene Descartes, 1596-1650)、波義耳 (Robert Boyle, 1627-1691)、虎克 (Robert Hooke, 1635-1703)、德含 (William Derham, 1657-1735)，甚至一些懷疑論者，像是伏爾泰 （Voltaire， 本名 François-Marie Arouet，1694-1778)、潘恩 (Thomas Paine, 1737-1809) 都提出過類似的看法。伊斯蘭教學者，像是魯世德 (Ibn Rushd)，西方人稱他為阿維羅斯 (Averroes, 1126-1198) 和基督教的神學家阿奎那 (Thomas Aquinas, 1225-1274) 都企圖經由宇宙看起來像是經過設計和有目的的說法，來證明神的存在。

到了 1830 年代，一些英國思想家的著作已經為演化論打好了基礎。這些著作中有：培根、牛頓的科學方法和自然定律、達爾文的祖父——伊拉斯穆斯·達爾文的宇宙進化和共同的生命來源說、馬爾薩斯對於大難將臨的人口數學估計、佩利對於自然設計的論證，最後還有萊爾對於亙古年代的研究和地質漸

---

8. Mark Pallen, *The Rough Guide to Evolution* (London: Rough Guides, 2009), p. 11.

變的理論。這些都為後來演化論的發展打好了基礎,迎接這個
時代就是像達爾文和華來士這樣的人 [9]。

在西方歷史上,有些生物學者曾經推測,物種經過長時間
可能會有一些改變。到了公元 1751 年,法國數學家和哲學家
莫佩爾蒂 (Pierre Louis Maupertuis, 1698-1759) 提出:透過
繁殖和多代累積的自然變更,可能會產生新的物種。法國博物
學家布豐推測生物可能會蛻化成不同的物種。達爾文的祖父伊
拉斯穆斯・達爾文是一個醫生,也是科學家和詩人。他最有名
的著作是《有機生命的規律》(*Zoomomia or the Laws of
Organic Life*, 1794),這本書本來是作為一本醫學的教科書,
但是在書中,伊拉斯穆斯・達爾文表達了生物演化的觀念,認
為所有的溫體動物可能都是由同一種微小生物繁衍出來的。第
一個全面演化理論是由法國生物學者拉馬克在 1809 年提出來
的「演變論」(transmutation)。這種理論設想物種會從簡單演
變到複雜,而且擁有可以遺傳的進步趨勢。他並且推測,在一
些局部的層面,下一代生物可以遺傳牠們父母因為適應環境、
由於用進廢退的關係所造成的改變。這種機制後來就稱為拉馬
克主義。這種觀念受到當時一些著名自然學者的抨擊,說這是
缺乏事實支持的臆測。像是法國當時的博物學家居維葉就堅持
認為物種彼此是不相關的,而且也是不會改變的,牠們的相似
只是反映了上帝為了其功能的需求所做的設計。英國教士、神
學家佩利 (William Paley, 1743-1805) 發展了英國自然學者

---

9. Mark Pallen, *The Rough Guide to Evolution* (London: Rough
   Guides, 2009), pp. 7-13.

雷伊 (John Ray, 1627-1705) 有關物種不變的觀念，把生物對於環境複雜的適應當作是上帝設計的證據，他在 1802 年出版了《自然神學：神的存在及其屬性的證據》(*Natural Theology or Evidences of the Existence and Attributes of the Deity*, 1802) 一書，認為看到鐘錶就知道這一定是鐘錶匠做的，看到奇妙的生物，也應該知道這是上帝創造的。所以當我們看到複雜的宇宙，以及精心設計的自然界時，我們不得不相信會有一個神聖的鐘錶匠，也就是神的存在。達爾文在出海航行之前，就是這麼想的。

1858 年達爾文和華來士有關物種演化的論文一起在 1858 年 7 月 1 日的學會上發表。達爾文繼之在 1859 年出版了《物種起源》[10]，認為物種不是不變，而是會由於「自然選擇」的作用而演化的。這掀起了生物學的革命，大幅度的改變了人類思想，對於基督教尤其造成了嚴重的衝擊。不過他為了避免教會人士的攻擊，在這本書中他故意不提人類的演化，只寫了一句：「這會照亮人的起源和他的歷史」[11]。十二年之後的 1871 年，達爾文終於出版了《人的起源》，1872 年又出版了《人類

---

10. 完整的書名是 《依據天擇或在生存競爭中適者存活討論物種始源》(*On the Origin of Species by Means of Natural Selection, or the Preservation of Favoured Races in the Struggle for Life*)。

11. (1) Charles Darwin, *The Origin of Species* (New York, NY: Avenel Books, 1979), p. 458. (2) H. James Birx, "Introduction", in C. Darwin, *The Descent of Man* (New York, NY: Prometheus Books, 1998).

與動物的感情表達》（*The Expression of Emotions in Man and Animals*, 1872），探討人類的演化。

達爾文有關人類演化的觀點自然受到許多人，特別是基督教會的抨擊。赫胥黎強烈的為演化論辯護，甚至獲得了「達爾文的鬥牛犬」(Darwin's bulldog) 的稱號[12]。1893 至 1894 年間，赫胥黎在牛津大學演講，並以《演化論與倫理學》(*Evolution and Ethics*, 1893) 的書名結集發表。這是嚴復翻譯《天演論》的主要來源，在中國造成了重大的影響。不過，嚴復並沒有完全忠實的翻譯原著，除了翻譯之外還加入了其他學者如史賓塞的主張，以及許多他自己的見解。赫胥黎不贊成把演化論應用到倫理學，認為社會的演化與物種的演化是不同的[13]。他也不是完全贊同達爾文自然選擇理論中所有的論點[14]。華來士一直堅持自然選擇的理論。不過，達爾文比較強調個體之間的競爭，而華來士則比較強調環境的影響。他後來更強調精神的作用，甚至走上靈性論 (spiritualism) 的道路，就與一般生物學者不大相同了。

下面我們分別討論在演化論興起過程中幾位重要科學家的

---

[12] 在英國牛津大學和劍橋大學，「鬥牛犬」(bulldog) 有校園警衛的意思。

[13] Matthew H. Nitecki and Doris V. Nitecki (eds.), *Evolutionary Ethics* (Albany, NY: State University of New York Press, 1993), p. 5.

[14] Mark Pallen, *The Rough Guide to Evolution* (London: Rough Guides, 2009), p. 44.

生平與他們的貢獻。

4.1 達爾文

生物演化論最重要的一步，自然是達爾文 (Charles Robert Darwin, 1809-1882) 在 1859 年出版的《物種起源》。達爾文是英國人，1809 年 2 月 12 日生於英國施若普郡 (Shropshire) 的施如斯柏瑞鎮 (Shrewsbury)。他的父親羅伯特·達爾文 (Robert Waring Darwin, 1766-1848) 是個很成功的醫生。他的祖父伊拉斯穆斯·達爾文也表達了生物演化的觀念，與法國的拉馬克在 1809 年到 1815 年中間的著作所表達的演化理論很接近，都是演化論的先鋒。但是，這種演化論後來被他的孫子超越了。祖孫二人在演化論上都有重要的貢獻，實在是科學史上的佳話。

達爾文是家裡六個孩子的第五個，也是第二個兒子。達爾文的母親蘇珊娜·威吉伍德 (Susannah Wedgwood, 1765-1817) 是瓷器商人威吉伍德的大女兒。威吉伍德家族作瓷器生意，很是富有。達爾文的父母親生了六個小孩，最前面是三個女兒，瑪麗安妮 (Marianne)、卡羅琳 (Caroline)、伊莉莎白 (Elizabeth)，接著是大兒子伊拉斯穆斯 (Erasmus) 和二兒子——就是演化論的開創者——查理士·達爾文，最小的是女兒凱薩琳 (Catherine)。

他的父親行醫很成功，也很會投資，因此家庭頗為富裕，在施如斯柏瑞是地方的鄉紳。他父親塊頭很大，身高有 188 公

分，體重超過 150 公斤，在家庭中也是一個嚴父。達爾文的母
親在他八歲的時候去世了，由於年紀的關係，達爾文小時候的
教育主要是由他的姐姐們負責的。他後來在施如斯柏瑞鎮的學
校念書，但是表現不特出。1825 年到 1827 年，達爾文的父親
把他送到愛丁堡大學去學醫，但是也證明醫學不是他的興趣所
在。1827 年 10 月，他的父親只好把他送去劍橋大學的基督學
院 (Christ's College)，希望他也許以後可以作一個牧師。這在
當時的英國仕紳階級是很常見的。在劍橋大學達爾文結識了一
些科學家，他的興趣轉移到了科學方面。他學神學三年，這三
年達爾文後來回憶說，完全是在浪費時間。在劍橋大學三年半
之後，他完成了學士學位，最後 1831 年 1 月的畢業考試，達
爾文用功準備，在 178 個非榮譽畢業的學生中名列第十 [15]，排
名不差，但他不是一個傑出的學生。不過他在劍橋的時間也沒
有完全浪費，他結識了兩位教授：地質學教授塞吉維克 (Adam
Sedgwick, 1785-1873) [16] 和植物學與地質學教授韓士婁
(John S. Henslow, 1796-1861) [17]。他們兩個人一方面是教授，

---

15. ⑴ James Rachels, *Created from Animals: The Moral
    Implications of Darwinism* (Oxford: Oxford University Press,
    1990), p. 8. ⑵ Wikipedia: "Darwin"，是在不要 honour 的學生中
    的排名，見 Charles Darwin, *The Autobiography of Charles
    Darwin: 1809-1882* (New York, NY: W. W. Norton and
    Company, 1958), p. 59.

16. 亞當‧塞吉維克 1818 年成為劍橋地質教授，一直任教到 1873 年過
    世。

17. 約翰‧韓士婁在 1822 年成為劍橋的地質教授。

一方面也是神職人員。達爾文說後者對各種科學知道的很多，後來也是由於韓士婁的介紹，給了他去小獵犬號航行的機會。船長費茲羅 (Robert FitzRoy, 1805-1865) 先前考慮的兩個人選都拒絕了這項工作，達爾文則非常熱衷這個機會。

1831 年，英國皇家軍艦「小獵犬號」(Beagle) 要進行環球航行。小獵犬號出航有兩項任務，一個是要用新的鐘錶做航海測試，另一方面，阿根廷及其鄰國剛剛脫離西班牙獨立 [18]，英國需要測試附近的海域，畫出南美洲的海岸地圖，作為貿易路線之用 [19]。小獵犬號的船長費茲羅生於 1805 年，只比達爾文大四歲。他出自顯赫的貴族家庭，他是英王查理二世（Charles II，1630-1685 年，1660-1685 年在位）私生子的後代。他祖父的爵位是公爵。1817 年，費茲羅進入樸茨茅斯皇家海軍軍官學校，兩年後畢業，成為見習軍官。1824 年以優異成績畢業成為軍官。1826 年至 1830 年，小獵犬號第一次遠航。1828 年當它航行到南美洲麥哲倫海峽時，艦長斯托克斯 (Pringle Stokes, 1793-1828) 因為憂鬱症而自殺。費茲羅受命成為臨時艦長。途中他們還遇到突然風暴，兩名船員遇難，不過在費茲羅的指揮下得以返航。1831 年 6 月 25 日，費茲羅成為小獵犬號的正式船長。1831 年 12 月 27 日，小獵犬號再次出發 [20]。作為長途航行的船長，生活是很孤獨的，因為英國海

---

[18] 巴西 1822 年宣佈獨立，1825 年獲得葡萄牙承認。阿根廷 1816 年宣佈獨立，但有內戰。

[19] Carl Zimmer, *Evolution: The Triumph of an Idea* (New York, NY: Harper Collins, 2001), p. 7.

[20] 小獵犬號 1831 年 12 月 27 日啟航，1836 年 10 月 2 日回來，見：(1)

軍階級森嚴，船長不能跟船員隨意有私人交往，費茲羅擔心自己是否也會得上憂鬱症。小獵犬號上一任的船長斯托克斯，就是因為長期航行得了憂鬱症而自殺的。費茲羅的家族也有自殺的因子，他的舅舅史都華 (Robert Stewart, 1769-1822) 封號為卡索瑞子爵 (Viscount Castlereagh)，就是 1822 年擔任英國外相時，在辦公室割喉自殺的。因此這次出航，費茲羅希望能夠找一個人作伴。這個人一方面作為一個自然學者，可以利用出航的機會，到世界各地收集自然資料，另一方面更重要的，費茲羅想找一個在長途航行中可以陪他吃飯、講話的人。這個人必須要出自有相當社會地位的家庭，否則沒資格跟他一起用餐。而且這個人家裡還必須要相當有錢，因為這個職位是沒有薪水的。費茲羅找他的朋友，在海軍任職的水道專家畢福特 (Francis Beaufort, 1774-1857) 幫他介紹。畢福特請劍橋大學的數學教授皮考克 (George Peacock, 1791-1858) 推薦人選[21]。皮考克先找了他的同事、劍橋大學教授韓士婁去。韓士婁自己也有意願，但是他的太太聽到後一臉憂鬱，只好放棄了。

Ernst Mayr, *One Long Argument: Charles Darwin and the Genesis of Modern Evolutionary Thought* (Cambridge, MA: Harvard University Press, 1991), p. 2；(2) James Rachels, *Created from Animals: The Moral Implications of Darwinism* (Oxford: Oxford University Press, 1990)，啟程見 p. 9，回程見 p. 23。

21. (1) James Rachels, *Created from Animals: The Moral Implications of Darwinism* (Oxford: Oxford University Press, 1990), p. 8. (2) Peter Brent, *Charles Darwin: A Man of Enlarged Curiosity* (Cambridge: Harper & Row, 1981), p. 111.

韓士婁結果介紹了他的學生達爾文。達爾文非常希望能夠去這次的航行，但是他的父親起初不答應，覺得這又是浪費時間，對他以後從事神職也沒有好處。達爾文請他的舅舅約書亞·威吉伍德二世 (Josiah Wedgwood II, 1769-1843) 幫他說項。威吉伍德一家人倒是都支持他參加這項遠行 [22]。他的舅舅約書亞和舅母伊麗莎白 (Elizabeth Wedgwood, 1764-1846) 都支持他去，大他五歲的表兄韓斯雷·威吉伍德 (Hensleigh Wedgewood, 1803-1891) 尤其支持達爾文這樣做 [23]。在約書亞·威吉伍德的勸說下，達爾文的父親終於答應了。威吉伍德家的人都支持達爾文去，還有一個不便明言的原因，就是他們覺得達爾文可能是他們家未來女婿的人選之一，但是需要有一些資歷。

達爾文在得到父親的允許以後，立刻趕去劍橋見韓士婁教授，確認他有去的意願。可是韓士婁告訴他，費茲羅已經答應了一位友人帶他去，不過，如果這位人選放棄了的話，他可以考慮別的候選人。達爾文很是失望，不過他仍然趕去倫敦見費茲羅，見了費茲羅以後，費茲羅告訴他，他的朋友不想去了 [24]。

[22]. Adrian Desmond and James Moore, *Darwin* (New York, NY: Warner Books, 1991), p. 102.

[23]. (1) Peter Brent, *Charles Darwin: A Man of Enlarged Curiosity* (London: Harper & Row, 1981), p. 114；(2) Adrian Desmond and James Moore, *Darwin* (New York, NY: Warner Books, 1991), p. 807.

[24]. Adrian Desmond and James Moore, *Darwin* (New York, NY: Warner Books, 1991), p. 103.

費茲羅跟達爾文說，這次航行可能不只兩年，或許會到三年[25]，也不一定能環行全球，後來真正的航行卻費時將近五年。而且船艙會很擠，大約需要 500 英鎊的費用，海軍部也不會負擔。不過，達爾文如果要求的話，他可以在行程中隨時離開。因此在其他人選都回絕了這項工作以後[26]，這個機會終於落到達爾文的頭上。改變人類歷史的一次航行，就這麼神奇的決定了。

這是一個無給職，這五年的航行，達爾文後來一共估計支付了大約 1500 到 2000 英鎊。這在當時是很大的一筆錢，換算起來大約相當於現在的 27 萬美元左右[27]。相比之下，達爾文一輩子從他所寫的書也不過只賺了 10000 英鎊[28]。小獵犬號上

25. 穆爾黑德 (Alan Moorehead) 著，楊玉齡譯，《達爾文與小獵犬號》，英文書名：*Darwin and the Beagle*（臺北：天下文化，1996），頁 19。

26. ⑴ Mark Pallen, *The Rough Guide to Evolution* (London: Rough Guides, 2009), p. 23. 在達爾文之前的還有教士暨自然學者 Leonard Jenyns。⑵ Leonard Jenyns (1800~1893) 是一個英國教士，也是一個自然學者。他是韓士婁的親戚，韓士婁娶了他的姐妹。

27. 用 http://www.in2013dollars.com/uk/inflation/1831?amount=1，CPI inflation calculator，1831 年的 1 英鎊，購買力是 2019 年的 102.88 倍。也就是說 2000 英鎊要相當於現在的 20.4 萬英鎊，或 27.1 萬美元。

28. ⑴ James Rachels, *Created from Animals: The Moral Implications of Darwinism* (Oxford: Oxford University Press, 1990), p. 9. ⑵穆爾黑德 (Alan Moorehead) 著，楊玉齡譯，《達爾文與小獵犬號》，英文書名：*Darwin and the Beagle*（臺北：天下文化，1996），頁 24，說費用倒是不大，應該不超過 500 英鎊。

真正公派的自然專家其實是船上的醫生麥可米克 (Robert McCormick, 1800-1890)，後來因為下船的時候，費茲羅往往帶著達爾文，而讓他留在船上，他得不到機會去收集標本，過了不到一年就辭職下船返回英國了 29。

這次航行從 1831 年 12 月 27 日到 1836 年 10 月 2 日，結果歷時五年。達爾文隨著軍艦，到過大西洋中的佛德角群島 (Cape Verde Islands)，南美洲現在的巴西、阿根廷、巴拉圭、智利、秘魯等地，以及加拉帕勾斯群島 (Galapagos Islands)、大溪地 (Tahiti)、紐西蘭、澳洲、毛利西斯 (Mauritius) 和南非 30。

達爾文在航行中暈船，但是在靠岸以後，他立刻開始觀察陸上生物、採集標本，並做紀錄。他常自費雇用助手和馬匹等，進入雨林收集標本，也經歷了不少危險事故，像是阿根廷當地

---

29. (1) James Rachels, *Created from Animals: The Moral Implications of Darwinism* (Oxford: Oxford University Press, 1990), p. 18. (2) Wikipedia: "Robert McCormick"，他在船上不到一年。(3)穆爾黑德 (Alan Moorehead) 著，楊玉齡譯，《達爾文與小獵犬號》，英文書名：*Darwin and the Beagle* （臺北：天下文化，1996），頁 76，醫官麥可米克在巴西里約熱內盧離職下船，根據 Carl Zimmer, *Evolution: The Triumph of an Idea* (New York, NY: Harper Collins, 2001) 封面後的地圖，在里約熱內盧是在 1832 年 4 月 5 日到 6 月 26 日，因此，在船上只有半年。

30. Ernst Mayr, *One Long Argument: Charles Darwin and the Genesis of Modern Evolutionary Thought* (Cambridge, MA: Harvard University Press, 1991), p. 82，有詳細地圖。

的兵變，以及在智利時的大地震。他在騎馬橫過南美安地斯山的時候，有天晚上飽受一種錐蟲的攻擊，這種蟲是南美錐蟲病(Chagas disease)的帶原者[31]。現在有人推測這可能是達爾文後半生長期身體健康不佳的原因[32]。

達爾文一路上不斷把收集到的標本寄給韓士婁教授。在小獵犬號行程中，韓士婁和塞吉維克，已經把達爾文的一些記錄在1835年的劍橋哲學學會和倫敦地質學會做了報告[33]。1836年又在《地質學會學報》(*Proceedings of Geographical Society*)和《自然歷史期刊》(*Magazine of Natural History*)上發表了論文。這次的航行使得達爾文成為一個頗有聲名的地質學家和生物學家。回來之後，達爾文忙著撰寫《小獵犬號航程誌》(*Journal of the Voyage of the Beagle*)[34]，該書於1839

31. 英語：Chagas disease，又稱為南美錐蟲病(American trypanosomiasis)，是一種熱帶疾病寄生蟲病；致病原是克氏錐蟲，通常藉由俗稱為親吻蟲的錐鼻蟲傳播。1909年卡洛斯·恰加斯醫師首次命名並描述南美錐蟲病（引用自 Wikipedia, "Chagas disease": It is spread mostly by insects known as Triatominae, or "kissing bugs"）。

32. (1)穆爾黑德(Alan Moorehead)著，楊玉齡譯，《達爾文與小獵犬號》，英文書名：*Darwin and the Beagle*（臺北：天下文化，1996），頁205；(2) Peter Brent, *Charles Darwin: A Man of Enlarged Curiosity* (London: Harper & Row, 1981), p. 386.

33. (1) Peter Brent, *Charles Darwin: A Man of Enlarged Curiosity* (London: Harper & Row, 1981), p. 201; (2) Wikipedia: "Charles Darwin"，見 'Bibliography'。

34. 按照 Darwin on line 上的紀錄，全名應該是 *The Narrative of the*

年出版,是英國海軍部「冒險號」(H.M.S. Adventure) 與「小
獵犬號」測量航程故事三大卷的第 3 卷 [35]。還有一本他單獨具
名的《小獵犬號環球航行記》(*Journal of Researches into the
Geology and Natural History of the Various Countries
Visited by H.M.S. Beagle*, 1839)。他在韓士婁和地質學家萊爾
的協助下,獲得了 1000 英鎊的經費 [36],主持和編輯厚達五冊
的 《小獵犬航程動物誌》 (*Zoology of the Voyage of H.M.S.
Beagle*, 1838-1843) [37],這五冊書在 1838 至 1843 年間出版。
達爾文並且為其中的兩冊寫了介紹的部份。他還擔任倫敦地質
學會的秘書。到了 1839 年 1 月 24 日,達爾文當選為英國皇家
學會的會員 [38]。達爾文因而在航行回來以後很短的五年時間內,
就成了頗具聲譽的自然學者。

　　1838 年,達爾文 29 歲了。在工作和婚姻之間,他作了很
多考慮。達爾文在筆記本上大略寫下他認為結婚和不結婚的好
處和壞處。像是如果他維持單身,他可以避免「有小孩的負擔
和麻煩」,他可以不需要「被強迫去拜訪親戚」,可以「不會浪
費在晚上讀書的時間。」反過來說,如果結婚的話,他可以「有

Voyages of H. M. Ships Adventure and Beagle. London: Colburn.

35. 穆爾黑德 (Alan Moorehead) 著,楊玉齡譯,《達爾文與小獵犬號》,
　　英文書名:*Darwin and the Beagle*(臺北:天下文化,1996),頁
　　274。

36. 大約相當於現在 10 萬英鎊,或 13.3 萬美元。

37. H.M.S. 的意思是 His (or Her) Majesty's Ship。

38. Wikipedia: "Charles Darwin".

一個相愛和遊玩的伴侶，至少比一隻狗要好一點。」而且會「有一個家，有個人可以照顧家裡的房子，會有音樂，以及女人嘰嘰喳喳的聲音，也許會有益於健康。」達爾文評估後他的結論是應該要結婚：「想到一輩子就像一個中性的蜜蜂一樣，只是工作、工作，最後什麼也沒有——不行，這樣不行，……結婚、結婚、結婚，證明完畢。」[39] 1839 年 1 月達爾文與他的表姐愛瑪·威吉伍德 (Emma Wedgwood, 1808-1896) 結婚[40]。她是達爾文舅舅的么女。愛瑪生於 1808 年 5 月 2 日，比達爾文要大九個月。

達爾文首先在地質學上有了一些成果。但是他主要的成就是在生物學上。達爾文自幼接受的是神學教育，因此起初他相信的是上帝創造世界，物種不變的傳統理論。在航行世界以後，他從大量的證據瞭解到，物種不是不變，而是逐漸演化的。人類從新石器時代 (Neolithic Period) 開始，所培養的作物和馴化了的動物，都讓他瞭解到，自然界的選擇一定是物種演化的主要因素。1838 年 9、10 月間[41]，他讀到了馬爾薩斯的《人

---

39. Mark Pallen, *The Rough Guide to Evolution* (London: Rough Guides, 2009), p. 38. 英文是 ："It is intolerable to think of spending one's whole life, like a neuter bee, working, working, & nothing after all-No, no, won't do...Marry, Marry, Marry QED."

40. 穆爾黑德 (Alan Moorehead) 著，楊玉齡譯，《達爾文與小獵犬號》，英文書名：*Darwin and the Beagle*（臺北：天下文化，1996），頁274。

41. ⑴ Wikipedia: "Charles Darwin". 達爾文提到他讀到這部份的時間是 9 月 28 日。⑵不過，在達爾文的自傳，Charles Darwin, *The*

口論》，認為人口數目成幾何級數成長，而人類所需要的食物，則不能相應的成長[42]。這使達爾文立刻想到，有利的變種往往易於生存，而不利的變種則容易消失。他終於有一個完整的理論了。但是為了避免偏見，他有很長時間連一個簡單的敘述都沒有寫。到了 1842 年 6 月，他用鉛筆寫了一個 35 頁的摘要。在 1844 年擴大為 230 頁[43]。但是，幾乎有二十年之久，他沒有發表他的發現。1844 年，他拿給愛瑪這份 230 頁有關自然選擇的筆記，並且告訴愛瑪，如果他死了，要如何發表，以及如何做宣傳[44]。在這段時間，他整理他的《小獵犬航程動物誌》，寫他有關地質學的研究和化石記錄。

　　1856 年，萊爾勸告達爾文要把他的主張寫下來。他聽了以後立刻開始工作，寫有關物種演化的文章，比此後寫《物種起源》還要努力三、四倍。但寫的仍然只是一個收集資料的摘要，大約完成了一半[45]。但這個計畫被打斷了，因為在 1858 年夏

Autobiography of Charles Darwin: 1809-1882 (New York, NY: W. W. Norton and Company, 1958), p. 120，說是在 10 月。

[42]. 鮑耀三、張純成主編，《簡明自然科學史》（河南：河南大學出版社，1988），頁 216 說：「達爾文的自傳提到是在該年十月間讀到馬爾薩斯的著作。」

[43]. Charles Darwin, *The Autobiography of Charles Darwin: 1809-1882* (New York, NY: W. W. Norton and Company, 1958), p. 120.

[44]. Robert Wright, *The Moral Animal* (New York, NY: Pantheon Books, 1994), p. 230.

[45]. Charles Darwin, *The Autobiography of Charles Darwin: 1809-*

天的 6 月 18 日 [46]，他收到華來士的論文〈物種從原型無限變化的傾向〉(On the Tendency of Varieties to Depart Indefinitely from the Original Type, 1858)。達爾文驚奇的發覺兩者之間極度的相似。

在此之前，華來士見過達爾文，也有一些書信來往 [47]。達爾文當時的社會和學術地位都遠高於華來士。1855 年 2 月，華來士在婆羅洲島上砂撈越工作的時候，他寫了一篇論文〈新物種產生的規律〉(On the Law which has Regulated the Introduction of New Species, 1855)，1855 年 9 月發表在《自然歷史年錄與期刊》(*Annals and Magazine of Natural History*) 上。這篇文章雖然沒有提到演化可能的機制，但是卻預告了三年後他寫的有關自然選擇的重要論文。這篇論文讓萊爾認為物種不會演化的信念受到衝擊。雖然他的朋友達爾文在 1842 年就寫信告訴他，表達支持演化的主張，萊爾仍然強烈反對這種觀點。大約在 1856 年初，他告訴達爾文，華來士這篇文章可能與他的想法頗為類似的消息。不過，雖然萊爾這樣告訴他，達爾文仍然誤解了華來士的意思，以為華來士的結論仍然是當時的進步創造論 (progressive creationism)，而跟他演

1882 (New York, NY: W. W. Norton and Company, 1958), p. 121.

46. 1858 年 6 月 18 日收到華來士的信。可見(1) Adrian Desmond and James Moore, *Darwin* (New York, NY: Warner Books, 1991), p. 466；(2) Wikipedia: "Charles Darwin"。

47. 見於劍橋大學建構之 Darwin Corrspondence Project 網站。http://www.darwinproject.ac.uk/alfred-russel-wallace

化的想法不同。他回信給萊爾說:「這沒有什麼新的……用了我以樹來做的比喻,但是看起來他仍然都是在講創造。」 [48] 不過萊爾比較重視華來士的文章,開始寫有關物種的筆記,其中他談到這種講法的後果,特別是有關人的起源。前此達爾文已經跟他們共同的朋友胡克 (Joseph Dalton Hooker, 1817-1911) 講了他的理論,現在他又一次對萊爾述說他有關自然選擇理論的詳細內容。雖然萊爾不同意,但他鼓勵達爾文發表他的主張,以建立優先權。 達爾文起初有些猶豫, 不過後來開始在 1856 年 5 月開始寫他有關物種起源的草稿。

華來士是英國生物學家,因為家境比較窮,所以去國外叢林探險,收集標本,用出售標本的方法,來貼補他的工作。他先去南美洲亞馬遜河流域。後來 1858 年, 華來士在馬來群島考察當地的物種,也獨立的得到自然選擇的想法,與達爾文一致的物種演化理論。華來士把他的論文寄給達爾文,1858 年 6 月 18 日達爾文收到華來士的信 , 驚訝的發覺兩者之間極度的相似。達爾文發覺他隱藏二十年沒有發表的重要觀念,現在可能會被別人捷足先登了。他的心情相當的沮喪 [49]。而且這時候他不到兩歲最小的兒子 (Charles Waring Darwin, 1856-1858) 正在生重病,無心來處理這件事情。他請他的朋友地質

---

48. Wikipedia: "Alfred Wallace".

49. (1) Wikipedia: "Charles Darwin" 有 : Shocked that he had been "forestalled". (2) Adrian Desmond and James Moore, *Darwin* (New York, NY: Warner Books, 1991), p. 469, 給胡克的信上說,他很 prostrated。

學家萊爾和植物學家胡克來幫他處理這件事。在他們的安排下，華來士的論文和達爾文在 1844 年所寫的綱要，以及一封 1857 年 9 月 5 日達爾文寫給美國植物學家葛雷 (Asa Gray, 1810-1888) 的信 [50]，一起於 1858 年 7 月 1 日在倫敦召開的林奈學會 (Linnean Society of London) 上發表。6 月 28 日，他的小兒子因為猩紅熱 (scarlet fever) 過世了，達爾文在哀痛之中無法親自出席會議。

　　萊爾和胡克現在強烈建議他應該要寫一本比較全面、討論物種演化的書。他縮小了本來要寫的範圍，經過 13 個月又 10 天的辛勤工作 [51]，終於完成了有關物種演化的巨著。1859 年 11 月 22 日，他的《物種起源》一書出版了 [52]。後來，他又發表了《動物和植物在家養下的變異》（*Variation of Animals and Plants under Domestication*, 1868），《人的起源》等其他著作，進一步充實了演化論的內容。

　　達爾文發現物種會演化，而演化的原則是「物競天擇，適

---

50. ⑴ Charles Darwin, *The Autobiography of Charles Darwin: 1809-1882* (New York, NY: W. W. Norton and Company, 1958), p. 121，提到有這兩者；⑵有這兩者可見 Adrian Desmond and James Moore, *Darwin* (New York, NY: Warner Books, 1991), p. 470。

51. Charles Darwin, *The Autobiography of Charles Darwin: 1809-1882* (New York, NY: W. W. Norton and Company, 1958), p. 122，提到 13 個月又 10 天。

52. 11 月 22 日的日期，可見 Adrian Desmond and James Moore, *Darwin* (New York, NY: Warner Books, 1991), p. 477。

者生存」。達爾文主張的演化論掀起了生物學的革命,大幅度改變了人類的思想,對於基督教尤其造成了嚴重的衝擊。不過他為了避免教會人士的攻擊,在《物種起源》這本書中他故意不提人類的演化,只在全書的倒數第 3 頁,寫了一句:「這會照亮人的起源和他的歷史。」[53]

《物種起源》 在 1859 年 11 月 22 日出版 , 第一版印了 1250 冊 , 第一天就一售而空。到了 1 月份 , 又加印了 3000 本[54]。令人有些驚訝的是,出版早期並未在社會上引起什麼風

---

53. (1) Charles Darwin, *The Origin of Species* (New York, NY: Avenel Books, 1979), p. 458. (2) H. James Birx, "Introduction", in C. Darwin, *The Descent of Man* (New York, NY: Prometheus Books, 1998), p. 17.

54. (1) Carl Zimmer, *Evolution: The Triumph of an Idea* (New York, NY: Harper Collins, 2001), p. 50. 第一天 1250 本就被訂光了。赫胥黎讚賞他的書。但有些別人批評,其中最令他惱火的是歐文匿名寫的;(2)穆爾黑德 (Alan Moorehead) 著,楊玉齡譯,《達爾文與小獵犬號》,英文書名 : *Darwin and the Beagle* (臺北 : 天下文化,1996),頁 288,英文本在 p. 261;(3) James Rachels, *Created from Animals: The Moral Implications of Darwinism* (Oxford: Oxford University Press, 1990), p. 34. (4) Charles Darwin, *The Autobiography of Charles Darwin: 1809-1882* (New York, NY: W. W. Norton and Company, 1958), p. 122,「這本書一開始就很成功,一刷 1250 本出版當天就賣光了。二刷 3000 本不久後也銷完。到現在 (1876 年) 在英國一共賣了 1.6 萬本。考慮到這是一本多麼艱澀的書 , 這是一個非常大的銷售量 。 也翻譯成幾乎所有歐洲文本 。 」 (5) Peter J. Bowler, *Evolution: The History of an Idea*

波。除了少數科學家很快就有了自己的立場之外，大多數科學家都是很謹慎的、冷淡以對這個新理論。但是這個議題終究太具革命性了，不可能長久蟄伏，它注定要擾動人心。達爾文的理論顯示，這個世界並不是在七天之內創造出來的，當然也絕不是在公元前 4004 年發生的，地球的年代遠比這個古老得多，它已經變得和最初很不一樣了，而且還在繼續變化之中。所有的動物也同樣改變過。至於人類，不但不是依上帝形象造成的，反倒可能是由某種原始得多的動物轉變而成的。簡單的說，亞當與夏娃的故事根本就是一則神話。這真令當時的人難以接受。人們一想到自己可能得和動物有同樣的祖宗，心中便怒不可遏。他們誤以為達爾文的意思是說，人類的祖先是猿猴。事實上，達爾文真正的說法是，現代人類和猿猴都是由史前時代共同祖先分枝演化出來的 [55]。在科學家中，有一些年輕科學家支持他，但大多數人的反應是負面的。達爾文當年在劍橋的教授塞吉維克和韓士婁都不支持他的看法。達爾文的朋友，像是胡克、赫胥黎、萊爾、葛雷支持他，但也有不同的意見 [56]。

　　隨著時間的過去，達爾文的理論慢慢獲得越來越多科學家的贊同。《物種起源》受到各國的注意，也翻譯成多國文字。

(Berkeley, CA: University of California Press, 1983), p. 187，「當達爾文的《物種起源》在 1859 年 11 月 24 日，由 John Murray 出版時，第一天 1250 本就賣完了。」

[55] 引自：穆爾黑德 (Alan Moorehead) 著，楊玉齡譯，《達爾文與小獵犬號》，英文書名：*Darwin and the Beagle* （臺北：天下文化，1996），頁 288-289；英文本，見 p. 261。

[56] Wikipedia: "Charles Darwin".

1860 年 6 月 30 日 [57]，在英國科學促進會上，達爾文的朋友赫胥黎為了演化論與牛津主教韋伯福斯 (Samuel Wilberforce, 1805-1873) 有過一場非常有名的辯論。在韋伯福斯主教背後，替他出主意的是解剖學家歐文 (Richard Owen, 1804-1892)。這一場辯論讓英國的知識界大多接受了達爾文的演化論。除了韋伯福斯主教和赫胥黎之外，達爾文的老師韓士婁是當天會議的主席 [58]，在場發言的還有達爾文的朋友胡克，以及小獵犬號的船長費茲羅。費茲羅因為要宣讀一篇有關英國風暴的論文，當天也來到會場。這次會議的經過後來每個當事人各說各話，都說自己贏得了那場辯論。

1864 年 11 月 3 日，達爾文獲得英國皇家學會最高榮譽的科普利獎章 (Copley Medal) [59]。到了 1870 年代，幾乎所有嚴肅的科學家都接受了演化論，雖然他們會跟達爾文爭論，演化過程究竟是如何進行的 [60]。

57. (1) Alan Moorehead, *Darwin and the Beagle* (London: Harper & Row, 1969), p. 262, June 30, Saturday. (2) Wikipedia: "1860 Oxford Evolution Debate": The 1860 Oxford evolution debate took place at the Oxford University Museum in Oxford, England, on 30 June 1860, seven months after the publication of Charles Darwin's *On the Origin of Species*. (4) Carl Zimmer, *Evolution: The Triumph of an Idea* (New York, NY: Harper Collins, 2001), p. 52.

58. 韓士婁是主席，見 Wikipedia: "1860 Oxford Evolution Debate"。

59. Wikipedia: "Charles Darwin".

60. Carl Zimmer, *Evolution: The Triumph of an Idea* (New York,

　　達爾文在他的自傳中說，當他在 1837、1838 年之際，想到物種是會演變的時候，就無法不想到人也是會依照同樣定律演化的。因此開始收集資料，但是有很長一段時間，因為擔心基督教會的反應，沒有想到要發表。後來，當達爾文看到許多自然學者都已經接受了物種演化的理論，他覺得應該把他的筆記，寫成一本專門討論人類起源的書。他很高興這樣做，因為他在書中可以有充分的機會，討論另外一個他很有興趣的議題，也就是有關性擇的問題 [61]。十二年之後的 1871 年 2 月 [62]，達爾文終於出版了《人的起源》。1872 年他又出版了《人類與動物的感情表達》，進一步探討人類的演化。《人的起源》一書前後寫了三年，不過其中有些時間是因為身體不好而浪費掉的，有些時間則是花在改寫新版或其他工作的緣故。《人的起源》一書出版於 1871 年 2 月，大幅修正的第二版出版於 1874 年 [63]。

　　在《人的起源》中，達爾文討論了兩個議題：人從類似猿猴這樣的動物開始起的演化，以及性擇在物種演化過程中的作

NY: Harper Collins, 2001), p. 54.

61. Charles Darwin, *The Autobiography of Charles Darwin: 1809-1882* (New York, NY: W. W. Norton and Company, 1958), p. 131.

62. Charles Darwin, *The Autobiography of Charles Darwin: 1809-1882* (New York, NY: W. W. Norton and Company, 1958), p. 130.

63. Charles Darwin, *The Autobiography of Charles Darwin: 1809-1882* (New York, NY: W. W. Norton and Company, 1958), pp. 130-131.

用 [64]。這本書當時分兩冊出版，共有九百頁。書名有些誤導，因為人的起源這部份其實篇幅比較少，書中只有兩百五十頁是討論人從猿猴演化而來。其餘的部份都是在討論性擇作用。其中有五百頁討論其他動物的性擇，七十頁討論人的性擇 [65]。達爾文認為，雄性動物會威嚇其他雄性，也會以裝飾自己來爭取異性。而雌性動物則會對雄性做出選擇。因此達爾文的性擇理論可以解釋三個現象：第一，有些雄性動物的裝飾其實對於生存並沒有幫助，但是對於爭取異性有幫助。像是雄孔雀的尾巴，張開以後很是漂亮醒目，對於爭取生存來說其實是一個累贅，但是卻可能對爭取雌孔雀有用。另外，有一種已經滅絕的愛爾蘭鹿，公鹿的角長得非常大，這可能有助於爭取雌鹿，但是卻不利於生存，後來滅種了。達爾文曾對他的兒子說，每次看到雄孔雀的尾巴，就會讓他感到像要發病一樣的難過 [66]。因為起初他無法用「適者生存」的天擇原理來解釋這個現象，後來他終於發展出性擇的理論。第二，物種中雌雄這兩性動物會有所不同；第三，物種中雌雄性動物會很快的分化 [67]。達爾文的性擇理論，強調的不是「適者生存」(survival of the fittest)，而

64. H. James Birx, "Introduction", in C. Darwin, *The Descent of Man* (New York, NY: Prometheus Books, 1998), p. 17.

65. Geoffrey F. Miller, *The Mating Mind* (New York, NY: Doubleday, 2000), p. 36.

66. Geoffrey F. Miller, *The Mating Mind* (New York, NY: Doubleday, 2000), p. 36.

67. Geoffrey F. Miller, *The Mating Mind* (New York, NY: Doubleday, 2000), p. 40.

是「適者繁殖」(reproduction of the fittest)。達爾文認為這種性擇跟天擇一樣重要。雖然有很多學界人士反對他的性擇理論，但達爾文仍然很堅持，認為性擇很重要。後來有很長一段時間性擇作用被忽略[68]。像是華來士就不贊成性擇理論。

達爾文雖然後來身體一直不好，但工作仍很勤奮。他陸續出版了許多本書。從小獵犬號回來以後，他負責編輯了五卷本的《小獵犬航程動物誌》，分別由多位作者寫出，發表於 1839 年到 1843 年間。其中兩卷由達爾文寫了介紹的導論。達爾文所寫的第 3 卷，後來在 1839 年單獨出版，一般稱為《小獵犬號環球航行記》。這本書為他贏得了不少聲譽。

後來他又陸續出版了許多本書，這些書包括：1842 年出版的《珊瑚礁的結構與分布》(*The Structure and Distribution of Coral Reefs*)、1844 年出版的《火山群島的地質觀察》(*Geological Observations of Volcanic Islands*)、1846 年出版的《南美地質觀察》(*Geological Observations on South America*)。1859 年出版的《物種起源》(*On the Origin of Species by Means of Natural Selection, or the Preservation of Favoured Races in the Struggle for Life*) 當然是最重要的一本了。1862 年又出版了《不列顛與外國蘭花經由昆蟲授粉的各種手段》(*On the Various Contrivances by Which British and Foreign Orchids Are Fertilised by Insects*)。《攀緣植物的運動與習性》(*The Movement and Habits of Climbing*

---

68. Matt Ridley, *Nature via Nurture* (New York, NY: Harper Collins, 2003), p. 240.

Plants) 這本書先於 1865 年在 《林奈學會期刊》 (*Journal of the Linnean Society*) 作為第九冊以論文的形式出版的書，後來在 1875 年出單行本。1868 年出版《動物和植物在家養下的變異》 (*Variation of Animals and Plants Under Domestication*)。1871 年出版的《人類的由來與性擇》，簡稱《人的起源》(*The Descent of Man, and Selection in Relation to Sex*) 是他正式討論人類演化的書。1872 年出版《人類與動物的感情表達》 (*The Expression of Emotions in Man and Animals*)、1875 年出版《食蟲植物》(*Insectivorous Plants*)、1876 年出版 《異花授精與自體授精在植物界中的效果》(*The Effects of Cross and Self-Fertilisation in the Vegetable Kingdom*)、 1877 年出版 《同種植物的不同花型》 (*The Different Forms of Flowers on Plants of the Same Species*)、1880 年出版《植物運動的力量》(*The Power of Movement in Plants*)、1881 年出版的 《腐植土的產生與蚯蚓的作用》(*The Formation of Vegetable Mould Through the Action of Worms*)，簡稱《蚯蚓》是他生前出版的最後一本書。

達爾文的宗教思想

關於達爾文的宗教思想，在達爾文的家族中，達爾文的祖父和父親都沒有很強的基督教意識。他的祖父是一個開明的仕紳，有著一種反教會的思想[69]。達爾文早年的時候，他的宗教

---

[69]. Peter Brent, *Charles Darwin: A Man of Enlarged Curiosity* (New York, NY: Harper and Row, 1981), p. 14.

觀念是比較簡單的基督徒,這是受到他的姐姐卡羅琳的影響[70]。
他的朋友賀柏 (John Maurice Herbert, 1808-1882) 回憶說,
當他們年紀都很輕的時候,達爾文問他,他是否確實是由於聖
靈的召喚,而願意從事聖職的。賀柏回答說,他不可能這麼說,
達爾文說,他也不可能[71]。

在達爾文的自傳裡,他說在 1830 和 1840 年代,他對宗教
想得很多,《舊約》對他來說,已經不是可靠的歷史了,對於基
督教來說,《舊約》也是一個不正確的來源。《舊約》是一種早
期的,對於神祇比較野蠻的想法。至於《新約》,由於它依賴神
蹟,而且是在事情發生之後很久才寫的,因此也不能當作是神
的啟示[72]。《新約》中的倫理是美麗的,但是要完全相信《新
約》中的事情對他而言有問題。達爾文說:「因而這種不信的想
法以一種緩慢的速度感染了我,最後成為完全的了……。」[73]

他曾經寫信給他的朋友植物學家胡克說:「如果讓研究科學
的人完全忽略宗教這個問題, 我不曉得是不是一件最聰明的

---

70. Peter Brent, *Charles Darwin: A Man of Enlarged Curiosity* (New
York, NY: Harper and Row, 1981), p. 86.

71. (1) Peter Brent, *Charles Darwin: A Man of Enlarged Curiosity*
(New York, NY: Harper and Row, 1981), p. 86; (2) John Bowlby,
Charles Darwin: A New Life (New York, NY: W. W. Norton and
Company, 1990), p. 98.

72. Peter Brent, *Charles Darwin: A Man of Enlarged Curiosity* (New
York, NY: Harper and Row, 1981), p. 313.

73. Peter Brent, *Charles Darwin: A Man of Enlarged Curiosity* (New
York, NY: Harper and Row, 1981), p. 314.

事。」[74]但是，他也在自傳中說道：「由於這個神奇而又巨大的世界，很難想像它是完全出於偶然的機會。這樣的反省，我被迫要想到一個第一因，它有與人類似的智慧，我因而也可以說是一個有神論者。」但是，這種想法「在經過一些波折以後，逐漸的變弱了」，這種不信來的「如此之慢，我並沒有感到不安，而且在此之後，再也沒有一秒鐘懷疑我的結論是正確的。」達爾文的祖父和父親對於宗教的懷疑思想，對於他應該是有影響的。對於宗教信仰，他說：「對於這樣一個難解的問題，我不能假裝給予任何答案。所有事物的起源這樣一個謎，我們是很難瞭解的，至少我自己必須保留作為一個不可知論者。」[75]

1881 年，達爾文年紀已經很大了，馬克思 (Karl Marx, 1818-1883) 的女婿阿維林 (Edward Aveling, 1849-1898) 是熱烈支持無神論的，他帶著國際自由思想家協會主席布和訥 (Ludwig Buchner, 1824-1899) 博士到達爾文家中拜訪。布和訥在德國宣揚達爾文的學說。那天，他們本來並沒有想要談宗教。但是，達爾文主動提起這個話題。達爾文問他們為什麼稱呼自己是無神論者。他們回答說，因為沒有神存在的證據，而只是發明一個名詞並不能解釋自然現象等等。阿維林說，達爾文對於他們的論點，每一條都同意，但是在最後他評論說：「我跟你們的想法是一樣的，但是我比較喜歡用不可知論，而不想

---

74. Peter Brent, *Charles Darwin: A Man of Enlarged Curiosity* (New York, NY: Harper and Row, 1981), p. 451.

75. Peter Brent, *Charles Darwin: A Man of Enlarged Curiosity* (New York, NY: Harper and Row, 1981), p. 452.

用無神論這個稱呼。」阿維林他們答道：「不可知論只是無神論說得比較客氣一點，而無神論也不過就是把不可知論說得比較侵略性一點罷了。」達爾文對於這個說法笑了。但他問道：「那你們為什麼要那麼有侵略性呢？對於大多數的人類來說，想要把這些新的想法灌輸給他們，有任何好處嗎？對於受過教育的、有文化的、能思想的人那是很好的，但是大多數的群眾對這樣的想法成熟了嗎？」過了一會以後，在特別談到基督教的時候，達爾文說他一直到四十歲的時候，才完全放棄了基督教的信仰。阿維林他們問達爾文，他放棄基督教的理由是什麼，他簡單而又自足的回答說：「因為沒有任何支持基督教的證據。」 [76]

在《物種起源》的結尾，達爾文用了這樣的話：「由於創造者對物質所加的定律」 (laws impressed upon matter by the Creator)，因此，有些人把這當作他仍然相信基督教的證據。但是，他對他的朋友，植物學家胡克說，他很後悔用這樣的詞句，因為其實他的意思只是說：這是「由於一些完全未知的過程所造成的」 (appeared by some wholly unknown process) [77]。

基督教把人的起源說成是由上帝所造的，而且世界上所有的生物也都是上帝在七天之內造成的。達爾文卻發現物種不是不變，而是逐漸演化的。這與基督教的創造論有直接的衝突。

[76]. Peter Brent, *Charles Darwin: A Man of Enlarged Curiosity* (New York, NY: Harper and Row, 1981), p. 455.

[77]. John H. Brooke, *Science and Religion: Some Historical Perspectives* (Cambridge: Cambridge University Press, 1991), p. 275.

達爾文本人在求學的時候先是學醫不成，後來學神學三年，甚至有可能成為一個教區的牧師，但是由於他對於生物學的研究，逐漸的放棄了基督教的信仰，到了四十歲以後，他就再也不相信基督教了。

達爾文的思想是非常現代的。有關基督教，在他的自傳中，他還有下面這樣的評論：

「要讓任何正常人相信支持基督教的神蹟，進一步設想這樣作所需要的證據……我們只要越多知道一點自然界的定律，這些神蹟看起來就越像是不可能的……古時候的人無知的程度是我們現在很難想像的…沒辦法證明福音書是事情發生的時候就寫下來的……而且這些福音書在許多重要的細節上出入很大，這些出入大到對於我來說，沒有辦法認為是在一般情況下，親眼目睹的人所犯的那種不確實的錯誤……由於這樣的思考，我不覺得這種思考有多麼特殊，不過，這種思考影響了我，我逐漸不相信基督教這種神啟。在世界各個角落，就像野火一樣的遍佈著許多虛假的宗教這件事，對我是有影響的。《新約》中的倫理也許是美麗的，可是我們不能否認，要達成這樣的倫理，要依賴我們現在認為是寓言的那種解釋。」 78

「這種不信的想法以一種很慢的速度影響了我，但是最後變成完全的了。這個速度是如此之慢，我並沒有感到不安，而且在此之後，再也沒有一秒鐘讓我懷疑我的結論是正確的。」79

78. Charles Darwin, *The Autobiography of Charles Darwin: 1809-1882* (New York, NY: W. W. Norton and Company, 1958), p. 86.

79. Charles Darwin, *The Autobiography of Charles Darwin: 1809-

「我很難想像為什麼會有人希望基督教是真的，因為如果基督教是真的話，基督教經典上明白的寫著，不信基督教的人將會永遠受罰，這將會包括我的父親，我的兄弟，和幾乎我所有的朋友。這真是一種混帳的信仰。」 [80]

「這種古老的，由佩利所提出來的，自然是經過設計的論證，過去我以為是非常有說服力的，現在由於天擇的定律已經發現而失效了。舉例來說，我們已經不能再說，由於雙殼貝類美麗的鉸鍊，必然是由一個有智慧的存在者所做出來的，就像人所作的門鉸鍊一樣。有機生物的變化，和天擇的行為，就像風在吹一樣，這當中是沒有什麼設計的。所有自然界的事物，都是自然定律的結果。」 [81]

「現在最常聽到的，證明一個有智慧的神存在的論證，就是許多人內心都感受到的那種信念和感覺了。但是我們不能否認，印度人、伊斯蘭教徒和其他人等，也都可以以同樣的力度，作同樣的論證，來證明一個神的存在，或許多神的存在，或者像佛教徒所說的一樣，沒有神存在……如果所有種族、所有的人都同樣的有這種存在一個神的內心信念的話，這種論證也許是可以成立的；但是我們知道事實不是這樣。因此，我不認為這種內在信念和感覺可以當作有什麼東西真正存在的有力證

1882 (New York, NY: W. W. Norton and Company, 1958), p. 87.

80. Charles Darwin, *The Autobiography of Charles Darwin: 1809-1882* (New York, NY: W. W. Norton and Company, 1958), p. 87.

81. Charles Darwin, *The Autobiography of Charles Darwin: 1809-1882* (New York, NY: W. W. Norton and Company, 1958), p. 87.

據。」[82]

「我們也不能忽視，不斷的把這種有神的信仰來灌輸給兒童，會對他們還沒有充分發育的頭腦造成非常強烈而且可能是根深蒂固的效應，這會讓他們很難擺脫有神的信仰，就像猴子很難擺脫牠們對蛇的自然恐懼和仇恨一樣。」[83]

達爾文從未停止工作，1882 年 4 月 17 日，他還在工作。兩天以後就與世長辭。達爾文本來設想他會葬在唐寓附近教堂的墓地。但是由於科學界和國會議員的動議，英國皇家學會會長史普提斯烏 (William Spottiswoode, 1825-1883) 最後安排將達爾文葬在西敏寺，墓地在大科學家牛頓和英國科學家赫舍爾 (John Herschel, 1792-1871) 的墓地附近。他 4 月 26 日的葬禮儀式，有上千個家人、朋友、科學家、哲學家以及其他的貴賓來參加[84]。

4.2　拉馬克

拉馬克 (Jean-Baptiste Lamark, 1744-1829) 是法國博物學者，生物學的奠基人之一。拉馬克生於法國北部皮卡第區 (Picardy) 的巴藏廷鎮 (Bazentin)，是一個沒落貴族家庭中的

---

82. Charles Darwin, *The Autobiography of Charles Darwin: 1809-1882* (New York, NY: W. W. Norton and Company, 1958), p. 91.

83. Charles Darwin, *The Autobiography of Charles Darwin: 1809-1882* (New York, NY: W. W. Norton and Company, 1958), p. 93.

84. Wikipedia: "Charles Darwin".

第十一個小孩。拉馬克家族中的男子有從軍的傳統。拉馬克的大哥在戰役中陣亡，拉馬克少年時，他還有兩個哥哥在軍中服役。由於他父親的期望，1750 年代，他在一個耶穌會主辦的教會學校讀書[85]。

　　1760 年他父親過世後，拉馬克自己買了一匹馬，騎著馬去參加法國在德意志地區的軍隊。當時歐洲正有一場從 1756 年到 1763 年的七年戰爭。歐洲國家分成兩邊打仗，主要是英國和普魯士在一邊，加上葡萄牙和其他德意志的小邦。另一邊則是法國和以奧地利為首的神聖羅馬帝國，還有西班牙、瑞典和 1762 年之前的俄羅斯。在法國與普魯士的戰役中，拉馬克表現了極大的勇氣，被升為軍官。後來軍隊駐紮在摩納哥 (Monaco) 的時候，他讀到了法國醫生和作家卓摩 (James Francis Chomel) 所寫的一本有關植物的書，產生了濃厚的興趣。

　　1761 年至 1768 年間，他在軍中服役。退伍以後，他曾想去學醫，但是沒有成功。他對於植物學很有興趣，特別是在參觀了皇家花園 （Jardin du Roi，英譯為 King's Garden） 以後，對於植物學興趣更濃，於是他跟隨一位有名的法國自然學者朱西奧 (Bernard de Jussieu, 1699-1777) 學習，在朱西奧的指導下，他花了十年研究法國的植物。1778 年把他的研究結果，整理出版了三卷本的書 《法國全境植物志》 (*Flore française*, 1778)。 他的成就得到當時法國學術方面人士的讚賞，得以進入科學界。法國當時有名的自然學者布豐提攜他，

---

85. Wikipedia: "Jean-Baptiste Lamarck".

讓他在 1779 年成為法國科學院的院士，1781 年獲任為法國皇家植物學家，這讓他可以出國參訪國外的植物園和博物館。其間，他曾經在國外參訪兩年，收集在法國沒有的標本。1788年，接替布豐在皇家花園監督職位的比拉德列 (Charles-Claude Flahaut de la Billaderie, comte d'Angiviller, 1730-1810) 替拉馬克安排了一個職位，作為皇家花園植物標準室的負責人，年薪有 1000 法郎。

1790 年，在法國大革命的高潮，拉馬克把皇家花園的名稱改為植物公園 (Jardin des Plantes)，這樣使得花園不要跟路易十六的皇室有太大的關係。他作為植物標本室的負責人五年，後來又研究動物學，然後在 1793 年被任命為國家自然歷史博物館的館長和無脊椎動物的教授，他的年薪是 2500 法郎。

1793 年拉馬克應聘為巴黎博物館無脊椎動物學教授。在任教授的最初六年，他只發表過一篇有關月球對地球影響的文章。起初他也認為物種是不會改變的，但是在研究了巴黎地區的軟體動物以後，他開始相信物種是會隨著時間而改變的。他開始要發展一種解釋，1800 年 5 月 11 日，他在博物館的演講中首次提出他有關演化的理論 [86]。

他在 1801 年完成《無脊椎動物的系統》(*Système des Animaux sans Vertebres*, 1801) 一書，書中他把無脊椎動物分為十個綱，他成了無脊椎動物學的創始人。1802 年他又出版了《水文地質學》(*Hydrogéologie*, 1802)，在這本書中，他提倡一種基於均變說 (uniformitarianism) 的地質學。同一年，

---

86. Wikipedia: "Jean-Baptiste Lamarck".

他也出版了《關於活體組織的研究》(*Recherches sur l'Organisation des Corps Vivants*，英譯為 *Research on the Organization of Living Bodies,* 1802)，其中他提出了他的演化主張。

他雖然不是第一個提出生物會演化的人，但是他是第一個提出一個前後一致演化理論的學者。除了 1800 年的演講之外，他還出版了三部與生物演化有關的著作。這三部是：1802 年出版的《關於活體組織的研究》，1809 年出版的《動物學哲學》(*Philosophie Zoologique,* 1809)，以及在 1815 到 1822 年間分成七卷出版的《無脊椎動物自然史》(*Histoire naturelle des animaux sans vertèbres,* 1815-1822)。他跟當時法國的一個大學者居維葉相處不佳，居維葉對他頗有詆毀。

學術貢獻

至於拉馬克的學術貢獻，他寫的《無脊椎動物的系統》、《動物學哲學》在科學史上具有重要的地位。他在《動物學哲學》中系統地闡述了他的演化學說，後人稱之為「拉馬克學說」。他提出了兩個法則：一個是用進廢退；一個是後天獲得性遺傳。他並且認為這兩者既是變異產生的原因，又是適應形成的過程。

他提出物種是可以變化的，物種的穩定性只有相對意義。生物演化的原因是環境對生物機體的影響。認為生物在新環境的直接影響下，習性改變，某些經常使用的器官發達增大，不經常使用的器官逐漸退化。

他第一次從生物與環境的相互關係方面探討了生物演化的動力，為達爾文演化理論的產生提供了一定的理論基礎。拉馬克演化論主要的內容是：他認為生物經常使用的器官會逐漸發達，不使用的器官會逐漸退化，是為「用進廢退說」。拉馬克認為用進廢退這種後天獲得的性狀是可以遺傳的，因此生物可把後天鍛煉的成果遺傳給下一代。像是長頸鹿的祖先原本頸子是短的，但是為了要吃到高樹上的葉子經常伸長脖子和前腿，通過遺傳而演化為現在的長頸鹿。

但是，拉馬克的理論沒有通過現代遺傳學的檢驗。德國生物科學家魏斯曼曾經做過一個實驗：將雌雄的老鼠尾巴都切斷後，再讓其互相交配來產生子代，生出來的後代依舊都是有尾巴的。再將這些有尾巴的子代切掉尾巴互相交配產生下一代，而下一代的老鼠也仍然是有尾巴的。他一直這樣重複進行至第二十一代，其子代仍然是有尾巴的，魏斯曼因而推翻了拉馬克的學說。因為拉馬克的時代，還沒有生殖細胞與普通細胞的分別，也還沒有發現基因，他的演化理論因而不符合現代的遺傳學。不過，也有人為拉馬克抱屈，因為拉馬克從來沒有說過由於傷殘造成的改變會遺傳，他的主張是個體經由本身需要而造成的後天獲得性才會遺傳[87]。

拉馬克一生經過三次婚姻，他娶的妻子都先他而逝。拉馬克在晚年逐漸失明。比較後期的著作都是他口述，而由他的女兒記錄整理出版的。在動物分類方面，他是在 1794 年第一個

---

[87]. Mark Pallen, *The Rough Guide to Evolution* (London: Rough Guides, 2009), p. 7.

將動物分為脊椎動物和無脊椎動物兩大類，他首先提出「無脊椎動物」一詞，由此建立了無脊椎動物學。他也是現代博物館標本採集原理的創始人之一。他的代表作是《無脊椎動物的系統》(1801) 和《動物學哲學》(1809)。在這兩部巨著中拉馬克提出了有機世界發生和系統的演化學說。

在宗教思想方面，他是一個自然神論者 (deist) [88]。拉馬克在 1829 年 12 月 18 日過世。當他過世的時候，家境已經很貧窮，甚至要向法國的研究院申請補助後事。依照他親戚所付的費用，他的遺體只能在一個公墓中埋葬五年，然後就被挖出來不見了。他家中的書和物品也都被拍賣了。作為一個有貢獻的學者，他的晚景可謂淒涼。

不過他的貢獻還是為後來學者所承認的。達爾文稱讚拉馬克，說他讓人們注意到有機世界可能的改變，這些改變不是由於神明的介入，而是由於自然的定律。當代生物學者古爾德也說，拉馬克是重要的演化理論學家，他的理論以及他建構理論的方法，為後世的生物演化學建立了準則，他的影響甚至一直持續到今天。有許多物種以他的名字命名，在法國巴黎的國家植物園，現在也豎立有拉馬克的雕像。

4.3 華來士[89]

華來士 (Alfred Russel Wallace, 1823–1913)1823 年 1 月

---

88. Wikipedia: "Jean-Baptiste Lamarck".

89. 本節主要參考資料為：⑴ Peter Raby, *Alfred Russel Wallace: A Life*

8 日生於英國蒙茅斯 (Monmouthshire) 郡的阿斯克 (Usk) 鎮[90]，這是威爾士的一部份，不過他的父親湯姆士·華來士 (Thomas Vere Wallace, 1771-1843) 可能是蘇格蘭裔[91]。他的母親是瑪莉·華來士 (Mary Anne Wallace, 1792-1868)。華來士在九個兄弟姐妹中排行第八，但是活到成年的僅六人，六人中壯年病逝的又有一半[92]。

他的父親原居倫敦，學過法律，但從未執業過。湯姆士喜歡田園生活，家裡的蔬菜與水果全是他種出來的，而且因為當時家中略有儲蓄，不必外出謀生，因此似乎有點遊手好閒地在過日子。但隨著子女相繼長大，經濟日漸拮据，加上投資出版雜誌失敗，最後不得不從倫敦搬到阿斯克這種鄉下小鎮，之後又為了減少開支搬了好幾次家。

1826 年，華來士 3 歲時，他母親住在赫特福德 (Hertford) 的繼母過世了，也許有些遺產可以繼承，他們全家便搬到他母親原來的老家赫特福德住了八年。這個地方在倫敦北邊大約 30 公里。華來士在那裡完成了小學教育。他最喜歡的課程是地理學，世界地圖讓他相當著迷。不幸，他的姊姊伊莉莎 (Eliza Wallace, 1810-1832) 於 1832 年病逝，年僅 9 歲

(Princeton, NJ: Princeton University Press, 2001). (2)金恆鑣，〈華萊士——不朽的科學與人文思想家〉(2013 年)，謹此致謝。

90. Peter Raby, *Alfred Russel Wallace: A Life* (Princeton, NJ: Princeton University Press, 2001), p. 6.

91. Wikipedia: "Alfred Russel Wallace".

92. http://wallacefund.info/wallaces-genealogy

的他感到非常傷心難過。過了一年,他父親的投資失利,全家的生計陷入窘境。他的大哥威廉 (William Wallace, 1809-1845) 與二哥約翰 (John Wallace, 1818-1895) 均已長大,也相繼離家外出謀生。大哥去倫敦學習測量,二哥也在倫敦進入建築業。三姊芬妮 (Fanny Wallace, 1812-1893) 天生聰慧且具藝術天賦,後來離家到法國留學。最後,華來士也跟著離家謀生,只剩小弟赫伯特 (Hebert Wallace, 1829-1851) 留在赫特福德的家裡。

華來士在赫特福德的八年,除了在野外玩耍之外,也養成了閱讀的習慣。他的父親是流動圖書館俱樂部的會員,也喜歡閱讀,常到當地的圖書館借書,因此家裡總有許多有關旅行遊記或名人傳記的書。在眾多讀物中,華來士對旅遊書最為著迷,在 14 歲前已領略到生命是一趟旅行,旅行是一連串的冒險。

1832 年,霍亂流行到赫特福德,加上家裡的經濟越來越差,他只好在 14 歲時輟學,離家到倫敦投靠 19 歲的二哥約翰學藝[93]。在倫敦時,除了打工賺錢,他也接觸到下層階級的世界。華來士目睹了與勞工辛苦不成比例的微薄收入、終身貧困等現象。後來他聽到社會學家羅伯特‧歐文 (Robert Owen, 1771-1858) 人道主義的演講,心中便埋下了為平民奮鬥的種子[94]。

---

[93]. Peter Raby, *Alfred Russel Wallace: A Life* (Princeton, NJ: Princeton University Press, 2001), p. 13.

[94]. Peter Raby, *Alfred Russel Wallace: A Life* (Princeton, NJ: Princeton University Press, 2001), p. 14.

　　過了一年他又去投靠大哥威廉。此後六年半時間跟隨長兄威廉從事土地測量的工作。16 歲時聽了他大哥的話，去跟他大哥的朋友威廉‧馬修斯 (William Matthews) 學習修理鐘錶與珠寶。此時，他勤於自習測量學、繪圖法、機械學、數學、建築與設計、農業化學等學問，對博物學也深感興趣。

　　1843 年 5 月他的父親去世，家裡頓失支柱。又逢姊姊芬妮因為其開設的小學關閉而失業，母親瑪莉外出幫傭。不過天無絕人之路，當時正值有學校需要有人講授製圖學與測量學，他在面試之後得到萊西斯特專科學校 (Leicester Collegiate School) 的教職，教繪圖學、測量學、英文、數學，年薪 30 到 40 英鎊。他對於做老師不習慣，教書不是他的所長。他趁這段時間自習幾何、三角等數學，並利用學校的圖書館廣讀博物學的經典著作。

　　他接觸許多熱帶南美洲的知識，尤其德國自然學者洪堡 (Alexander von Humboldt, 1769-1859) 的《南美洲旅行見聞錄》 (*Personal Narrative of Travels to the Equinoctial Regions of America*, 1871) 對他的生涯規畫影響甚鉅[95]。1844 年對華來士的博物學生涯是極為重要的一年，他認識了亨利‧貝慈 (Henry Walter Bates, 1825-1892) [96]。貝慈比他還小兩歲，但已經在《動物學者期刊》(*Zoologist*) 上發表過一篇論

---

[95]. Peter Raby, *Alfred Russel Wallace: A Life* (Princeton, NJ: Princeton University Press, 2001), p. 21.

[96]. Peter Raby, *Alfred Russel Wallace: A Life* (Princeton, NJ: Princeton University Press, 2001), p. 22.

文。貝慈當時熱衷蒐集甲蟲標本,是小有名氣的業餘昆蟲學家。華來士也因此開始著迷於採集、保存與分類生物標本,這個興趣成了他日後環遊海外採集標本的契機,並最終成為了他終身的職志。

在萊西斯特這個地方,他首次見識到催眠術 (mesmerism) 並大為驚訝。後來又親眼目睹幾場催眠術的表演,他對這些不平常的體驗深感困惑而且無法理解。這個經驗加上後來的際遇,使他對唯靈論深感興趣。

他 22 歲時,大哥威廉因搭乘三等露天夜車受了寒,隨即因傷及呼吸道,轉成肺炎而病逝,享年只有 36 歲 [97]。華來士與二哥約翰趕赴尼思 (Neath) 奔喪。他在當年的復活節辭去教職,專心處理威廉的後事,並擔下了威廉的測量事業,接下許多鐵路路線的測量工作。他因而在尼思住下。他的母親、約翰與赫伯特兩兄弟也相繼搬來尼思。

這段期間他也在機械學院教基礎科學,同時是當地斯旺西 (Swansea) 博物館的館員。在 1847 年 4 月號的《動物學者期刊》,華來士發表了一則研究短訊〈尼思近郊捕獲的束帶斑金龜〉(Capture of Trichius fasciatus near Neath, 1847) [98],並致函感謝貝慈的協助。

華來士讀了羅伯特‧錢伯斯 (Robert Chambers, 1802-

---

[97]. Peter Raby, *Alfred Russel Wallace: A Life* (Princeton, NJ: Princeton University Press, 2001), p. 23.

[98]. Peter Raby, *Alfred Russel Wallace: A Life* (Princeton, NJ: Princeton University Press, 2001), p. 25.

1871) 匿名發表的 《宇宙自然史拾遺》 (*Vestiges of the Natural History of Creation*, 1844)，驚覺到「物種形成」的新看法：就是一個物種在自然定律下，可以演變成另一物種的觀點。

三年下來，華來士從非專業的昆蟲蒐集者，逐漸進入專業的殿堂。他抽空從事博物學研究，為博物館收藏標本，並與貝慈常有書信來往。當他讀了一個美國商人，也是昆蟲學者的威廉・愛德華茲 (William H. Edwards, 1822-1909) 所寫的 《亞馬遜河探源之旅》(*A Voyage Up the River Amazon*, 1847) 之後，他打定主意要遠征美洲作自助探險之旅，他也約了貝慈一同前往。

華來士帶著鐵路測量工作所存下來的 100 英鎊，買了工具、裝備與船票，剩下一點錢得撐到出售昆蟲標本有收入的時候。貝慈家境富裕，雖然他的父親不大贊成他去南美洲，但也預支了旅費與採集費。兩個年青人的熱帶探險採集之旅，靠著他們的勇氣與熱情，開闢出一條專業大道。

這兩個年青人 1848 年 4 月 26 日離開利物浦 [99]，搭乘探險號 (Mischief)，往西半球航去。整整一個月的海上巔簸，華來士與貝慈在 5 月 26 日抵達巴西的薩利納斯港 (Salinas)，再溯托坎廷斯河 (Tocantins) 而上，兩日後抵達帕拉港 (Para)。熱帶雨林正如連續的綠色高原從港口往內陸鋪去，展開在他們的眼前。兩人一同採集標本。後來，貝慈在亞馬遜河流域度過了

---

99. Peter Raby, *Alfred Russel Wallace: A Life* (Princeton, NJ: Princeton University Press, 2001), p. 31.

十一年，而華來士則在此待了四年多一點[100]。

他們兩個人的第一批收穫，包括昆蟲、鳥類等，總共有 1300 種，這些標本運回英國由經紀人史蒂文斯 (Samuel Stevens, 1817-1899) 代為處理。另外，12 箱植物標本送到在基尤 (Kew) 英國皇家植物園 (Royal Botanic Gardens) 的威廉‧胡克爵士 (Sir William Hooker, 1785-1865)，期望能值一點錢。

在帕拉時，華來士與貝慈討論到未來的計畫。華來士打算往尼格羅河 (Rio Negro) 上游採集，而貝慈則希望繼續溯亞馬遜河到索里穆斯 (Solimoes)。1848 年 10 月，華來士與貝慈決定分手，各自分別採集。

華來士的弟弟赫伯特於 1849 年 6 月 7 日自英國搭船到巴西帕拉港，兄弟倆一起在亞馬遜採集生物標本。華來士後來單獨一人溯尼格羅河進往內陸。這段旅程有 1100 公里，要花 12 個月的時間，華來士後來雇了一個狩獵助手幫忙。

1849 年 12 月 30 日華來士繼續溯河而上，抵達尼格羅河與亞馬遜河的匯流處，再往上約 20 公里便是巴拉 (Barra)，即今日的瑪瑙斯 (Manaus)。

華來士到亞馬遜河支流的尼格羅河中的小島去捕捉亞馬遜傘鳥 (gallo de Serra)，並記錄牠們的行為，這是華來士到南美洲探險的重要目的之一，有關亞馬遜傘鳥的紀錄後來成為他第一篇從亞馬遜送出的論文主題，於 1850 年 7 月 23 日在倫敦動

---

100. Peter Raby, *Alfred Russel Wallace: A Life* (Princeton, NJ: Princeton University Press, 2001). p. 35.

物學學會宣讀，1851 年 11 月 8 日在《自然史年報與學刊》刊出。

　　離開巴拉後，華來士在南美洲的探險之旅逐漸轉為艱辛，主要是因為溯河而上相當不易，尤其在需要克服一段段大瀑布時最為困難。華來士繼續往北深入雨林內部，到了塞拉 (Serra) 山區。在經過九天的探險後，終於捕捉到他夢寐以求的安地斯動冠傘鳥，或稱岩雞。

　　這趟熱帶雨林的內陸之旅中，他目睹印地安原住民在雨林的求生技能、生活習俗、性情與言語、為人處世等，開始改用森林的動態方式與原住民相處，也意識到自己不只是個謀生計的標本收集者，而應該逐漸成為一個專業的旅行者與充滿潛力的作家。於是，他擬定了一個寫作與出版計畫。這次溯尼格羅河採集後，他要往上游的沃佩斯河 (Vaupes) 去。他雄心勃勃地要超越以前歐洲人的探險步履。他花了五天，抵達巴西與委內瑞拉交界處的科科伊山 (Serra of Cocoi)，那是五十年前普魯士自然學者洪堡的熱帶雨林終點站——聖卡洛斯 (Sao Carlos)。他只要再向前跨一步，在探險的路上就前無古人了。他在約二百人居住的哈維塔村 (Javita) 學習村民的文化。

　　1852 年 3 月時，華來士抵達此趟旅程最深入上游之地，位於哥倫比亞的穆庫拉 (Macura)。他估計應該沒有外人到過這裡，這次探險計畫已經創造了新的紀錄，於是他心滿意足地開始計畫順流而下回到帕拉，打算返回英國。在上游時期的最後數週，他時常發燒，不能採集。此時，華來士已在亞馬遜區域待了將近四年，可能是旅途過程中感染的疾病使他的健康出了

問題，無法繼續探險。他於 1852 年 7 月 2 日回到帕拉港，不料獲知 22 歲的小弟赫伯特在去年 1851 年 6 月 8 日便已死於黃熱病 [101]。他哀痛地到赫伯特的墓地祭悼，並在帕拉訂了船位回國，那是一艘雙桅橫帆船——海倫號 (Helen)。

1852 年 7 月 12 日，華來士帶病上船，船上有許多他的活標本，在病榻上的他只能閱讀，航行三個禮拜之後的 8 月 6 日早上，船長進艙告知船著火了。海倫號燒了一整夜，數艘救生艇漂浮在大西洋上。華來士數百盒新物種的美麗標本、草稿、手記及三年最精彩的日記，全都付之一炬，這個不幸成了華來士終身的痛苦回憶。大約離百慕達 320 公里時，一艘既舊且慢又漏水的喬德森號 (Jordeson) 碰巧經過並救起了他們。華來士最後終於在 1852 年 10 月 1 日返回英國，為這八十天有如夢魘般的航行畫下了句點 [102]。

史蒂文斯在利物浦迎接返國的華來士。在史蒂文斯家人的照顧下，華來士很快的恢復了健康。原先在海上發下毒誓，不再渡海出國的打算，不知不覺地拋到九霄雲外。他密集地出席了許多研討會和發表多篇論文後，在科學界中的地位初步奠定。在著名博物學學者的力薦之下，一介平民的華來士與貝慈同時於 1854 年成為動物學學會的通訊會員 [103]，這在當時實屬破例。

101. Peter Raby, *Alfred Russel Wallace: A Life* (Princeton, NJ: Princeton University Press, 2001), p. 76.

102. Peter Raby, *Alfred Russel Wallace: A Life* (Princeton, NJ: Princeton University Press, 2001), p. 82.

103. Peter Raby, *Alfred Russel Wallace: A Life* (Princeton, NJ:

　　華來士覺得他在學術上必須還要有更進一層的貢獻，才能真正被英國的博物學界接受。於是他決定再做一次探險，他一方面收集各種探險相關的資料，像是瞭解標本市場的需求與價格，另一方面，他出席許多學術研討會與演講，在皇家地理學會宣讀一篇有關尼格羅河的地理報告，在 1852 年完成了兩本書 《亞馬遜地區的棕櫚樹及其用途》 (*Palm Trees of the Amazon and Their Uses*, 1852) 和《亞馬遜與尼格羅河遊記》 (*A Narrative of Travels on the Amazon and Rio Negro*, 1852) [104]。並於 1853 年 6 月提出一份計畫，希望學會看重他在南美洲的經驗，補助他到亞洲的馬來群島探險的旅費。他承諾在探險過程中採集標本與製作地圖，紀錄地理資訊等。皇家地理學會答應補助，但是補助的經費不足以完成旅程，所以還需要等待其他機會。

　　久懸腦海的海外採集念頭如影隨形，揮之不去。終於，靠著他的採集資歷與經驗，華來士向皇家地理學會申請到一筆赴馬來群島的旅費。除了補助黑海號 (Euxine) 的頭等艙船票外，並且准許他帶一個助理查爾斯‧艾倫 (Charles Allen, 1839-1892) 隨行。華來士喜出望外，於 1854 年 3 月搭船出航，並在 4 月 20 日抵達新加坡 [105]。

　　到新加坡後，華來士立刻著手進行採集，當時 19 世紀中

Princeton University Press, 2001), p. 86.

[104]. Peter Raby, *Alfred Russel Wallace: A Life* (Princeton, NJ: Princeton University Press, 2001), p. 87.

[105]. Peter Raby, *Alfred Russel Wallace: A Life* (Princeton, NJ: Princeton University Press, 2001), p. 94.

葉的新加坡尚有豐富的甲蟲，第一批寄給經紀人史蒂文斯的甲
蟲便有 1000 隻，而手上等待處理的甲蟲更不知凡幾。為了完
成如此龐大的工作量，華來士過著有如軍人般規律的生活，早
上五點半起身盥洗、處理昨日的收穫，八點早餐後準備外出的
裝備，兩人九點出發，助理查爾斯負責捕蟲，一天往往可以捕
捉到 5、60 隻甲蟲及其他昆蟲。下午四點晚餐，六點鐘處理昆
蟲標本。若工作量大，往往會加班到晚上八、九點才就寢。

　　馬來群島八年的旅行與採集，華來士不但收穫了豐富的生
物標本，更遍訪各島充分體驗和了解原住民的文化習俗。如此
第一手全面性的科學與人文接觸，在當時可以說是前無古人的
創舉。華來士於返英七年後的 1869 年初春，出版了《馬來群
島自然考察記——紅毛猩猩與天堂鳥的原鄉》（*The Malay
Archipelago: The Land of the Orang-Utan and the Bird of
Paradise*, 1869）[106]暢述旅遊見聞。這本書被譽為「19 世紀最
重要的自然寫作」。書名只點出採集的重心：紅毛猩猩與天堂
鳥，然而此書對生物學最大的貢獻則是分析物種分布的地理
區域。

　　在新加坡的初步採集便有豐碩成果，令華來士對這趟考察
充滿信心。半年後的 1854 年 11 月 1 日，他轉移地點，渡海往
東抵達婆羅洲西岸。華來士在婆羅洲一待就是 15 個月，吸引
他的不只是新奇、罕見、美麗的植物及昆蟲，最重要的標本則
是被當地馬來人稱為「森林人」的動物，即是今日我們所說的

---

106. Peter Raby, *Alfred Russel Wallace: A Life* (Princeton, NJ:
　　 Princeton University Press, 2001), p. 321.

紅毛猩猩 (Pongo pygmaeus)。紅毛猩猩是亞洲熱帶雨林特有的猩猩科猩猩屬動物。猩猩科下尚有大猩猩與黑猩猩兩屬，全科共三屬四種。這些人類的「近親」們，僅分布在熱帶非洲與熱帶亞洲，讓歐洲人相當著迷。

華來士在婆羅洲的採集收穫豐碩，他主要是在沙東河 (Sadong) 的小支流實文然河 (Simunjon) 採集。實文然河流域約有五十平方公里的低地林澤，河面雖不寬，但河道縱橫蜿蜒，喬木參天蔽日；在這片林澤中有些孤立小丘，有華人在此伐木與開採煤礦，所以多有腐木橫置，而腐木正是甲蟲最好的繁殖環境。華來士在婆羅洲收集了將近兩千種甲蟲，以腐木為食的甲蟲有兩百種，其中九成為新種。

其實，華來士到實文然河的最大目的是想研究紅毛猩猩的自然史，並且要採集標本送回英國。他抵達實文然河才一週就看到一隻紅毛猩猩。他在《馬來群島自然考察記——紅毛猩猩與天堂鳥的原鄉》中描述獵殺這隻紅毛猩猩的血腥場景。獵得紅毛猩猩的次日，他花了一整天功夫處理標本，這付完整的骸骨標本如今仍展示在歐洲的某個博物館裡。

華來士的足跡幾乎遍及了馬來群島中的各個島嶼，尤其是今日的印尼，其中在有些島嶼上甚至留連忘返、一再登島考察。他的旅行見聞在《馬來群島自然考察記——紅毛猩猩與天堂鳥的原鄉》[107]中有生動、精彩與忠實的記載。華來士到馬來群島

---

[107]. *The Malay Archipelago: The Land of the Orang-utan and the Bird of Paradise: A Narrative of Travel with Studies of Man and Nature*, 2 vols (London: Macmillan and Co., 1869).

的另一個大目的是採集天堂鳥。

1858 年 1 月 8 日，華來士抵達德那地 (Ternate) 小島。他打算以此島為根據地，四處採集標本。然而在此地時，他卻不幸染上瘧疾，體力極差，只得暫時擱下採集工作並由助手代理。這些沒辦法下床採集的日子，想不到卻可用來趁機思考久懸未決的「生命體演變的理論」。有一天，他不知為何想起十二年前讀過的《人口論》一書，作者馬爾薩斯清楚地指出「控制人口增加的是疾病、意外、戰爭及飢饉」。未開化地區的人口死亡率遠大於已開發的文明地區，而且在當時疾病確實是控制人口數量最主要的原因之一。那個年代，在 1845 年到 1852 年的愛爾蘭，因為饑餓與疾病交迫，死亡人口約有一百萬人，加上逃亡他鄉謀生的也有一百萬人 [108]，愛爾蘭的總人口銳減了 20% 到 25%。華來士自己的九個兄弟姊妹中，在他 30 歲時也已經有六個過世了。

華來士隨即聯想到這種控制人口數量的方式也會發生在動物族群上，族群中只有最身強力壯、行動敏捷、靈巧多謀、善於捕食的個體在面對競爭時才能存活下來，亦即「最適者始能存活」。凡是能適應自然變動的個體，其存活機會才會較高，也因此有更高的繁衍機會，可以產生更多的後代。

華來士終於領悟到夢寐以求的「物種起源」與「新物種誕生」的答案了。拉馬克於 1802 年發表在《動物學報》中以「用進廢退」詮釋物種多樣的說法，拉馬克認為生物為了因應環境壓力而獲得的性狀是可以遺傳的。

[108]. Wikipedia: "Great Famine (Ireland)".

　　華來士一俟瘧疾病稍微好轉，便馬上著手撰寫一篇精簡的論文，打算在數天後郵輪啟程返英國時寄給達爾文。這時已是1858年3月1日了，郵船再過八天就要起錨離開所在地。達爾文稱他是在1858年6月18日收到華來士的這篇論文[109]。華來士寄出的那篇論文，題目是〈物種從原型無限變化的傾向〉。論文付郵後，他馬上又忙於另一個長途探險計畫：到新幾內亞探險了幾個月。當時的新幾內亞還是一個幾乎沒有歐洲人曾花費較長時間探索過的地方，也是荷蘭政府勢力所不及的邊緣之地，更是一塊真正的處女地。那裡有華來士此行前來馬來群島最重要的目的之一：天堂鳥。而正當達爾文在壓力下夜以繼日的撰寫《物種起源》的時候，華來士則在新幾內亞採集「天堂鳥」的標本。

　　天堂鳥的美麗非凡早已為博物收藏家口耳相傳。華來士在他1869年出版的《馬來群島自然考察記——紅毛猩猩與天堂鳥的原鄉》中，對天堂鳥有極為精彩的描述，同時對物種棲息地保育之必需性也已洞察無遺。

　　華來士的另一項科學成就是於1860年在馬來群島中間劃出的一條線。這條線南起印尼峇里島與龍目島之間的海峽，往北通過婆羅洲與蘇拉威西（Sulawesi，舊稱西里伯斯 Celebes）兩島之間的望加錫海峽，再由北偏東通過菲律賓的民答那峨島（Mindanao）與桑吉爾群島（Sangir Islands）之間的海域，然後東出太平洋。這是他根據動物類別在地理分布上的差異，將其

---

109. Peter Raby, *Alfred Russel Wallace: A Life* (Princeton, NJ: Princeton University Press, 2001), p. 137.

分成兩個動物地理區的分界線。華來士把群島一分為二：西北半部稱為印尼－馬來區，以胎盤動物為代表；東南半部稱為馬來－澳洲區，以有袋動物為代表。這條線後來稱為「華來士線」。華來士也因此被尊稱為「生物地理學之父」，以紀念他在動物地理分布現象上的貢獻。

　　華來士於 1862 年 2 月 1 日離開馬來群島，4 月 1 日返抵英國[110]。這趟馬來群島的探險與採集之旅花了幾乎整整八個年頭，其收穫是空前的豐富。回國頭三年的時間，華來士沉浸於標本之海中，先是整理鳥類與昆蟲的標本，之後發表了 16 篇論文，分別刊登在昆蟲學、動物學、林奈學會、人類學與地理學學刊或在研討學會上宣讀。

　　1866 年 4 月，華來士與植物學家威廉·米騰 (William Mitten, 1819-1906) 的女兒安妮·米騰 (Annie Mitten, 1846-1914) 結婚，結束了四十多年光桿的日子，華來士的生活終於安定下來。然而他雖與達爾文共享「天擇」概念創始者的光環，當達爾文在 1859 年出版《物種起源》時，大家都以為華來士是達爾文理論百分之百的支持者，然而事實卻並非如此。華來士在他 1889 年出版的《達爾文主義》裡明確說明他稍有不同的觀點。

　　華來士第二次海外探險之旅尚在返國的途中時（1862 年 3 月），便已正式為生物科學界的學者所接納，並順利當選為英國動物學會與英國鳥類聯盟的會員。1864 年，他發表了一篇刊登

110. Peter Raby, *Alfred Russel Wallace: A Life* (Princeton, NJ: Princeton University Press, 2001), p. 162.

在人類學會刊物上的劃時代論文：〈從「天擇論」演繹人種的起源與人類的古老〉(The Origin of Human Race and Antiquity of Man Deduced from the Theory of Natural Selection, 1864)，論文試圖用天擇模式，從單源發生說與多源發生說討論人類的起源。這是他首次嘗試將「天擇論」應用到有較高心智與具備道德特質的人類。這是把演化論從物質、或者說天擇作用闡釋生物學層次，提高到用精神作用左右道德層次的新合成。此論點之完整性讓他的同儕又吃驚又不解，贊同他這種論點的人很少，但華來士卻終身不渝地主張這個觀念，而且為此發表了上百篇論文。

華來士的思想遍及諸多領域：他在 1865 年到 1869 年間，論述涉獵政治學、測地學、冰川學、博物館管理學等範疇，這也是他異常關心社會現象與科學普及的表現。1869 年出版的《馬來群島自然考察記》 及 1870 年出版的 《天擇論文集》 (*Contributions to the Theory of Natural Selection*, 1870) [III]則是他從發現自然奧祕的博物學領域，正式踏入探討生命本質的生命科學領域的證明。

以後的十年間，從 1870 年到 1880 年，他寫作不輟，論文、研究短訊、評論、書評、專題論述等皆相繼出版，不下一百五十份。其中 《動物的地理分布》 (*The Geographical Distribution of Animals*, 1876) 、《熱帶的自然與其他論文》 (*Tropical Nature and Other Essays*, 1878) 、《島嶼生命》

III. Peter Raby, *Alfred Russel Wallace: A Life* (Princeton, NJ: Princeton University Press, 2001), p. 206.

(*Island Life*, 1880) 更奠定了後世形成「生物地理學」與「島嶼生物學」的基礎。而從這些著作中也可以看出他與達爾文的思考方向相當不同。這十年間他對社會、宗教、自由貿易,甚至市郊的森林管理均有他的特定看法,實為當時所僅見。

華來士沒有祖產可承,他的生計一直未見改善,他也重蹈了父親的覆轍,先將馬來群島之行的獲利投資失敗,又未能謀得永久職位。生活拮据的結果,使他不得不搬離倫敦,並且越住越偏僻以節省開銷。

然而在這十八年間,華來士無論在學術上的貢獻,或是他在關懷人文社會與提升文化素養方面的努力,都可謂卓然有成。1880 年代初,華來士對英國的土地政策、環境保護法律、醫學的流行病防治、勞工運動皆有激進的看法。他傾向社會主義、追求社會正義,鼓吹「人人的機會皆應均等」與身體力行,這些都是超時代的看法。他有一本書最能代表他對國有土地的看法:《土地國有化》(*Land Nationalization*, 1882),並另有《土地國有化之為何與如何》(*The "Why" and "How" of Land Nationalization*, 1883) 進一步說明他對土地國有論的主張。

這些社會參與的舉動早已遠離博物學的範疇,但華來士卻樂此不疲。他支持女性有投票權、女性有被選舉權,反對優生學、貧窮,以及軍國主義。

華來士自馬來群島返英後,基本上沒有遠行。自他回國後到去世為止,最久的遠遊就是在 1886 年到 1887 年間,去加拿大和美國,進行了十個月的講學,那時候他已經 63 歲了。這

趟講學之旅，華來士大部分時間都是在美國東岸，直到 1887 年 6 月 5 日，他在舊金山的大都會堂給了一個極為重要的演講，題目是：〈如果人死了，他會活過來嗎？〉(If A Man Die Shall He Live Again?, 1887)，這是他談唯靈論最重要的演講[112]。

華來士在這趟北美之行中獲益匪淺，為他的寫作工作倍增了靈感與動力。1889 年他完成《達爾文主義》一書，匯集了他在美國的演講內容，成為他此生最重要的著作之一。這段約莫十年的時間（從 1880 年代到 1890 年代），華來士除了致力於生物科學，也繼續積極地參與社會學方面研究，完成 150 多篇著作，包羅萬象的主題影響了當代的演化學、生物地理學與地理學的發展。

時序進入 20 世紀，華來士已近 80 歲高齡，但他在這 20 世紀的頭十年，撰寫之勤依然令人動容。這段期間他出版了三本書：《人類在宇宙中的定位》(*Man's Place in the Universe*, 1904)、《我的一生》(*My Life*, 1905) 及 《生命的世界》(*The World of Life*, 1909)，專題論文則達四千多頁。即使在他辭世的那年 (1913)，華來士還出版了兩本書：《民主政權的不義》(*The Revolt of Democracy*, 1913) 與《社會環境與道德進步》(*Social Environment and Moral Progress*, 1913)。

到了 1913 年夏，華來士的健康情況日漸變差，關節炎復發，本想著手寫作的 《達爾文與華來士》 (*Darwin and Wallace*) 一書因而遲遲無法動筆。1913 年 11 月 7 日，華來士

112. Peter Raby, *Alfred Russel Wallace: A Life* (Princeton, NJ: Princeton University Press, 2001), p. 244.

安詳辭世。家人依照華來士的意願，將他葬在當地多塞市 (Dorset) 的布羅德斯通 (Broadstone) 公墓[113]。但是刻著華來士名字的大勳章，則於 1915 年 11 月 1 日被供奉到了西敏寺內，以永久紀念這一位偉大的博物學家。華來士雖未能完成正規大學教育，不過一生獲得無數的至高榮譽，例如都柏林大學與牛津大學都曾頒授給他榮譽博士學位。他也獲得倫敦林奈學會授予的達爾文－華來士獎章 (Darwin-Wallace Medal)，以及英國皇家學會頒發的最高榮譽——科普利獎章 (Copley Medal)。

4.4　赫胥黎

赫胥黎 (Thomas Henry Huxley, 1825-1895) 生於倫敦西邊米多賽科斯郡 (Middlesex) 的小鎮伊令 (Ealing)，那時候還是一個很鄉下的地方。他是當地數學教師喬治·赫胥黎 (George Huxley) 八個孩子中的第七個。但是後來學校關門了，赫胥黎父親的工作也沒了，這使得家庭經濟變得十分困難，導致赫胥黎在 10 歲的時候，就不得不休學。他因而只有兩年的正式教育。赫胥黎非常好學，下定決心要自己努力自修，他是 19 世紀最有名的自學成功者之一。他自己讀了很多書，還自修德文，到後來德文變得很流利，甚至可以當達爾文的翻譯。他還自修拉丁文和希臘文，可以讀亞里士多德的希臘原文著作[114]。

　　他起先是跟一些醫生當學徒，16 歲的時候，到一家便宜的

---

113. Wikipedia: "Alfred Russel Wallace".

114. Wikipedia: "Thomas Henry Huxley".

解剖學校學習。一年後，因為成績很好，得到小筆獎學金，開始在查靈十字醫院 (Charing Cross Hospital) 接受正規的醫學訓練，受教於鐘斯 (Wharton Jones, 1808-1891) 教授。1845年，在鐘斯的指導下，他發表了第一篇科學論文，描述毛髮內鞘中前此無人發現過的一層構造，此後該層構造即被稱為「赫胥黎層」。20 歲時在倫敦大學通過了初次醫學士考試，在解剖學及生理學兩個科目都得到最優等的成績。不過他沒有參加第二次的考試，因此沒有正式的醫學士文憑。

20 歲的時候，因為還太年輕不能向皇家外科醫生學院申請行醫執照，不過此時他因為負債，需要工作。因此他向海軍申請醫學工作，他的成績和經歷已經讓他可以有資格申請。在口試通過之後，他得到海軍響尾蛇號 (Rattlesnake) 上助理醫師的職位，實際上是做海洋自然學者的工作。響尾蛇號要出發去新幾內亞和澳洲做測量和收集資料的航行。

響尾蛇號於 1846 年 12 月 3 日駛離英國，此行持續了四年，到 1850 年才返回英國。一抵達南半球，赫胥黎就埋首於研究海洋無脊椎動物。他開始將他的發現內容寄回英國，通過他的前輩、也是他的指導者自然學者福比斯 (Edward Forbes, 1815-1854) 的幫助，在英國學術期刊發表。他的一篇論文〈論水母科動物的解剖構造及其間的親屬關係〉(On the Anatomy and the Affinities of the Family of Medusae, 1849)，1849 年在英國皇家學會的《哲學會報》刊出。赫胥黎將水母 (Medusae)、水螅 (Hydroid) 及珊瑚蟲 (Polyps) 合併為一綱，並將其命名為水螅綱 (Hydrozoa)。他發現此綱生物的共同點

是具有由雙層膜所包圍形成的中央空腔或消化道。這就是現在所稱刺胞動物門 (Cnidaria) 的特徵。他並且把這個特徵比作存在於較高等動物胚胎中的漿液性和黏液性構造。赫胥黎的成就受到肯定，在 1850 年返回英國時獲選為皇家學會院士。次年，他不僅以 26 歲的年紀獲頒皇家獎章，而且還獲選為評議會的委員。後來他得到皇家學會的贊助，將他的研究成果總結成《海洋水螅綱》(*The Oceanic Hydrozoa*, 1859) 一書，由皇家學會在 1859 年出版。

回到英國以後，他已經準備好寫一本在他航行中研究過、有關海洋動物的書。他希望海軍部可以幫他付出版的費用。當海軍拒絕了以後，他感到非常失望。在與海軍部的爭執中，他拒絕服從命令回到海軍報到，因而被海軍開除。因此 1850 年代初，他在經濟上很困窘，由於沒有大學學位，他謀職也很困難，因此覺得很沒有前途。在澳洲雪梨的時候，他認識了一個女孩 (Henrietta Anne Heathorn, 1825–1915)，這時候也沒有錢可以結婚，但是一直保持書信聯絡。後來由於他與學界人士的關係，他得以在 1854 年 7 月，成為皇家礦冶學院 (Royal School of Mines) 的自然史學教授。此時，他終於可以把他的女朋友從澳洲接來結婚[115]。

第二年 1855 年，他還成了英國地質探勘組織的自然學者[116]。在 1855–58 年和 1865–67 年間，他還是皇家學院

---

115. James Rachels, *Created from Animals: The Moral Implications of Darwinism* (Oxford: Oxford University Press, 1990), p. 81.

116. Wikipedia: "Thomas Henry Huxley".

(Royal Institution) 的教授。從 1863 年到 1869 年他也是皇家外科醫學院的教授。除此以外，他還擔任過英國許多學術組織的主席。他在皇家礦冶學院擔任教職一共有三十一年，從事脊椎動物古生物學的研究，並促進英國科學的發展。

赫胥黎家族裡有很多人有精神上的疾病，他年輕的時候也犯過好幾次憂鬱症。1884 年的時候，他又有憂鬱症的病狀，於是決定在次年 1885 年，他 60 歲的時候就退休。他獲得了相當優厚的每年 1200 英鎊的退休金。1890 年，他從倫敦搬到英國南部靠海的伊斯特本 (Eastbourne)。在那裡，他編輯了他九卷本的論文集。1895 年 6 月 29 日，因為心肌梗塞而過世，享年70 歲。

赫胥黎在 1851 年只有 26 歲的時候，就成為皇家學會的會士。次年 1852 年，就獲頒金質獎章，比達爾文還要早一年得到這項榮譽。赫胥黎雖然有這麼多的成就，他一直要等到晚年才獲得英國政府給予的榮譽。在這方面他比達爾文的運氣還要好一點，因為達爾文在生前，一直沒有獲得過任何政府給予的榮譽。有人曾經提議頒給達爾文爵士榮銜，也被基督教會的人士給否決掉了。這中間自然也有韋伯福斯主教的份[117]。

達爾文的鬥牛犬

赫胥黎起初並不贊同演化的理論，他對於錢伯斯匿名寫的書因為覺得證據不足，評論的並不好，他也不相信拉馬克的主

---

117. Adrian Desmond and James Moore, *Darwin* (New York, NY: Warner Books, 1991), p. 488.

張。達爾文很早就知道赫胥黎的才華，因此也很想影響這個年輕人的想法。他因此是達爾文在發表他的自然選擇理論之前，就已經約略知道達爾文大概想法的人之一，這個小圈子的人還有萊爾和胡克。在知道達爾文的自然選擇理論之後，赫胥黎很有名的反應就是：怎麼這麼笨沒有想到這個點子。不過，他雖然同意天擇是一個非常好的想法，但一直沒有確認天擇是主要的演化原理。但是當他讀過達爾文在 1859 年出版的《物種起源》之後，他就為達爾文的大量資料和細心推論所折服，因而充分的支持天擇理論。赫胥黎首先在 1859 年 12 月 26 日，為《物種起源》匿名寫了一篇讚美的評論，也繼續在其他雜誌上寫類似的文章，1860 年 2 月在皇家學院給了一次演講。達爾文的後半生大多隱居在家中，而比較年輕的赫胥黎則很有戰鬥力。他自稱是達爾文的鬥牛犬。鬥牛犬這個名稱在劍橋和牛津大學當時都是學生對於校警的私下稱呼[118]。

牛津大學的辯論

後來最有名的就是赫胥黎和韋伯福斯主教在牛津大學舉行會議上的辯論，這次會議由英國科學促進協會 (British Association for the Advancement of Science) 召開。會議有好幾天，1860 年 6 月 30 日的會議，赫胥黎本來沒有想去參加，但前一天晚上，此前寫過與演化有關書籍的蘇格蘭學者錢伯斯有些喪氣，希望他能去參加第二天的會議。6 月 30 日的會議實際上是由英裔美國學者德拉波 (John William Draper,

118. Wikipedia: "Darwin's Bulldog".

1811-1882) 發表主要的論文，主席是韓士婁教授。演講完了以後，對於達爾文的理論有了爭辯。反對達爾文的是韋伯福斯主教，他一貫反對物種會演化，1847 年就在牛津大學的會議上發言反對錢伯斯匿名發表的著作《宇宙自然史拾遺》(*Vestiges of the Natural History of Creation*, 1844)。贊成達爾文的則有赫胥黎，還有達爾文的朋友植物學家胡克和呂布克男爵 (John Lubbock, 1834-1913)。現在達爾文出版了更進一步的《物種起源》，韋伯福斯用歐文的理論來反駁達爾文。歐文前一天晚上就跟韋伯福斯在一起討論如何駁倒達爾文。當天，韋伯福斯用了歐文文章中的講法，嘲弄達爾文的理論，問證據在那裡？說達爾文只不過發表了一堆感性的想法，這些想法和《聖經》裡面神的啟示完全相反。說到最後，他指名問赫胥黎，請問他是從父親那邊，還是母親那邊，由猿猴傳下來的？赫胥黎心想，老天把他交到我的手裡來了。他起身說，他寧願作猿猴的後代，也不願作那些濫用文化和口才能力，為偏見和謊言服務的文明人的後代。結果主教不知道要怎麼回答才好。不過這是赫胥黎自己後來的紀錄。因為很多人記錄當時的過程回憶各有不同，幾乎是各說各話，都說自己贏了當天的辯論。胡克也回憶道：他當時對於韋伯福斯的反駁才是最有力的。赫胥黎所說的話，只是他自己這樣講的，當時根本聽不到[119]。是他在掌聲中壓倒了韋伯福斯主教[120]。因此實際的辯論過程究竟如何，

---

[119]. Mark Pallen, *The Rough Guide to Evolution* (London: Rough Guides, 2009), p. 53.

[120]. Adrian Desmond, *Huxley: From Devil's Disciple to Evolution's*

現在已經很難說了。但是韋伯福斯和赫胥黎之間的辯論報導流傳的很廣，讓達爾文的演化理論更廣為人知，也使赫胥黎有了更大的知名度。

不過當天在會場上的確有令人傷感的一幕。小獵犬號的船長費茲羅當時也在座，當《物種起源》出版之後，費茲羅深深感到自咎，覺得是他錯帶了達爾文上船，讓他搞出演化論這樣反對基督教的謬論。他在赫胥黎等人的辯論之後，拿著一本《聖經》舉在頭上，站在聽眾中間，叫著說要聽眾相信神而不要相信人，說達爾文的書讓他非常痛苦。聽眾叫著要他不要吵。其實費茲羅後來官運還不錯，升到海軍中將的等級，1843 年到 1845 年擔任過英國駐紐西蘭的總督，但是因為保護當地毛利人的權益與英國殖民者發生衝突，最終被迫下臺。後來他在氣象局工作，因為事務纏身，財務有問題，健康情況也不好，又得了憂鬱症。在此之後不到五年，1865 年 4 月 30 日，他割喉自殺，真的繼他舅舅之後，自己結束了生命，當時他只有 59 歲[121]。

牛津大學的辯論，經過報章雜誌的報導，增加了赫胥黎在知識份子中的可見度。也讓他瞭解到公開辯論的重要性。經此辯論，達爾文的理論變得更不能輕忽，也提高了科學教育的重要性。經過這次辯論之後，對於基督教會來說，《舊約‧創世

High Priest (Reading, MA: Addison-Wesley, 1997), p. 280.

[121.] 穆爾黑德 (Alan Moorehead) 著，楊玉齡譯，《達爾文與小獵犬號》，英文書名：*Darwin and the Beagle*（臺北：天下文化，1996），頁 296；英文本在頁 266。

記》中的神話就更不容易維持了。不過,經過這次辯論,韋伯福斯和赫胥黎兩個人還維持了朋友的關係,但是赫胥黎和歐文之間就再也沒有來往過。

赫胥黎更瞭解科學教育的重要性,他做了很多次給大眾的演講,也寫了許多科普的文章。這些文章後來集結成書,其中有一本就是他 1863 年出版、最為著名的《人在自然界地位的證據》(*Evidence as to Man's Place in Nature*, 1863),達爾文的《人的起源》出版於 1871 年,這本書甚至比達爾文的《人的起源》出版的更早。

赫胥黎並不盲從達爾文的說法。他有與達爾文不同但互補的觀點。達爾文是一個自然學者,而赫胥黎是一個解剖學家,他們的經驗不同,看法也有異。對於達爾文來說,天擇是解釋演化最好的方法,因為它解釋了許多自然界的歷史和觀察到的事實。而赫胥黎是一個經驗論者,要看到的才能相信,而有些事情一時之間還不是那麼容易就能夠觀察得到的。

宗教思想

赫胥黎的一生都在為英國社會的俗世化,或者說去宗教化而努力。這在後來的一百年中逐步的實現。德裔美國生物學家梅爾 (Ernst Mayr, 1904-2005) 說道:「毫無疑問,生物學對於推翻傳統宗教信仰和價值系統是有幫助的。」[122]而赫胥黎在英國走上這條道路的貢獻比任何其他人都要多。不過,雖然有些

---

122. Ernst Mayr, *The Growth of Biological Thought* (Cambridge, MA: Harvard University Press, 1982), p. 80.

基督教的人士把赫胥黎看成是反對有神論的創始者，赫胥黎自己認為自己是一個不可知論者，並不是一個無神論者。

赫胥黎一生都很關注人文思想方面的事物，特別是在他的晚年。他在這方面最有名的著作應該是《演化論與倫理學》(*Evolution and Ethics*)，書中他討論生物學與倫理學的關係。赫胥黎首先把宗教排除在倫理基礎之外。其次，他相信人的精神狀況是演化的產物，也是物質條件的產物。因此，我們的情感、心智、和人類希望群居、以及如何培育下一代，都跟人類的演化有關。不過，人類的倫理和價值不完全是遺傳的，部份也決定於我們的文化，這部份是由我們自己決定的。倫理和責任往往和人的自然天性有衝突，他因而認為倫理不能由生存競爭得來。在他兒子里歐納‧赫胥黎 (Leonard Huxley, 1860-1933) 所編的《赫胥黎書信集》中，他說：「在倫理方面，我看不到一絲自然的痕跡。這應該完全都是人類自己創造的。」[123] 因此，建立倫理應該是人類自己的責任。在自由意志還是決定論的爭論中，赫胥黎似乎站在了適應論者的這一邊，這跟他的朋友史賓塞的論點正好相反。

1883 年，赫胥黎宣稱海洋資源不會枯竭，並呼籲政府放寬限制，讓漁民盡情捕撈鱈魚。但由於赫胥黎未能料到後來相關技術的迅速發展，最後導致大西洋鱈魚面臨滅絕的危險。1888年赫胥黎獲得英國皇家學會頒予的科普利獎章，這是皇家學會最高的榮譽。

---

[123]. Leonard Huxley, *The Life and Letters of Thomas Henry Huxley*, 2 Vols (London: Macmillan, 1900), Vol.2, p. 285.

赫胥黎有一句傳世名言，他說：「嘗試去學一切東西的一點，和某些東西的一切。」（Try to learn something about everything and everything about something.）

赫胥黎的家人

赫胥黎在響尾蛇號去澳洲的時候，在雪梨認識他未來的妻子賀桑（Henrietta Anne Heathorn, 1825-1915），她是從英國到澳洲的移民。他們一直保持通信，直到 1855 年，兩人才得以結婚。他們一共生了三男五女。長子在 4 歲的時候就死了。赫胥黎的後代子孫很多都很優秀，出了許多有名的人物。他兩個長大成人的兒子，一個是里歐納·赫胥黎，一個是亨利·赫胥黎（Henry Huxley, 1865-1946）。前者是一個作家，後者是倫敦開業很成功的醫生。前者第一次的婚姻有三子一女，長子朱立安·赫胥黎（Julian Huxley, 1887-1975）和三子奧多斯·赫胥黎（Aldous Huxley, 1894-1963）都很有名。朱立安是生物學家，聯合國教科文組織首任主席，並創立了世界自然基金會。奧多斯是作家。中間的一個兒子自殺了。他的第一個妻子過世後，他又續絃，第二次婚姻生了兩個兒子，其中第二個兒子安得魯·赫胥黎（Andrew Huxley, 1917-2012）在 1963 年獲得了諾貝爾的醫學獎。

赫胥黎家族疾病

赫胥黎家族中好些人有精神疾病的現象。他的父親晚年有弱智症，死在看護所。兩個哥哥喬治（George）和詹姆士

(James) 也都有精神焦慮症的紀錄。他寵愛的女兒馬麗安 (Marian Huxley, 1859-1887)，很富於藝術天才，後來成了畫家柯利爾 (John Collier, 1850-1934) 的第一個妻子，多年都有精神病的狀況，20 多歲因為肺炎過世。至於赫胥黎自己更有比較完整的紀錄。他在 13、4 歲的時候，作為一個醫學學徒，在看過一次屍體解剖之後，陷入了深沉的不活動狀態，雖然赫胥黎自己說是因為解剖藥劑的影響，但其他人懷疑他可能是由於情緒上的刺激造成憂鬱所致。他不得不去一個農莊休養，看起來又瘦又病。第二次有紀錄的是在 1848 年他在響尾蛇號第三次航行的時候，他出現了憂鬱症的症狀。後來在 1871 年末和 1873 年又都復發。最後在 1884 年，他又再次陷入憂鬱症，這次的復發讓他決定在 1885 年 60 歲的時候就退休。這些記錄都顯示憂鬱症，或者一種比較緩和的雙極性情緒症，對他生活造成的干擾。然而與一些家族中其他成員不同，他在不生病的時候，工作極為正常。這種現象到赫胥黎家族的第三代仍然出現。里歐納·赫胥黎的兩個兒子都曾經患過嚴重的憂鬱症，他的大兒子朱立安·赫胥黎在 1913 年就曾經害過憂鬱症，後來又五度有過憂鬱症。他的二兒子特瑞福南·赫胥黎 (Trevennen Huxley) 甚至在 1914 年自殺。

結　語

物種的來源和變化，始終是困擾人類的重大問題。經過達爾文、拉馬克、華來士、赫胥黎四位科學家的仔細觀察和潛心

研究，終於發現了生物演化的基本原理，那就是「物競天擇、適者生存」，這為人類對於大自然的瞭解翻開了重要的一頁，也為人類的思想開闢了一個嶄新的面貌。

━━ 第 5 章 ━━
演化論的發展

　　達爾文在 1859 年出版了《物種起源》，1860 年赫胥黎和韋伯福斯主教在牛津大學有一場令人矚目的大辯論。後來知識份子當中很多都傾向於贊同演化論，達爾文受到鼓舞，在 1871 年又出版了《人的起源》。到了這個時候，大多數生物學家都已經接受了達爾文物種演化的理論，雖然有些人對他天擇的說法仍然持有不同的看法。

　　在演化論的後續情況方面，有兩項重要的發展。一個是所謂社會達爾文主義。社會達爾文主義也稱社會演化論，是將達爾文演化論中的天擇思想應用到人類社會的一種社會理論。最早提出這一思想的是英國哲學家、作家史賓塞。有些人把社會達爾文主義當作是為社會上的不平等現象、以及種族主義和帝國主義找理由，根據就是史賓塞所說的「適者生存」。史賓塞對社會和道德機制演化的理解被異化為與其哲學思想對立的東西。有的社會達爾文主義者用這一思想來說明社會進步和變革的不可避免性。社會達爾文主義和演化論一樣，經常被捲入有關優生學的爭論。

　　在達爾文寫成《物種起源》前八年，史賓塞已經出版了《社會靜力學》(*Social Statics*, 1851) 一書，提出把社會當作有機體，並且用自然界的生存鬥爭和適應來解釋社會發展。在讀了達爾文的《物種起源》之後，史賓塞在他 1864 年出版的《生物學原理》(*Principle of Biology*, 1864) 中，又提出「適者生存」這樣的口號 [1]。

　　達爾文的表弟高登提倡優生學。高登認為，人的生理特徵

---

1. Wikipedia: "Survival of the Fittest".

有明顯的遺傳現象，會世代相傳，因此人的品質和才賦也是如此。那麼社會應該對遺傳有一個清醒的決定，即：避免不適者的過量繁殖，以及避免能夠適應者的繁殖不足。高登認為，諸如社會福利和瘋人院之類的社會機構，會讓劣等人生存下去並且讓他們的增長水平超過了社會中的優等人，這種情況如果得不到糾正的話，社會將被劣等人所充斥。高登在 1869 年發表了專著《遺傳的天才》（*Hereditary Genius*, 1869）。在 1883 年又出版了《人類才能及其發展的研究》（*Inquiries Into Human Faculty and Its Development*, 1883），發展他的優生學理論。

這種在人類社會中主張「優勝劣敗」的論點成為社會達爾文主義的一環。並且在相當長的一段時間中，與種族主義、殖民主義和帝國主義，以及後來的納粹主義連結在一起，招致了很大的批評，雖然史賓塞並不是殖民主義和帝國主義理論的鼓吹者[2]。高登在政治上，也反對任何形式的政府強制。

演化論的另外一項重要後續發展，就是孟德爾遺傳定律的重新發現。孟德爾首先在 1865 年發表了他在豌豆實驗上獲得的遺傳定律。遺傳的性質分為顯性與隱性。但是他的結果沒有受到重視。一直到 1900 年他的定律才重新被發現。起初，有些人以為達爾文和孟德爾的主張是有矛盾的。因為達爾文的天擇理論認為演化是逐漸而緩慢的，孟德爾的遺傳定律則認為遺傳是立即而迅速的。一直要到 1930、40 年代，生物學者才認

---

2. 舒遠招，《西方進化倫理學——進化論運用於倫理學的嘗試》（湖南：湖南師範大學出版社，2006），頁 89。

識到，達爾文的天擇學說與孟德爾的遺傳定律其實是互補的。把達爾文的天擇理論與孟德爾的遺傳定律結合起來就是現在的演化綜合理論，也稱為新達爾文主義。這其中，魏斯曼的研究，證明拉馬克「用進廢退說」的不確，並在 1883 年提出「種質論」 (germ plasm theory)，這就是現在去氧核醣核酸 (DNA, deoxyribonucleic acid) 遺傳學說的先聲。有人把他視為 19 世紀，除了達爾文以外，最重要的生物學家。不過，魏斯曼的實驗，其實並沒有證明拉馬克理論的不正確，因為拉馬克從來沒有說過由於傷殘導致的效果是會遺傳的。他主張的後天獲得性遺傳不是外力作用的結果，而是由於個體本身的需求而產生的 [3]。

下面我們將進一步介紹史賓塞、高登、孟德爾、魏斯曼等人的貢獻。

5.1　史賓塞

史賓塞 (Herbert Spencer, 1820-1903) 是英國維多利亞時期有名的自由主義政治理論家。在哲學、生物學、人類學和社會學方面都有貢獻。史賓塞 1820 年 4 月 27 日出生於英格蘭中部的德比 (Derby)。他的父親喬治·史賓塞 (William George Spencer, 1790-1866) 辦了一所學校，也是當地哲學協會的幹事，這個哲學協會是達爾文的祖父伊拉斯穆斯·達爾

---

3. Mark Pallen, *The Rough Guide to Evolution* (London: Rough Guides, 2009), p. 7.

文在 1783 年創立的。史賓塞出身於教育家庭，他的祖父、父親、叔叔都是教育家 [4]。

　　他的父親在宗教方面的觀點有些游移，先是在循道宗 (Methodism)，又稱「衛斯理宗」(Wesleyan)，後來轉到貴格會 (Quakerism)。他似乎把他反對任何形式宗教權威的想法傳給了他的兒子。他成立的學校是基於瑞士平民教育之父裴斯泰洛齊 (Johann Heinrich Pestalozzi, 1746-1827) 的進步教育方法。史賓塞的父親教他經驗科學，而德比哲學協會引導他到達爾文之前的生物演化觀念，特別是伊拉斯穆斯·達爾文和拉馬克的觀念。

　　他的叔叔湯瑪斯·史賓塞 (Thomas Spencer, 1796-1853) 是巴斯 (Bath) 附近辛頓查特修斯 (Hinton Charterhouse) 這個地方的牧師，他為史賓塞不多的正規教育中，補充了一些數學和物理的部份，以及一些拉丁文的知識，讓他可以翻譯簡單的文章。湯瑪斯·史賓塞也把他自己堅持自由貿易和反對權威的政治觀念傳給了他的姪子。除此以外，史賓塞是一個自學成功的人，他的知識幾乎都是他自己閱讀，以及和他的朋友們交流而得來的。

　　從少年到成人，史賓塞都很難把注意力集中到某個特定的知識或職業領域。1830 年代後期，他在鐵路建設的興盛時期作了一陣子的土木工程師。而且也為當地的雜誌寫了一些不循正統的有關宗教和政治的文章。從 1848 年到 1853 年，他在《經濟學人》(*Economist*) 期刊擔任編輯。在這段時間，他於 1851

4. 維基百科：「史賓塞」。

年出版了他的第一本書《社會靜力學》,在這本書中,他預言人類最後會適應社會上生活的需求,而國家這種組織會逐漸消亡。

《社會靜力學》的出版者查普曼 (John Chapman, 1821-1894),把史賓塞介紹到他的聚會沙龍,有很多當時的進步和激進知識份子參加。這包括了哲學家密爾、女作家馬丁諾 (Harriet Martineau, 1802-1876) [5],文學和戲劇評論家路易斯 (George Henry Lewes, 1817-1878) [6] 和女作家,筆名為喬治‧艾略特 (George Eliot) 的英國小說家瑪麗安‧艾凡斯 (Mary Ann Evans, 1819-1880) [7]。史賓塞和艾凡斯還有過一段短暫的戀情。

跟路易斯和艾凡斯友誼交往的第一個成果,就是史賓塞在 1855 年出版的第二本書《心理學原理》(*Principles of Psychology*, 1855)。這本書探討心理學的生理基礎,其基本觀念就是人類的心智是受到自然定律所影響,而這些主張可以從生物學的結構中看出來。這不但包括了根據個體的傳統心理學看法,也把物種和種族的觀點吸收進來。

作為一個博學者,他在很多方面,包括倫理學、宗教、人類學、經濟學、政治理論、哲學、文學、天文學、生物學、社

---

5. 哈里特‧馬丁諾是英國社會理論家和輝格黨 (Whig) 作家,常被譽為首位女性社會學家。

6. 喬治‧亨利‧路易斯是英國哲學家,也是文學和戲劇評論家。他還是一位業餘生理學家。他後來與瑪麗安‧艾凡斯同居,不過沒有正式結婚。

7. 瑪麗安‧艾凡斯(筆名喬治‧艾略特),英國小說家。

會學、心理學等方面都有貢獻。史賓塞發展出一種統攝一切的演化觀念，作為這個物理世界、生物物種、人類心智、人類文化和社會進步發展的基礎。他在世的時候，在英語學界獲得了很高的聲譽。只有後來 20 世紀的羅素 (Bertrand Russell, 1872-1970)，跟他一樣獲得了這麼廣大的知名度。在 19 世紀的末年，他是唯一這樣有名的歐洲知識份子。但是在 1900 年以後，他的影響力大幅下降。美國社會學者帕森斯 (Talcott Parsons, 1902-1979) 在 1937 年，甚至說現在還有誰讀史賓塞？[8]

史賓塞最為人所知的，就是他提出來「適者生存」的這句話。這是他讀過達爾文的《物種起源》一書以後，在 1864 年出版的《生物學原理》中提出來的。這句話強烈的顯示他支持天擇，不過史賓塞把演化引伸到社會學和倫理學這些領域時，他也引用拉馬克主義。

史賓塞對於心理學的興趣，是由於他認為自然律有其普遍性。與同時代的一些其他人相似，包括查普曼沙龍中的人，他認為所有宇宙中的事物，包括人類的文化、語言、和道德，都可以由普遍正確的定律來解釋。這與當時許多神學家的觀點是不同的，他們堅持有些部份是上帝創造的，特別是人的靈魂，這是科學研究所不能及的。

法國哲學家孔德 (Auguste Comte, 1798-1857) 所寫的《實證哲學體系》 (*Système de Philosophie Positive*, 1830-

---

8. (1) Talcott Parsons, *The Structure of Social Action* (New York: Free Press, 1937), p.3. (2) Wikipedia: "Herbert Spencer".

1842) 就是想證明自然律的普遍性,史賓塞繼續孔德的雄心。不過,史賓塞與孔德不同之處在於他相信可以發現一條到處都可以應用的定律,他把這個定律歸之於演化原則的進步發展。

1858 年,史賓塞寫了一個後來稱之為綜合哲學系統 (System of Synthetic Philosophy) 的大綱。綜合哲學這項巨大的工作,在英語世界很少有可以與之相比的,其目的是要證明演化的原則可以應用到生物學、心理學、社會學和倫理學。史賓塞估計這項工作需要寫十卷本的書,大概要花二十年才能完成,最後這項工作花了兩倍長的時間,消耗了他很長的一生中,後來幾乎所有的歲月。

雖然史賓塞本來想作一個作家,但是到了 1870 年代,他便成了當時最有名的哲學家。在他有生之年,他的作品讀者很多,到了 1869 年,他只是依靠寫書和在雜誌發表文章的收入,就可以維持他的生活。這些發表的文章後來收集成三卷本的論文集。他的著作被翻譯成德國、義大利、西班牙、法國、俄國、日本和中國各國的文字。在歐洲和北美,他獲得了許多榮譽。

他成為倫敦一個有會員限制的雅典俱樂部 (Athenaeum) 的會員,這個成立於 1824 年的俱樂部只收在藝術和科學方面的傑出人士,化學家戴維 (Humphry Davy, 1778-1829) 和物理學家法拉第 (Michael Faraday, 1791-1867) 是第一任的會長和幹事,據說他們的會員中有 51 位成了諾貝爾獎的得主 [9]。他也是 X 俱樂部的成員,X 俱樂部是赫胥黎在 1864 年倡議組成的九人團體,除了夏天以外,他們每個月都有聚餐,成員都

---

9. Wikipedia: "Athenaeum Club, London".

是維多利亞時期最有名的學者和思想家，有 3 個人後來成為皇家學會的主席 10。俱樂部持續到 1893 年。九個成員中包括物理學家丁鐸爾 (John Tyndall, 1820-1893)，植物學家胡克、銀行家呂布克等人。還有一些相關的人物，像是自由派的教士、西敏寺的負責人史丹利 (Arthur Stanley, 1815-1881) 11，以及偶而來參加的客人，像是達爾文和德國物理學家何姆霍茲 (Hermann von Helmholtz, 1821-1894)。通過這些組織，史賓塞與科學界的核心人士有聯繫，而且可以為他的觀點找到有影響力的聽眾。他雖然逐漸變得富裕又有聲譽，但是他一直沒有自己買房子。

演化理論

史賓塞第一篇有關演化觀點的文章是 1857 年的〈進步：其定律與原因〉(Progress: Its Law and Cause, 1857)，發表於查普曼辦的雜誌《西敏評論》(*Westminster Review*)。這後來形成了他 1862 年著作《哲學新系統的首要原則》(*First Principles of a New System of Philosophy*, 1862) 的基礎。史賓塞的觀點與其他科學家主張不同之處，在於其主張應用的範圍過廣，而且他認為各類科學部門都是這個大原則的說明。

對於他同時代的人來說，史賓塞的訴求基礎是在這個科學進步、傳統信仰崩解的時代，提供了一個可以取代一般宗教信

---

10. Wikipedia: "X club".

11. 亞瑟·史丹利為英國教士和學術人士，1864 年到 1881 年為西敏寺的主持。

仰的思想體系。史賓塞的哲學系統似乎證明，在進步的科學觀念基礎上，像是在熱力學第二定律和生物演化論的基礎上，相信人類最後可以達到完美的境地。不過就像羅素在 1923 年寫給英國女社會學者韋伯夫人 (Beatrice Webb, 1858-1943) [12] 的信中所說的，這樣的主張其實是有問題的：「我不知道史賓塞是否知道，熱力學第二定律究竟意味著什麼。如果他知道的話，他是會很生氣的。這個定律指出，所有東西的分布都會趨向平均，直到一個死靜的水平，這會消除而不會增加異值性。」史賓塞對於演化的複雜性所提出的解釋，與達爾文在兩年之後發表的《物種起源》中的觀點是非常不同的。

常有人誤解史賓塞，認為他只是挪用並且擴大了達爾文天擇的主張。雖然他在讀了達爾文的書以後，提出了「適者生存」這樣的用語，把它當作是達爾文的觀念。他常被誤解為是把達爾文的理論應用到社會當中的思想家，其實他只是勉強的把天擇的理論放進他早先已經建立的總體系統中。

史賓塞認可的主要物種變化機制是拉馬克的理論，也就是器官的用進廢退說，而且這種改變可以傳給後代子孫。史賓塞相信，這樣的演化機制對於解釋高等演化也是需要的，特別是對於人類的社會發展而言更是必須的。另外，與達爾文不同，史賓塞認為演化是有方向和終點的，要達到一個最後平衡的狀

---

12. 巴斯菲爾德男爵夫人 (Baroness Passfield) 瑪莎·比阿特麗斯·韋伯是英國的社會學家，經濟學家，社會學家，勞動史學家和社會改革家。與其夫巴斯菲爾德男爵希德尼·韋伯 (Sidney James Webb, 1859-1947) 均為英國費邊社的主要成員。

況。他嘗試要將生物演化的理論應用到社會學。他認為社會是從低到高形態改變的產物，就跟生物演化理論一樣，低等的生物會演化成為高等的生物。

史賓塞號稱人的心智演化也是一樣，從低等動物的自動反應，演化成為人類依照理智的思考方式。史賓塞相信有兩種知識：個體所得到的知識，以及整個種族所得到的知識。直覺，或者說下意識的知識，是整個種族繼承的經驗。史賓塞在他的著作《生物學原理》(1864) 中提出一種泛生論的理論，這種理論引入了一種所謂「生理單位」(physiological units)，這種生理單位與身體上的某些部位有關，而這些部位會把一些特徵傳到後代。這種假設的遺傳單位與達爾文所說的小芽 (gemmule) 類似。

社會達爾文主義

對於很多人來說，史賓塞這個名字與社會達爾文主義幾乎是同義語，這是一個把適者生存定律應用到社會上的理論。因為不能允許任何事情來妨礙自然定律，這些定律包括社會上的生存競爭，因此要抗拒人道主義的情感衝動。

史賓塞跟社會達爾文主義的聯繫可能與他支持競爭的解釋有關。在生物界，各類物種的競爭會導致生物或物種的消亡，史賓塞主張的生存競爭與經濟學家所用的比較接近。在這裡，個體和行號的競爭會改進社會上其他人的生活。

史賓塞對於私人慈善機構的評價是正面的，他鼓勵志願的組織和不具形式的對於有需求者的幫助，但是不要依賴政府機

關或其他勢力的幫助。他建議這些私人的慈善機構，不要鼓勵造成更多沒有慈善機構的幫助就活不下去的家庭。

20 世紀初的年代對於史賓塞是很有敵意的。他死後不久，他的哲學聲譽就急速的下降。在他過世半世紀之後，他的作品被貶稱為「拙劣的模仿哲學」。不過，因為史賓塞的思想深入穿透了維多利亞時代，他的影響並沒有完全消失。

在他晚年的歲月中，他的政治觀點變得越來越保守。他在《社會靜力學》中倡議女性應該有投票權，主張土地國有化以便切斷貴族權力，因此這是一本激烈民主派的著作。可是到了1880 年代，他變成激烈反對給女性投票權。而且與反對社會主義的「自由與保護財產聯盟」(Liberty and Property Defence League) 等的地主集團有了共同的看法。他反對格拉史東 (William Ewart Gladstone, 1809-1898) 首相 [13] 內閣中的哈克特 (William Harcourt, 1827-1904) [14]這些人，也反對格拉史東本人的主張。這一個階段史賓塞的政治觀點包含在他有名的著作《人面對國家》(*The Man Versus the State*, 1884) 當中。

史賓塞越來越強的保守主義例外之處，就是他一生都反對帝國主義和使用軍事武力。他對於波爾戰爭的批評，讓他特別受到非議。這也讓他在英國的支持率下降。在史賓塞最後的歲月中，他越來越感到失望和孤單。他一直沒有結婚，1855 年之後，也長期患有憂鬱症，他一直抱怨他的病痛，說沒有醫生能治好他的病。到了 1890 年代，他的讀者群開始逐漸消失，他

---

13. 威廉‧格拉史東為英國政治家，前後曾擔任英國首相十二年。

14. 威廉‧哈克特為英國律師，自由派政治家。

的許多親朋好友也過世了。他開始懷疑對於進步的信心，而這個信心是他哲學系統的核心。

1902 年，在他去世之前不久，他獲得諾貝爾文學獎的提名，但是沒有獲獎。他一生都堅持寫作，晚年用口授的方式，直到他 83 歲健康實在不行了為止。他的骨灰葬於倫敦東邊的高門墓園 (Highgate Cemetery)，面對著馬克思的墓。

5.2 高　登

1822 年 2 月 16 日，高登 (Francis Galton, 1822-1911) 出生於英格蘭中部的伯明罕 (Birmingham)。他的外祖父伊拉斯穆斯·達爾文是一位詩人、醫生、演化理論家。父親撒母耳·高登 (Samuel Tertius Galton, 1783-1844) 是位銀行家。他的母親和達爾文的父親是同父異母的兄妹。他是家中七個孩子裡最小的一個。他的三姐阿黛爾 (Adele) 是高登的啟蒙老師。

他從小就聰穎過人，出生十二個月後，他便能認識所有的大寫字母，十八個月後則能辨別大寫和小寫兩種字母。到了 2 歲半左右，高登已經能閱讀《蛛網捕蠅》之類的兒童讀物。3 歲時他學會簽名，4 歲時他能寫詩，5 歲時已能背誦並理解蘇格蘭敘事詩《馬米翁》(Marmion)，6 歲時，他已精熟荷馬史詩中的《伊利亞特》(Iliad) 和《奧德賽》(Odyssey)，7 歲能欣賞莎士比亞名著，對博物學產生興趣，並按自己的方法對昆蟲、礦物標本進行分類。

求學時代

8歲時他被送到寄宿學校接受正式教育，行為突然變壞，常與同學打鬥，頻遭學校懲戒。14歲時進入伯明罕的愛德華國王學校讀中學。15歲時，他的父親希望他學醫，因此安排他隨一家英國醫學機構到歐洲大陸作巡迴醫療活動，回來之後在伯明罕市立醫院做了兩年內科見習醫生，這段經歷使他積累了許多解剖學和生理學的知識。1839年，17歲的高登來到倫敦國王學院學習醫學、生理學、植物學和化學，並且成績優秀。但是不久，他的興趣就轉移到數學和自然哲學上，於是1840年他考入劍橋大學三一學院，希望學到更多的數學知識。1844年獲得劍橋大學學士學位後曾繼續研習醫學，但不久父親病逝，他就此放棄學業。

旅行探險 [15]

父親逝世後，高登繼承了巨額遺產而變得十分富有，因此可以做一些他感興趣的事情。在當時英國探險精神的影響下，他對旅遊探險產生了興趣。從1845年開始，他先和朋友一道赴尼羅河流域進行考察，然後單獨進入巴勒斯坦腹地。每到夏季，他喜歡到蘇格蘭最北的舍德蘭群島 (Shetland Islands) 去

---

15. Michael Bulmer, *Francis Galton, Pioneer of Heredity and Biometry* (Baltimore, MD: John Hopkins University), p. 6 記錄他的旅行。1840年去東歐，1845-46年去近東，1850-52年去西南非洲。

捕魚和收集海鳥標本，有時也揚帆出海，或者乘熱氣球升空。在這裡他發現了一種順時針旋轉的大規模空氣渦旋，並把它命名為反氣旋。

1850 年，經過與皇家地理學會協商，高登決定考察從非洲西部和南部到恩加米湖 (Lake Uniamési)[16] 的道路。這次探險充滿了困難和危險。在兩年的時間裡，他與各種惡劣的自然環境搏鬥，歷盡艱辛，獲得了大量非洲西南部資源和風土人情的第一手資料。他的考察報告得到了英國皇家地理學會的高度重視，並於 1853 年當選為地理學會的會員。三年後，34 歲的高登成為皇家學會會員。

從非洲回來後，高登一度身體虛弱並患抑鬱症，這種病症在他的後半生曾多次出現。從此以後他不再遠遊。1853 年他和路易莎·巴特勒 (Louisa Butler, 1822-1897) 結婚，1857 年在倫敦定居，但兩人沒有子女。

後期研究

1859 年高登的表兄達爾文出版的《物種起源》引起了他對人類遺傳的興趣。他的注意力很快轉移到與生命有關的領域。他把達爾文有關群的平均值的偶發變異原理應用於人類研究，

---

16. Wikipedia: "Lake Uniamési"，早期傳教士以為東非有一個大湖，稱之為恩加米湖。後來才知道實際上有三個湖，Lake Victoria、Lake Tanganyika、 Lake Albert。 見高登傳記 Nicholas W. Gillham, *A Life of Sir Francis Galton: From African Exploration to the Birth of Eugenics* (Oxford: Oxford University Press, 2001), p. 110.

開拓了以個體差異為主題的實驗心理學的新領域，並於 1869 年發表了專著《遺傳的天才》。在完成了智力天賦的家族譜系研究後，高登又致力於建立更精確的測量方法來考察人類才能的差異。1883 年他出版了專著《人類才能及其發展的研究》，書中敘述了自由聯想和關於心理意象的問卷調查兩項實驗心理學上劃時代的研究方法和成果。在這本書中，高登第一次提出了一個以人類的自覺選擇來代替自然選擇的社會計畫，為此他還創造了「優生學」（Eugenics）這個名詞。因此通常人們把 1883 年作為優生學正式誕生的年份。

從 1884 年起，高登先是在國際衛生博覽會、後來在倫敦南肯辛頓博物館（South Kensington Museum）開設了一個人類學測量室。在那裡人們可以測量自己的身高、體重、握力等多種生理指標。在六年時間裡，該實驗室共收集了 9337 位男女的詳細資料，為人類個體的差異研究提供了大量資料。

1888 年，他開始對指紋研究產生興趣，並於 1892 年在其專著《指紋學》（*Finger Prints*, 1892）中提出了指紋分類法。他的指紋編碼法被倫敦警察局，也就是蘇格蘭場（Scotland Yard）所採用，作為測量系統的補充手段來建立犯人檔案。

1904 年，高登出資在倫敦大學設立了一個優生學講座，邀請皮爾遜（Karl Pearson, 1857-1936）來主持。同時他還在該校設立了世界上第一個優生學檔案館，兩年後改為優生學實驗室。1908 年，英國優生學教育會成立，高登擔任名譽會長。1911 年倫敦大學優生學實驗室和皮爾遜設立的生物學測量室合併為應用統計系。

1908 年他的回憶錄 《一生的回憶》 (*Memories of My Life,* 1908) [17] 出版。1909 年他被英國王室授予勳爵稱號。1911年他以 89 歲高齡逝世於英格蘭南部薩里的莊園。

高登的科學貢獻

高登在心理學、遺傳學、指紋學、優生學方面都有很大的貢獻。分述如下。

(一)心理學

高登對心理學的貢獻，大致可以歸納為差異心理學、心理測量的量化和實驗心理學三方面。

1.差異心理學：

他率先研究個體差異。他在倫敦南肯辛頓博物館建立的人類測量實驗室內，利用儀器作人類學測量及心理測量。測量專案有身高、體重、肺活量、拉力和握力、扣擊的速率、聽力、視力、色覺等，以研究人類能力的個體差異。又用問答法研究意象的個體差異。他發現被試者的意象有很大的差異：有的人以運動意象為主，有的人以聽覺意象為主，有的人以視覺意象為主。他強調遺傳是形成個體差異的原因。他通過譜系調查，論證遺傳因素與個體差異的關係。他認為普通能力和特殊能力是遺傳的。

---

17. Nicholas W. Gillham, *A Life of Sir Francis Galton: From African Exploration to the Birth of Eugenics* (Oxford: Oxford University Press, 2001), p. 404.

2.心理測量的量化：

　　心理學研究的量化，也始自高登。他發明了許多感官和運動的測試，並以數量代表所測得的心理特質的差異。他認為人的所有特質，不管是物質的還是精神的，最終都可以定量描述，這是實現人類科學的必要條件，所以他最先應用統計法處理心理學研究資料。他收集了大量資料證明人的心理特質在人口中的分布跟身高、體重一樣符合常態分布。

3.實驗心理學：

　　1883 年，高登出版了《人類才能及其發展的研究》，書中概述了兩項在實驗心理學中極為重要的研究方法和成果。第一個是關於自由聯想的實驗。他發現最經常的聯想往往來自遙遠的童年。第二個是關於心理意象的廣泛調查。在這些研究中，他首先在心理學中引進了調查表和評分辦法。他對實驗心理學的貢獻還包括他所發明的一系列心理測驗儀器和測驗方法。有些儀器後來就以他的名字來命名，例如測量聽覺閾的高登笛和測量視覺範圍的高登棒。這些儀器直到 20 世紀 30 年代都是心理實驗室的標準儀器。

㈡遺傳學

　　高登對遺傳學也做出了突出貢獻，主要體現在他把定量化的分析方法引入到遺傳研究中。這種方法在《遺傳的天才》中得到了充分的發揮。通過量化統計，高登得出兩個推論：第一，平均每 100 個英國法官的親屬中就有 8.4 個「名人父親」、7.6 個「名人兄弟」、11.7 個「名人兒子」等等，共計 38.3 個「名

人親屬」；第二，名人出現的比率按親疏程度大致呈四分之一的規律遞減。

(三)指紋學

高登對指紋學的主要貢獻在於他從生物學角度對指紋進行分類研究，指出了指紋的應用價值。他詳細地瞭解了法國人伯特隆 (Alphonse Bertillon, 1853-1914) 的測量方法，對指紋術產生了興趣。經過研究，他提出了以前研究指紋術都沒想過的問題：指紋分類編碼。通過指紋分類編碼，能把大量指紋按類紋型和十指順序有規律地排列，便於查對。1891 年，他在《自然》期刊發表論文。1892 年他出版了專著《指紋學》。高登的研究得出三個重要結論：指紋終身不變；指紋可以識別；指紋可以分類。

(四)優生學

高登在研究個體差異時，強調遺傳是形成個體差異的重要原因。他通過譜系調查，論證了遺傳因素與個體差異的關係。他是第一個明確提出有普通能力和特殊能力主張的人。他認為藝術能力這種「特殊能力」是遺傳的。他發現，遺傳隨著親屬關係程度的降低，傑出親屬的比例也顯著地下降。他還用 80 對雙生子的資料，以雙生子比其他親兄弟、親姐妹在心理特點上更為相像的事例，證明人的心理完全是遺傳的。由此也使他成為第一個注意到同卵雙生和異卵雙生在評估遺傳和環境因素的重要性。高登根據遺傳與個體差異的關係宣導要善擇配偶，改

良人種，並在 1883 年《人類才能及其發展的研究》一書中首創「優生學」這一術語。1904 年，高登出資在倫敦大學設立了一個優生學講座，還在該校設立了世界上第一個優生學檔案館，並於兩年後改為優生學實驗室。

學術評價

高登的學術繼承人、統計學家、心理學家皮爾遜在提到高登的博學時有個有趣的說法：「高登比 10 個生物學家中的 9 個更懂數學和物理，比 20 個數學家中的 19 個更懂生物，而比 50 個生物學家中的 49 個更懂疾病和畸形兒的知識。」美國心理學家赫根漢 (Baldwin Hergenhahn, 1934-2007) 在評價高登對心理學的諸多貢獻時說：「很少有人能像高登那樣對心理學做出了這麼多的『第一』：第一個研究了遺傳和後天教養對人的影響、第一個使用了調查問卷、第一個使用了詞語聯想測驗、第一個進行雙生子研究、第一個研究了表像、第一個進行了智力測驗、第一個使用了相關統計技術。」

英國皇家統計學會在高登去世後發佈的訃文中說：「任何和他接觸過的年輕人都不會忘記他的熱情和平易近人的態度，他友善而自然的談吐。他是少有的幾個讓你和他一接觸就油然升起崇敬之情的人之一。」

5.3 孟德爾

孟德爾 (Johann Gregor Mendel, 1822-1884) 是奧國人，

1822 年 7 月 22 日出生於西里希亞 (Silesia) 的一個小鎮海森多夫 (Heizendorf)，當時屬於奧匈帝國，現在屬於捷克。

　　孟德爾的父母親都是農人，他在離家約二十里的綽泡 (Troppau) 中學念書，因為家裡窮，他付的是最低的學費，在學校裡，他只能吃一般學生一半的伙食。因此，在成長的歲月中，他總是處於饑餓的狀態。中學的第四年，他的父親因為受傷不能工作，家中的接濟沒有了，他必須自己養活自己。雖然他很窮，但是孟德爾在學校是一個好學生。1840 年，他進入歐姆次 (Olmutz) 大學一個兩年制的學程。但是，家庭經濟的窘況使他的健康大受影響。最後，他的妹妹把她準備的嫁妝給了他，讓他可以繼續念下去[18]。終於他在 1842 年畢業了。孟德爾在學校最有興趣的是科學，但是由於他在這方面並沒有受過正式的教育，他的知識大多是他自修得來的，因此他連作科學教師的資格都沒有。接下來怎麼辦呢？他尋求歐姆次大學物理教授，法蘭茲 (Friedrich Franz) 神父的意見。法蘭茲神父以前在奧古斯丁修道院 (Augustinian Order) 待過。在這個特殊的修道院裡，修士都是學者和教師，也常常在附近的學校任教。孟德爾從來沒有考慮過以神職為業，他對於宗教生活也沒有什麼興趣。但是，修道院的生活的確可以提供他一個可以繼續求學，而又不必擔心衣食的地方。1843 年 10 月 9 日，他獲准進入了修道院，他原來的名字是約翰 (Johann)，依照當時的習慣，他又加了一個名字葛來格 (Gregor)。在修道院四年之後，

---

18. Melvin Berger, *Famous Men of Modern Biology* (New York, NY: Thomas Y. Crowell Company, 1968), p. 117.

他成為一個教士，分發到教區去工作。但是，孟德爾很害羞，也很緊張，不是一個很好的教區神父。修道院的主持那普(Cyril Napp, 1792-1867) 神父，對他的處境很同情，因而說服了主教，把他派到一家鄰近的中學去作代課的老師。孟德爾終於覺得很快樂了，他很喜歡教書，在學校和在修道院，他都成為一個受人尊重的人。

1850 年，學校的校長建議他去考教師的資格考試，通過了就可以作正式的教師。1850 年 8 月，他到了維也納，但是通知他考試延期的信不知道怎麼沒收到，考官勉強讓他考試，但是沒有讓他通過。校長建議讓孟德爾到大學去念科學，而那普神父很難得的也同意了。孟德爾因而得以到維也納大學又念了兩年科學，當他回來的時候，他在 1854 年 5 月，成了布如恩(Brunn) 高中的科學教師。在這個時候，孟德爾先是在修道院的花園裡，一個只有 120 英尺長，20 英尺寬的地方開始種花，但是雜交的花，花的顏色事先沒有人知道。這引起了孟德爾的興趣。遺傳的性質究竟是怎麼決定的呢？他因而開始了豌豆雜交的實驗。用豌豆的原因是因為豌豆容易成長，而且成長期間很短。他把握住了三個原則讓他獲得了成功。這三個原則就是，第一：要得到可靠的結果，要用大量的植物，而且要用統計的方法。第二：一次只研究一種特性，不要搞混了。第三：每一代的豌豆都小心的彼此分開。他很細心的作實驗，以豌豆的高矮為例，他得到的雜交結果是第一代都是高的，而第二代，「在 1064 株豌豆中，有 787 株是高的，277 株是矮的，」其比例約略是 3 比 1。孟德爾終於瞭解到，豌豆遺傳時有顯性和隱性

的分別。得到了這個結果之後，他又不斷的重複這些實驗，如此他細心的作了八年，幾乎沒有別人幫忙，有些豌豆他培養到了第七代，有了成千的數據，到 1865 年他才宣佈結果。他寫了一本四十六頁的報告，在布如恩的自然科學學會上報告，論文後來也發表了。他提出的遺傳規律，就是現在有名的孟德爾定律，這些定律包括三部份，即：(1)顯性定律，(2)分離定律，和(3)自由組合定律，即獨立分配定律 [19]。學會的會員對於孟德爾的工作精神都很欽佩，也有不少討論，但是沒有一個人瞭解他研究結果的重要性。倒不是孟德爾沒有受到尊重，而是那時達爾文的演化論剛剛出來，大家的注意力都放到物種的演變，每代之間的不同那邊去了。而孟德爾的結果則好像強調了固定不變的成分，由一代傳到了另一代。他們的結果都是正確的，但是在當時好像很不同。

孟德爾將其研究的結果整理成論文 〈植物雜交試驗〉（Versuche über Pflanzen-Hybriden，英譯為 Experiments on Plant Hybridization, 1866）發表，但未能引起當時學術界的重視。其原因可能有三個：

第一，在孟德爾論文發表前七年（1859 年），達爾文的名著《物種起源》出版了。這部著作引起了科學界的興趣，幾乎全部的生物學家都轉向生物演化的討論。這一點也許對孟德爾論文的命運起了決定性的作用。

第二，當時的科學界缺乏理解孟德爾定律的思想基礎。首

---

19. 王德勝，《科學史》（瀋陽：瀋陽出版社，1992），頁 376；關於這三個定律，有一段很好的描述。

先那個時代的科學思想還沒有包含孟德爾論文所提出的命題：遺傳的不是一個個體的全貌，而是一個個體的狀態。其次，孟德爾論文的表達方式是全新的，他把生物學和統計學、數學結合了起來，使得同時代的博物學家很難理解論文的真正含義。

第三，有些權威人士出於偏見或不理解，把孟德爾的研究視為一般的雜交實驗，和別人做的沒有多大差別。

此外還有一些研究本身以外的原因。首先，孟德爾發表的著作太少了。從 1856 年他開始研究到 1871 年停止雜交實驗這十幾年中，他只在布如恩自然科學學會上發表過演講和在 1870 年另外發表過一篇短文〈山柳菊 (Hieracium) 的雜交試驗〉。所以孟德爾並不是一個有名的研究工作者，知道他的人不夠多。此外，他寫信給當時有名的瑞士植物學家內格里 (K. W. von Nageli, 1817–1891) 求教，但是內格里不是很相信他的結果，建議他再作另外其他植物的實驗。而內格里建議的植物物種比較複雜，孟德爾的實驗因而沒有具體的結果。孟德爾的研究結果支持遺傳的顆粒說，而內格里是贊同融合遺傳說的，他認為在受精時父本和母本的異胞質會融合在一起。對於內格里來說，承認孟德爾學說就等於否定了他自己的學說，他沒有仔細推敲就草率地作出否定孟德爾實驗的結論。孟德爾和內格里的交往實在是一場災難。

孟德爾的成果因此被忽略了。他相當的失望，但是他仍然存了一點希望，把他的報告印了 120 份，寄給全世界各個大學的圖書館。他報告的名稱很簡單就是〈植物雜交實驗〉。孟德爾的豌豆雜交實驗從 1856 年進行至 1864 年，前後一共有八年。

但是當時的人不瞭解他實驗的重要性，他的研究成果被埋沒了三十五年之久。

1867 年，修道院的主持那普神父去世了，繼承人要由修道院的 12 位神父中選出，出乎他的意外，孟德爾被選為主持。他因而不得不辭去他在學校教書的職務，他仍然希望能夠把他植物雜交的實驗繼續下去，但是修道院的事情很多，在科學方面，他只能做一些園藝工作、觀察氣象、以及培養一些蜜蜂。被選為修道院院長後，他只得把精力逐漸轉移到修道院工作上，最終完全放棄了科學研究。這一年他才 46 歲，當修道院院長還顯得太年輕了。在當時，修道院院長死後，政府就會派人來查帳並課以重稅。正是由於這個原因，修道院傾向於選舉較年輕的修道士當院長。1874 年，奧地利政府頒佈了一項嚴苛的稅法。孟德爾認為新稅法不公平，拒絕交稅，花了大筆的錢與政府打一場曠日持久的官司。其他修道院的院長紛紛被政府收買，屈服了，只有孟德爾堅持拒絕政府的威脅利誘，決心抵抗到底。結果可想而知。法庭判決孟德爾敗訴，修道院的資金被沒收了。修道院的修道士們也背棄了孟德爾，向政府妥協。孟德爾的身心完全垮了，得了嚴重的心臟病。到了晚年，他的健康情況也不好。1884 年 1 月 6 日，孟德爾去世了。繼任的主持把他私人和科學的文件都燒掉了。

到了 1900 年的 3 月和 6 月之間，突然有三位植物學家獨立的又得到與孟德爾同樣的結果，他們是荷蘭的德弗里斯 (Hugo de Vries, 1848-1935)、德國的柯林斯 (Karl Correns, 1864-1933) 和奧國的澤馬克 (Erich Tschermak, 1871-

1962)。在他們發表論文之前查文獻的時候，找到了孟德爾的結果。從 1865 年開始，孟德爾的研究成果一共埋沒了三十五年，才得到它應有的尊重。孟德爾也得到了他應該得到的榮譽，他所開創的遺傳學，更成了 20 世紀生物學的主流。

在宗教思想方面，孟德爾是一個教士，自然是信基督宗教的，但是當年他進入修道院，主要是為了生活的緣故，對宗教事物原來是沒有什麼興趣的。

5.4 魏斯曼

魏斯曼 (August Friedrich Leopold Weismann, 1834-1914) 是德國生物學家。1834 年 1 月 17 日，生於德國邦聯美因河畔的法蘭克福市 (Frankfurt am Main)。他的父親約翰·魏斯曼 (Johann Konrad Weismann, 1804-1880) 是研究古代語言和神學的老師。魏斯曼的母親愛麗斯 (Elise Weismann, 1803-1850)，娘家姓呂布倫 (Lübbren)，愛麗斯的父親是德國邦聯北方史塔得 (Stade) 市的市長。

魏斯曼接受的是 19 世紀標準的教育，他從四歲開始有音樂課，14 歲開始在法蘭克福的學校學繪畫。他的鋼琴老師很熱衷於收集蝴蝶標本，並且教他如何收集蝴蝶的幼蟲和成蟲。他注意到蝴蝶有許多不同的樣子和彩色，這些後來他都用到了他的研究當中，拿來研究蝴蝶和毛蟲的演化。但是要學自然科學是不可能的，因為費用太高，而且在科學方面也沒有什麼未來工作的可能。他們家的朋友，一個化學家沃勒 (Friedrich

Wöhler, 1800–1882) 介紹他去學醫。他母親家中有些財產可以繼承，因而讓他可以到哥廷根 (Göttingen) 大學去讀書。1856 年畢業，他的畢業論文是有關人體尿酸合成的。

職業生涯

大學畢業以後，魏斯曼在羅斯托克 (Rostock) 的市政府醫院找到了一個助理的工作。他成功的發表了兩篇論文，一篇是關於食草動物的尿酸，另一篇是關於波羅地海水中鹽的成分，他的論文獲得了兩個獎。這篇有關波羅地海鹽成分的文章，讓他打消了做一個化學家的主意，因為他覺得他自己沒有作為一個藥劑師所需要的準確度。

他曾經去維也納博物館和醫院作學習參訪。他在 1859 年訪問義大利，1860 年又訪問了巴黎。1859 年，在奧地利、法國、和義大利之間的戰事中，他成為軍隊中的主治醫師。在服役的假期中，他遊覽了義大利的北部。回到法蘭克福後，在 1861 年到 1863 年間，他擔任被貶到紹姆堡 (Schaumburg Castle) 的奧地利公爵史蒂芬 (Archduke Stephen, 1817–1867) 的私人醫生。1861 年他曾到基森 (Giessen) 大學跟隨盧克亞 (Rudolf Leuckart, 1822–1898) 教授做研究兩個月，研究動物、特別是跟昆蟲有關的個體發生學和形態學。1861 年，在達爾文的《物種起源》出版兩年之後，他讀到這本書，以後他就接受了生物的演化論。魏斯曼後來研究他認為可能會影響到昆蟲形態變化的因素，包括自然選擇在內。

1863 年起，他成了福來堡的路德維希大學 (Albert

Ludwig University of Freiburg) 比較解剖學和動物學的講師。 1866 年升為副教授，從 1873 年到 1912 年是正教授。 1864 年，魏斯曼的視力退化，這讓他無法使用顯微鏡，不得不終止要用到顯微鏡的研究而轉向遺傳、發生和演化問題的理論探討。他研究蝴蝶的變形與發展。他是大學第一個動物學的講座教授，他也是 1867 年動物學研究所的創所所長。他在 1912 年退休。

對於生物演化學的貢獻

在魏斯曼剛開始研究演化理論的時候，他先得與基督教的創造論奮鬥一番。 在他的著作 《關於達爾文理論的驗證》 (*Über die Berechtigung der Darwinschen Theorie*，英譯為 *On the Justification of the Darwinian Theory*, 1968) 中，他比較了創造論和演化論。他的結論是：許多有關生物的事實，可以毫無縫隙的與演化論連接，可是如果是創造論的話，則有許多結果是很令人困惑的。

魏斯曼接受演化論，認為演化論跟天文學中的日心說有同樣的正確性。在生物遺傳學方面，他的主要貢獻在於提出遺傳的種質論。根據這個理論，多細胞動物的遺傳只能透過生殖細胞進行，也就是像卵子和精子這樣的配偶子 (gamete) 來進行。身體上其他的體細胞 (somatic cells) 不具有遺傳的功能。這種遺傳功能是單向的，遺傳細胞可以產生體細胞，但是不受體細胞經歷事情的影響，因此也就不受到個體在一生中所得到能力的影響。有關基因的資訊不會由體細胞傳給遺傳細胞，因此也

就不會傳到下一代。生物學家把這種觀念稱為魏斯曼隔離(Weismann barrier)。這種觀念如果正確的話，就會否定拉馬克所提出來的後天獲得性遺傳的理論。

魏斯曼相信要瞭解遺傳，必須分清楚遺傳細胞和所有其他組織細胞的不同。這些包含了遺傳物質的遺傳細胞，魏斯曼稱之為「種質」，今天稱為基因。他相信遺傳是由這些生殖細胞所決定的，而與其他的體細胞無關。這種觀點稱為「硬遺傳」。魏斯曼的「硬遺傳」理論傳播的很快，特別是在德國、英國和美國。可是有很多生物學者仍然不大相信魏斯曼的硬遺傳理論。海克爾 (Ernst Haeckel, 1834–1919) 是 19 世紀在德國最支持達爾文演化論的生物學者，可是他仍然相信後天獲得性可以遺傳，雖然他與達爾文一樣，都堅持天擇的效力。

1890 年代，新拉馬克主義者激烈的反對魏斯曼，因為他們並不覺得魏斯曼解決了演化變異的來源問題。1900 年左右，在法國、西班牙、拉丁美洲，以及世界上很多其他地方的科學家都比較傾向於拉馬克的軟遺傳理論，而不是魏斯曼的硬遺傳理論。可是，由於後來染色體的發現，以及 1900 年左右孟德爾遺傳學的重新出現，都加強了魏斯曼理論的可信性。1914 年他過世以後，1930 和 1940 年代新綜合達爾文主義的形成，都讓魏斯曼的理論佔了上風 [20]。

---

20. Encyclopedia.com:

https://www.encyclopedia.com/science/encyclopedias-almanacs-transcripts-and-maps/august-friedrich-leopold-weismann

　　這種魏斯曼隔離的觀念對於 20 世紀的近代綜合理論來說是非常重要的，雖然今天的學者不用這種名詞來表示。在魏斯曼的觀念中，突變 (mutation) 的過程大多是混亂的，突變一定要在配偶子上發生，或者在產生配偶子的幹細胞上發生。這是天擇改變的唯一可操作的來源。

　　魏斯曼成了完全否定拉馬克理論的第一個生物學者。魏斯曼的主張早於孟德爾定律的重新發現。雖然魏斯曼對於是否接受孟德爾主義非常的謹慎，比較年輕的學者很快的就把它們連接了起來。

　　魏斯曼今天受到高度尊重。德裔美國生物學者梅爾把他視為是在達爾文與 1930 至 1940 年代綜合演化論形成之間，最重要的演化理論家，而且是「有史以來最重要的生物學家之一」。

生物器官毀損的遺傳實驗

　　生殖細胞帶有可以傳到後代的因子，而且不會受到體細胞經驗的影響，這種理論被稱為魏斯曼隔離，而且被認為是對於拉馬克後天獲得性遺傳理論的終結。拉馬克主張物種經由勞動或意志所獲得的特徵是可以遺傳的。

　　魏斯曼做了切斷老鼠尾巴的實驗，他做的實驗切斷了 68 隻白老鼠的尾巴，而且持續作了五代，結果沒有一隻老鼠生下來沒有尾巴，牠們的尾巴也沒有變短。他說：「五代老鼠，一共 901 隻，這些老鼠是用人工方法切去尾巴的後代，然而沒有一隻老鼠有發育不全的尾巴，也沒有任何變形。」

　　魏斯曼瞭解他做的實驗是有限的，而且他明白的說，他之

所以要做這個實驗，正是因為那個時候有許多人說他們發現了器官毀損可以遺傳的例子，當時有些報導說有些動物上一代的器官受到毀損，因而導致了後代的改變。還有人聲稱有些猶太人生下來就沒有包皮。他說這些報導都沒有可靠的證據支持。他作這個實驗的目的就是要讓這種器官毀損可以遺傳的主張不再繼續下去。魏斯曼的實驗結果與他的種質學說是符合的。很多人認為魏斯曼的這個實驗否定了拉馬克的後天獲得性遺傳的說法。不過，實際上拉馬克並沒有說因為傷殘而造成的改變可以遺傳，因為他認為只有物種由於自己的內需而導致的後天獲得性才能遺傳，外力導致的後天獲得性的遺傳則是不能遺傳的 [21]。

魏斯曼的主要著作有：《遺傳理論的研究》(*Studies in the Theory of Descent*, 1882)、《種質──一個遺傳的理論》(*The Germ-Plasm: A Theory of Heredity*, 1893)、《演化理論》(*The Evolution Theory*, 1904)。 1908 年他獲得了英國林奈學會的達爾文－華來士獎章。魏斯曼是一個強烈的愛國者，支持在俾斯麥領導下的德國統一。第一次世界大戰爆發後，他放棄了所有英國給他的榮譽。晚年的魏斯曼成為世界著名的生物學家之一，他有關遺傳和演化的著作都很有名。

---

[21]. Mark Pallen, *The Rough Guide to Evolution* (London: Rough Guides, 2009), p. 7.

結　語

　　史賓塞和高登的研究和推論，為演化思想開展到其他科學和哲學領域，開拓出新的空間，也導致後世許多爭論，這些爭論一直持續到今天。孟德爾和魏斯曼的研究成果，為演化論的進一步深入發展鋪平了科學的道路，為20世紀的新達爾文主義、也就是現代綜合演化理論奠定了基礎。

—— 第 6 章 ——
演化倫理學的出現

　　自從有了達爾文的演化論以後，生物學家就在思索人類的道德感是從那來的。演化論主張「物競天擇，適者生存」，所有生物在演化中最優先的考量必然是自己的生存與繁衍，基本上都是自私的。人類在這種情形下，為什麼會有道德感？甚至在一定的情況下，會有利他的行為？這是達爾文最感困惑的地方，甚至說這可能會推翻他所有的理論 [1]。這個問題有很長時期，得不到圓滿的解釋。

　　到了 1963 年和 1974 年間，4 位生物學家分別從不同的角度開始了一場與生物演化論有關的革命。他們是漢彌敦、威廉斯、崔弗斯和梅納史密斯 [2]。其中，漢彌敦和梅納史密斯是英國人，威廉斯和崔弗斯是美國人。他們提出了一系列的理論，完善和擴展了天擇的理論，加深了生物學對於包括我們人類在內動物行為的認識。除了他們 4 位之外，美國學者普來士（George Robert Price, 1922-1975）也有一些特殊的貢獻。

　　為了合理解釋動物的利他行為，1963 年英國的一個研究生

1. (1) K. N. Laland and G. R. Brown, *Sense and Nonsense: Evolutionary Perspectives on Human Behavior* (Oxford: Oxford University Press, 2002), p. 75. (2) A. Grafen and M. Ridley (eds.), *Richard Dawkins: How a Scientist Changed the Way We Think* (Oxford: Oxford University Press, 2006), p. 76.

2. (1) K. N. Laland and G. R. Brown, *Sense and Nonsense: Evolutionary Perspectives on Human Behavior* (Oxford: Oxford University Press, 2002), p. 70. (2) 舒遠招，《西方進化倫理學——進化論運用於倫理學的嘗試》（湖南：湖南師範大學出版社，2006），頁 221。

漢彌敦提出了「近親選擇理論」(kin selection theory)。這個理論就是說：如果天擇的單位是個體，那麼利他行為是很難以演化論來解釋的，因為包括人類在內的動物為了自己的生存，都是自私的。可是如果天擇的單位不是個體而是基因，那麼動物的利他行為就可以解釋了。這就是漢彌敦提出來的理論。1964年，他又發表了〈社會行為的遺傳演化〉(The Genetical Evolution of Social Behavior, 1964) 的論文，這篇論文分成兩部分刊出，後來非常有名，但是投稿的過程卻非常艱辛。

1966年，美國紐約州立大學石溪分校的生物學教授威廉斯出版了他的代表作《適應與天擇——現代演化思想的評論》(*Adaptation and Natural Selection: A Critique of Some Current Evolutionary Thought*, 1966)。他在這本書中提出基因層次的演化觀點，這是一本按照新達爾文主義[3]來研究社會行為的著作，包括人類社會行為的生物學基礎教材。所謂新達爾文主義就是把達爾文的天擇理論和孟德爾的遺傳學，以及基因理論結合起來的現代綜合演化理論。它澄清了長期以來困擾社會行為研究的困惑，同時為有關性別和友誼的研究奠定了基礎。

美國學者崔弗斯發揮了漢彌敦的「近親選擇理論」和威廉斯有關動物性別和友誼的論點，1971年發表了有關「互惠利他主義」(reciprocal altruism) 的論文，1972年又發表了「父母投資理論」(parent investment) 的論文。當時他還是哈佛大學

---

3. 新達爾文主義就是把達爾文的自然選擇與孟德爾的遺傳學和基因理論結合起來的現代綜合演化理論。

的研究生，前此還曾經因為精神崩潰而休學。崔弗斯提出的「互惠利他主義」認為動物雖然是自私的，但是在一定的條件下，也會有互惠利他的行為。他的「父母投資理論」，用投資的理論代替威廉斯的「犧牲」概念，來解釋動物界父母與子女的關係。

英國蘇塞克斯大學 (University of Sussex) 生物學教授梅納史密斯則用賽局理論 (game theory) 來解釋生物界的現象，在這方面他有著不可磨滅的貢獻 [4]。1973 年，他和一位從美國來訪的學者普來士一起發表了名為 〈動物衝突的策略〉 (The Logic of Animal Conflict, 1973) 的論文 [5]，提出了「演化穩定策略」 (evolutionarily stable strategy) ，簡稱為 ESS 的觀念 [6]。他們提出的理論解釋了動物利他的行為，也充分解釋了動物行為與演化論的意義。他在 1982 年出版了代表作 《演化與賽局論》(*Evolution and the Theory of Game*, 1982) 一書。他研究的「鷹鴿賽局論」也是一個非常有名的理論模型 [7]。

下面我們分別討論在演化倫理學發展過程中這幾位重要科學家的生平與他們的貢獻。

---

4. K. N. Laland and G. R. Brown, *Sense and Nonsense: Evolutionary Perspectives on Human Behavior* (Oxford: Oxford University Press, 2002), p. 85.

5. J. Maynard Smith and G. R. Price, "The Logic of Animal Conflict", *Nature* 246: 15-18 (1973).

6. Ullica Segerstrale, *Defenders of the Truth: The Battle for Science in the Sociobiology Debate and Beyond* (Oxford: Oxford University Press, 2000), p. 68.

7. Wikipedia: "John Maynard Smith".

6.1 漢彌敦

漢彌敦 (William Hamilton, 1936-2000)1936 年生於埃及開羅。他的父母親來自紐西蘭，他的父親是一個工程師，他的母親是一個醫生。他是七個小孩中的第二個。他們家後來搬到英國的肯特 (Kent)。漢彌敦少年的時候，在第二次世界大戰中，他們家為了躲避轟炸，搬到愛丁堡。從小他對自然史就很有興趣，花了很多時間蒐集蝴蝶還有其他昆蟲的標本。 1946 年，他讀了新自然主義者福特 (Edmund Brisco. Ford, 1901-1988) [8] 所寫的書《蝴蝶》，讓他對於演化論的天擇和基因學有了認識。中學時，他在肯特的騰橋 (Tonbridge) 學校讀書。12 歲的時候，因為玩他父親保存的炸藥而嚴重受傷。這些炸藥是他父親在二戰中為了替地方保衛部隊做手榴彈留下來的。在皇家學院的醫院，他做了胸部的手術，右手手指也部份切除，過了六個月之後才能康復，同時也留下了疤痕。

在去劍橋大學求學之前，他曾去法國旅行，並且在軍隊服役了兩年。作為劍橋大學聖約翰學院 [9] 大學部的學生，他對於當時有許多生物學者好像不承認演化論，覺得很難相信。他對於英國統計學和遺傳學者費雪 (Ronald Fisher, 1890-1962) [10]

---

8. 愛德蒙‧福特為英國生態遺傳學者。

9. Wikipedia: "St John's College, Cambridge". 聖約翰學院 (St. Johns College) 是劍橋大學的學院之一。劍橋大學有 31 個學院，牛津大學有 39 個學院。

10. 羅納德‧費雪為英國統計學和遺傳學者。

在 1930 年出版的書 《天擇的基因理論》 (*The Genetical Theory of Natural Selection*, 1930) 很有興趣。但是費雪在劍橋大學僅被人看做是一個統計學者，因而不是很受生物學者的重視。

費雪幾乎獨力的建構了現代統計科學的基礎。在遺傳學上，他用數學來結合孟德爾的基因學和天擇理論，對於 20 世紀初達爾文主義的復興做了重大貢獻，這種新理論稱為現代達爾文主義的統合理論。他也做了有關農業實驗方面的研究，對於免除上百萬人的饑餓很有貢獻。

漢彌敦為費雪書上有關優生學的部份感到興奮。在書中前幾章，費雪為演化的基因學部份提供了數學基礎。後來漢彌敦覺得由於過度沉迷於費雪的書，讓他畢業的時候，只拿到中上等的成績，而沒有獲得優等 [11]。

漢彌敦定律

大學畢業後，漢彌敦到倫敦經濟學院 (London School of Economics, LSE) 人口學部門讀碩士學位。他的碩士指導教授是卡瑞爾 (Norman Carrier)，卡瑞爾為漢彌敦的研究尋找研究經費。後來當他的研究工作越來越數學化，也越來越偏向基因學方面的時候，他的指導教授就換成倫敦經濟學院匈牙利裔英國數學和經濟學教授哈吉諾 (John Hajnal, 1924-2008) 和倫敦大學學院 (University College London) 統計學教授史密斯

---

11. 英國學制：如果總分為 100 分，70 分以上為優等，60 到 69 是中上等，50 到 59 是中下等，40 到 49 是第三等。

(Cedric Smith, 1917-2002)。

　漢彌敦當時是一個孤獨的研究生，沒有人關心他的研究。最後他在倫敦經濟學院找到一份獎學金。他在 1963 年發表了一篇短文〈利他行為的演化〉(The Evolution of Altruistic Behavior, 1963)，所具的地址是倫敦經濟學院社會學系。二戰以後的一段時間，基因學這個領域受到一些人的質疑，這個學校是屬於左派陣營的，因為文章的論點與社會主義不同，讓學校有些尷尬。系上的資深教授潘若斯 (Lionel Penrose, 1898-1972) 似乎有點懷疑他主張優生學，而潘若斯是很反對高登優生學的。漢彌敦擔心是否能在三年期限內拿到博士學位。他在 1962 年向《自然》(*Nature*) 期刊投了一篇論文稿件，提出其主要論點，但是被拒絕，後來他改寄到《美國自然學者》(*American Naturist*) 期刊，1962 年被接受，1963 年發表。到了 1963 年，他寄到《理論生物學期刊》(*Journal of Theoretical Biology*) 的主要論文，評審回來了，說需要做重大修改，而且需要分為兩部分發表。他因為要去巴西，因此修改工作進行的很慢。修改稿終於在 1964 年初寄出，並且在 1964 年 7 月發表，題目是〈社會行為的遺傳演化〉(The Genetical Evolution of Social Behavior, 1964) [12]。這份論文

---

12. "The Genetical Evolution of Social Behavior" 的論文。第一部份："The Genetical Evolution of Social Behaviour I", *Journal of Theoretical Biology* 7 (I): 1-16 (1964). 第二部份："The Genetical Evolution of Social Behaviour II", *Journal of Theoretical Biology*, 7 (I): 17-52 (1964).

現在很有名，當時卻沒有什麼人知道他在說什麼。從巴西回來，基於他的論文，他獲得了帝國學院 (Imperial College) 的講師職位，當時他還沒有正式獲得博士。他在這個職位上工作了十多年，由於沒有獲得晉升，他去了美國教書六年 (1977-1984)，大多時間在密西根大學任教，1978 年短期在哈佛訪問。

過去的演化理論很難解釋動物的利他行為，因為動物為了生存，應該都是自私的。漢彌敦的論文提出了「近親選擇理論」。漢彌敦認為：如果天擇的單位是個體，那麼利他行為的確是很難以演化論來解釋的，因為包括人類在內的動物為了自己的生存，都是自私的。可是如果天擇的單位不是個體而是基因，那麼動物的利他行為就可以解釋了。這就是漢彌敦的理論。

在此之前，1955 年的時候，英國著名的生物學教授霍爾丹 (John B. S. Haldane, 1892-1964) 曾經在一個科普雜誌上寫了篇文章，半開玩笑的說，他願意為兩個兄弟，或八個堂表兄弟而捨命。這裡面其實就已經有了一些漢彌敦後來發展出來的觀念，也就是說，他的犧牲意願是與他親屬跟他的血緣關係有關的 [13]。但是因為霍爾丹是一個馬克思主義者，他是從群體選擇的角度來討論利他主義的，因此沒有繼續做這方面的探討。

---

[13]. (1) K. N. Laland and G. R. Brown, *Sense and Nonsense: Evolutionary Perspectives on Human Behavior* (Oxford: Oxford University Press, 2002), p. 76. (2) Ullica Segerstrale, *Defenders of the Truth: The Battle for Science in the Sociobiology Debate and Beyond* (Oxford: Oxford University Press, 2000), p. 58.

　　1964 年，漢彌敦發表了〈社會行為的遺傳演化〉的論文，這篇論文分成兩部分刊出，投稿的過程非常艱辛，因為他的論文很數學化，當初沒有人知道他在說什麼 [14]。在近親選擇理論提出之前，當時主要的理論是「群體選擇理論」（group selection theory）。群體選擇理論是韋恩－愛德華茲 (Vero Wynne-Edwards, 1906-1997) 提出來的，他在 1962 年發表了有關「群體選擇」的論文 [15]。在演化生物學中，物種演化是否成功的指標稱為適應度 (fitness)，這是演化生物學界的術語，意思是指演化過程中直接後代的數量 [16]。漢彌敦用了一個新名詞「內含適應度」(inclusive fitness)，就是具有部份相同基因的所有後代的數目，這成了演化成功與否的新指標。

　　在此之前，統計學者費雪和生物學者霍爾丹都注意到生物會幫助牠們的親戚，來增加跟牠們自己有相同基因的後代子孫數目。但是他們沒有注意到這件事的重要性，也沒有適當的加以論述。漢彌敦研究了好幾個案例，最後認識到，過去這些計算，遺漏了美國遺傳學者瑞特 (Sewall Wright, 1889-1988) 的關係係數 (coefficient of relationship)。結果漢彌敦提出了他

14. Ullica Segerstrale, *Defenders of the Truth: The Battle for Science in the Sociobiology Debate and Beyond* (Oxford: Oxford University Press, 2000), p. 57.

15. Ullica Segerstrale, *Defenders of the Truth: The Battle for Science in the Sociobiology Debate and Beyond* (Oxford: Oxford University Press, 2000), p. 62.

16. John Alcock, *The Triumph of Sociobiology* (Oxford: Oxford University Press, 2001), p. 24.

的公式:每個生物個體在臨到需要做決定的時候,會根據與其他個體彼此之間的關係係數,評估他自己和其他個體的適應度,然後作決定。

用數學表示,對於一個需要付出代價的行動,生物個體會不會去做某種行為,要依照下面的公式來決定:

$$r \times B > C$$

在此,r 是這個生物個體與接受援助者的基因關聯度 (relatedness),B 是對於這個生物個體來說在適應度方面的好處 (benefit),C 是對於個體在適應度方面的代價 (cost)。適應度的代價與好處都是用後代的數目 (fecundity) 來表現的,r 則在 0 與 1 之間。r 和 B 的乘積要大於 C。也就是說,這個生物個體要不要對其他個體做出利他的行為,兩者的關聯度與如此做好處的乘積,需要大於其付出的代價。他的研究寫成論文後,雖然投稿的過程很不順利,但是在 1964 年以兩篇論文的形式刊出以後,現在已經廣為學者所引用了。

這個公式的證明和其結果都牽涉到很多數學,很不容易懂,最早的兩位評審人都拒絕評審這篇文章。第三個評審者是梅納史密斯 [17],他也不完全懂文章的內容,但是他注意到這篇文章的重要性。因此他建議漢彌敦的這篇論文需要做重大修改。這延遲了論文發表的時間,造成漢彌敦和梅納史密斯之間後來的過節。因為梅納史密斯在這段審稿的過程中,發表了另外一篇文章,論文中有類似的觀點。漢彌敦認為梅納史密斯是故意拖延了他論文的發表。漢彌敦的文章最後在《理論生物學期刊》

---

17. John Maynard Smith 複姓 Maynard Smith,因此寫為梅納史密斯。

上發表，剛發表的時候，大多數人都把這篇論文忽略了。不過，現在對於這篇論文的重大意義，人們的認識已經逐漸增加，到目前甚至在生物學的課本中都已經會提到了。論文中的許多討論都是跟膜翅目 (Hymenoptera) 的昆蟲，像是螞蟻、蜜蜂、黃蜂等的演化有關。這類昆蟲的性別決定方式很特殊。雄性昆蟲只有單倍的染色體。牠們的生殖方式使得雌性昆蟲跟自己姐妹的親屬關係，比跟牠們自己可能的後代還來得高。因此，漢彌敦的文章的結論認為：這類昆蟲的雌性生物幫助培育牠們的姐妹，反而比培養自己的後代還要划得來。

其原因如下 [18]：

第一，膜翅目昆蟲的女王跟牠的兒子和女兒們，有一半的基因是一樣的。因為女王的後代帶有女王一半的染色體，所以也帶有女王一半的基因。

第二，姐妹和牠們兄弟之間基因相同的機會，並不像雙倍體生物是二分之一，而是四分之一。如果我們隨便拿這個姐妹的任何一個基因來看，它有二分之一的可能是來自父親，但這個基因牠兄弟不可能有，因為牠的兄弟是單倍體，沒有父親的基因。如果這個基因是來自母方，那麼牠的兄弟也有這個基因

18. (1)古爾德著， 程樹德譯，《達爾文大震撼》， 英文書名 *Ever Since Darwin: Reflections in Natural History*（臺北：天下文化，1995），頁 397 ；(2)道金斯著， 趙淑妙譯，《自私的基因》， 英文書名 *The Selfish Gene*（臺北：天下文化，1995），頁 264 ；(3) Carl Zimmer, *Evolution: The Triumph of an Idea* (New York, NY: Harper Collins, 2001), p. 248.

的機會是二分之一。所以如果這個基因來自父親，牠跟兄弟的基因關係就是零。如果這個基因來自母親，那就是二分之一。兩者的平均數就是四分之一。

第三，姐妹彼此之間有四分之三的基因關係。我們現在也隨便拿一個基因來看。如果這個基因是來自父親，那麼牠的姐妹一定也有，因為父親只有一組染色體，所以全部都會傳給女兒。如果這個基因來自母親，那麼就有一半的機會跟牠的姐妹一樣。因此姐妹們的基因關係就是一（如果基因來自父親）和二分之一（如果基因來自母親）的平均數，也就是四分之三。

因此，這些昆蟲的雌性生物與自己姐妹的基因關係，比自己可能的子女的基因關係還要大。

其他研究貢獻

漢彌敦在 1970 年發表的論文〈在演化模式中的自私與不齒行為〉(Selfish and Spiteful Behavior in an Evolutionary Model, 1970) 中，他考慮這樣的問題：一個生物對於其他生物有害的行為是否必然是由於這個生物為了要尋求自己本身生存而產生的。如果一個生物會故意的傷害其他生物，而這種行為其實對本身並沒有什麼好處，漢彌敦把這種行為稱做是不齒的行為。這種行為可以用生物為了要增加自己的基因有較多機會傳給下一代，而傷害其他與自己關係較遠的生物來解釋。不過，這種惡意的行為不大會造成可以傳得下去的適應模式。因為受到侵害的對象會報復。而且在混亂交配的情況下，同種生物的相關性都差不多，因此，要選擇這種不齒行為的對象是有問

題的。

在 1964 年到 1977 年間，漢彌敦是倫敦帝國學院的講師。那時，他在《科學》(Science) 期刊發表了一篇關於特殊性別比例的論文 [19]。費雪在 1930 年曾經提出一個模式，解釋特殊的雌雄性別比例，因為平常的雌雄性別比都接近於 1 比 1，因此特殊的性別比，像是在黃蜂中的比例，就需要另外的解釋了。漢彌敦瞭解了這個問題，1960 年當他被指派去幫助費雪的學生愛德華茲 (Anthony W. F. Edwards, 1935-) [20]，作有關費雪性別比例假說的測試時，他提出了解釋。漢彌敦把他對於自然歷史深刻的瞭解以及對於這個問題的洞見結合起來，開創了一個嶄新的研究領域。

這篇論文也對「不可擊敗策略」這個觀念的提出有貢獻。梅納史密斯和普來士後來發展出「演化穩定策略」的類似觀念。這是一個在遊戲理論中的觀念，其應用不限於演化生物學。普來士在導出後來稱為普來士方程式的這個公式之後，原來是要去找漢彌敦，以便重新導出漢彌敦的公式。梅納史密斯因為評審普來士的論文，從中得到了啟發，這篇論文後來並沒有發表。但是梅納史密斯願意把普來士當作他「演化穩定策略」論文的共同作者，這樣做促進了他們兩人彼此之間的關係。普來士後

---

19. W. Hamilton, "Extraordinary Sex Ratios: A Sex-Ratio Theory for Sex Linkage and Inbreeding Has New Implications in Cytogenetics and Entomology". *Science* 156 (774): 477–488 (1967).

20. 安東尼·愛德華茲為英國統計遺傳學者。

來在 1975 年自殺了，漢彌敦和梅納史密斯是少數參加他喪禮的幾個人之一。

　　漢彌敦不是一個善於講課的人。這個缺點倒沒有影響他研究成果受歡迎的程度。他的論點 1976 年由於道金斯出版的書《自私的基因》而大眾化了。

　　漢彌敦先在巴西聖保羅 (Sao Paulo) 大學擔任了九個月的訪問教授。1964 年到 1977 年間，他是倫敦帝國學院的講師，1977 年到 1984 年，他去了美國六年，大多時間是在密西根大學任教。他參與了英國皇家學會和皇家地理學會去巴西沙萬蒂納一察青波 (Xavantina-Cachimbo) [21] 的探險。同時，他也獲選為美國藝術與科學學會的外國榮譽會員。去密西根大學任教的時候，他的到來引發了學生們的抗議，這些人不喜歡他與社會生物學的關係。在那裡，他與美國政治學者阿克塞爾羅 (Robert Axelrod, 1943-) 研究囚徒困境的問題。

　　1980 年，他被選為皇家學會的會員，1984 年由於英國生物學家、牛津大學動物學教授邵斯烏德 (Thomas Richard Edmund Southwood, 1931-2005) [22] 的推薦，他被聘為牛津大學動物系的研究教授。漢彌敦在 48 歲的時候，終於得以勝利的回到牛津大學動物系任教，他在這個職位上一直做到 2000 年去世。

---

21. 沙萬蒂納一察青波 (Xavantina-Cachimbo)，巴西地名，前者在南部，後者在中部。

22. 理查‧邵斯烏德為英國生物學家，曾擔任牛津大學副校長與動物學教授。

他的論文集，稱為《基因路上的窄徑》(*Narrow Roads of Gene Land*)，1996 年後開始發表。第 1 卷稱為《社會行為的演化》(*Evolution of Social Behavior*, 1996)。第 2 卷稱為《性的演化》 (*Evolution of Sex*, 2002)，第 3 卷稱為 《最後的話語》(*Last Words*, 2005)。

去剛果的考察

到了 1990 年代 ，漢彌敦對於愛滋病的來源是否是由於 1950 年代波蘭裔美國病毒免疫學者 (Hilary Koprowski, 1916-2013) 在非洲進行口腔小兒麻痺症疫苗試驗所引發的理論越來越有興趣，但這種理論是有爭議性的。漢彌敦有關這個議題的論文都被學術期刊打了回票。得了這種病的靈長類動物死於體質耗弱 、 體重減輕和嚴重的感染 ， 與人類的愛滋病 (AIDS) 很類似。為了尋找這種小兒麻痺症疫苗導致愛滋病的證據，他因而要去非洲考察猿猴等靈長類動物免疫病毒的自然水準。2000 年初，他與另外兩個人去了戰禍頻繁的剛果民主共和國收集證據。

2000 年 1 月 29 日他從非洲返回倫敦。2000 年 1 月 30 日住進倫敦的大學醫院 。 2 月 5 日轉到米多塞科斯 (Middlesex) 醫院 ， 3 月 7 日死於該院 。 因為對於他的死因有一些謠言 ， 2000 年 5 月 10 日，西敏 (Westminster) 法院的驗屍官對此進行了調查。驗屍官的結論認為他是由於食道潰瘍造成出血而導致的多器官失效而過世的。後來有報導說他的死亡是由於感染了瘧疾的緣故，英國廣播公司 (BBC) 的調查顯示他是在非洲之

行感染了瘧疾而病故的。有些病理學家認為他的潰瘍是由於吃了瘧疾的藥造成的。不過即使這是正確的，瘧疾和他病故的原因也是間接的。

1966 年，他與福瑞絲 (Christine Friess) 結婚，生了三個女兒。二十六年後，兩人和善的分手。1994 年，他與柏齊 (Maria Luisa Bozzi) 結為伴侶，她是義大利的科學記者和作家。因為漢彌敦是一個無神論者，他的喪禮採用了世俗化的形式。2000 年 7 月 1 日在牛津大學新學院 (New College) 的禮堂舉行。喪禮是由牛津大學教授道金斯主持的。

6.2　威廉斯

威廉斯 (George Williams, 1926-2010)1926 年出生於美國北卡羅林那州的夏洛特 (Charlotte)。二次大戰中，威廉斯曾經在美軍中服役，去過義大利的一個水淨潔廠工作。戰後，他在 1949 年完成了加州大學柏克萊分校動物學的學士學位。然後去加州大學洛杉磯分校讀研究所，1952 年獲得碩士學位，1955 年獲得博士學位，他的博士論文研究主題是關於黏魚的生態學。

畢業以後，他先在芝加哥大學做博士後，然後在密西根州立大學擔任助理教授。1960 年，威廉斯改到紐約大學石溪分校，擔任生物學教授。他後來成了新成立的生態與演化學系的首批教授之一。他在那裡一直任教到 1990 年退休。他利用公休假曾兩度去冰島工作，他的冰島語很流利，發表過有關歐洲

和美洲鰻魚在冰島雜交種的研究成果。在紐約大學，他教海洋脊椎動物學，在他的書中，他常引用魚類學的例子。

他的主要貢獻是在基因層次的天擇理論方面。他最知名的就是他竭力批評群體選擇理論。威廉斯、漢彌敦和梅納史密斯等人在這方面的工作導致 1960 年代演化理論中基因學說的發展。他在社會生物學、演化心理學、行為生態學這些方面的研究，都為這些領域留下了深刻而長遠的印記。他說話比較慢，也說的不多，但是當他說話的時候，他所說的話都充滿著洞見和智慧。

1957 年，他發表了有發展性的論文〈基因多效性、天擇與衰老的演化〉（Pleiotropy, Natural Selection, and the Evolution of Senescence, 1957）。他在這篇論文中說，在年輕時會增加適應度的基因，有些到了晚年會有不良的效應，這就是「對抗性衰老效應」。不過只要總結來說，這些基因會增加個體的適應度，這些基因的效應就還會持續，甚至會增加。他還指出，到了晚年天擇的效應該會變弱，因為會活到那個年紀的人比較少。他和諾貝爾獎得主麥達瓦（Peter Brian Medawar, 1915-1987）[23] 都對這個觀念做出了貢獻。

在 1960 年代初，演化生物學中最佔優勢的說法是：天擇是在群體的層次運作的，甚至是為了整個物種的好處這個目標而運作的。連死亡都可以用「群體選擇」這個原理來解釋，因為這可以為下一代留出空間。威廉斯在他 1966 年所寫的書《適應與天擇》中，認為這種想法過於草率，而且是違反達爾文主

---

23. 彼得·麥達瓦為英國生物學家，1960 年諾貝爾獎的得主。

義的。

在這本書中，他倡議認為天擇的機制幾乎都是更為直接的、快速的、強烈的在基因或者個體的層次上運作，而不是在群體或者整個物種的層次上運作。他也致力於限制「泛適應主義」的主張，這種想法認為所有特徵都是為了適應而產生的，而他證明所有的適應都必須要有適應度的影響才能成立，都需要在個體的層次上有增強的效用才會有作用 ，而不是在物種的層次上。

《適應與天擇》這本書寫成的年代很早，其衝擊力一直持續了好幾十年。在威廉斯之後，威爾森出版了他的《社會生物學──新綜合》一書，這是他在 1975 年所寫的一本有爭議的著作。在書中他討論了基因遺傳學在動物社會行為中的角色，甚至在人的行為層次上也是一樣。道金斯 1976 年所寫的 《自私的基因》把威廉斯的想法普及化了。即使如此，應用於基因層次的天擇說和內含適應度的觀念仍然會偶而遭到批評，這種觀念並不是所有人都接受。例如那些希望能夠有其他理由可以解釋利他主義和社群友好現象的學者就特別會作這樣的批評。不過雖然有人批評，這些觀念仍然是現代生物學理論的基石。

競爭而非合作

威廉斯還繼續做出許多有影響力的貢獻。在 1975 年出版的書《性與演化》(*Sex and Evolution*, 1975) 中，他是首先為令人困惑的有性生殖提出合理解釋的人之一。他指出這是另外一個生存競爭的例子，在演化過程中，競爭而非合作是佔主要

地位的。每個生物的父母雙方都在為爭取同一個下代基因組的影響力而做競爭。他因而看到了基因印記與基因修訂這些研究領域的前景。

在他 1992 年所寫的著作《天擇——範圍、層次與挑戰》(*Natural Selection: Domains, Levels and Challenges*, 1992) 當中，他把他對於天擇的觀點更往前推進了一步。他指出演化中重要的是基因、基因型、以及基因合體中所攜帶的資訊，而不是其物質的部份。這個立場與道金斯主張的「模因」觀念有些類似。

威廉斯在晚年回到他持續關心的議題——衰老。1994 年他跟尼希 (Randolph Nesse) 醫生一起合寫了《我們為什麼會生病——達爾文醫學這門新科學》(*Why We Get Sick: The New Science of Darwinian Medicine*, 1994) 這本書。威廉斯和尼希倡議，對於疾病的徵狀和治理，應該通過對於免疫反應的演化歷史來著手。他們在這方面的探討產生了一個新的研究領域，也就是演化醫學。

在他後期所寫的書中，包括 1992 年出版的《天擇——範圍、層次與挑戰》，威廉斯軟化了他對於群體選擇的看法，認為分枝群選擇 (clade selection)、習慣群選擇 (trait group selection) 以及多層次選擇 (multilevel selection)，在自然界有時是會發生的，他過去認為這些機制是如此不可能，因而是可以忽略的。

威廉斯後來認為他早年主張的新達爾文主義，作為一個微觀的演化理論雖然基本上仍然是正確的，但是卻不能解釋長期

的演化現象，因此是一個「對於地球某一時代或地區動植物演化完全不正確的說法」。

尤其特別的，他變成了分枝選擇理論的堅強支持者——就是把族群選擇推到分枝。在他 1992 年出版的《天擇——範圍、層次與挑戰》一書中，威廉斯論說，這些現象不能在群體中由天擇推動的對偶基因代替來解釋，而這種機制他原來認為是勝過其他任何解釋的。這本書因而與他在早先出版的《適應與天擇》一書中的觀點有很大的差異。

1992 年，威廉斯獲得美國國家科學院的意利奧 (Daniel Giraud Elliot) 獎章。1999 年，他與梅爾和梅納史密斯共同獲得生物科學的克拉福 (Crafoord) 獎。道金斯說他是美國演化生物學最受人尊重的學者之一。

學術工作

威廉斯在 1957 年的論文〈基因多效性、天擇與衰老的演化〉是 20 世紀演化生物學最有影響力的論文之一，包括至少三個基礎性的貢獻。這個以對抗性的基因多效性作為原因，仍然是關於衰老最有力的演化論解釋。在這篇論文中，威廉斯也是第一個提出衰老應該是由天擇來統一協調的想法。換句話說，天擇永遠是系統容易老化衰退的最強阻力。

這個重要的同步衰老的觀念，不久之後就由梅納史密斯拾起。也常有人說這個觀念是由梅納史密斯開始的，在《自然》期刊中，梅納史密斯的過世紀念文中就是這麼說的，這方面因而有一些爭議。威廉斯這篇論文也第一次包含了這個所謂的

「祖母假設」，就是說天擇可能會將雌性在生育期之後的更年期的效應也包括在內，雖然威廉斯在文中並沒有明確的提出祖輩和孫輩之間的關係，也沒有明確說到祖代孵育對於內含適應度的貢獻。

他寫的第一本書就是《適應與天擇》。威廉斯主張一種基本規則，認為適應是一個特殊而麻煩的觀念，只有在必須的時候才應該用，而且在必須用的時候，基因或個體選擇應該是優先的解釋。他在後期出版的書籍和論文中，都更充分的說明這樣的觀點，這些都把基因當作中心的演化理論做了更大的發揮。道金斯在他寫的《自私的基因》一書中的論述，就是基於威廉斯的主張。威廉斯在有關性別演化方面的工作也是很知名的，他也主張演化醫學。

帶有一些不幸意味的，就是這位首先解釋了老化性質的傑出學者，最後是由於老年癡呆症，而於 2010 年過世。

6.3　崔弗斯

崔弗斯 (Robert Trivers, 1943-)1943 年生於美國首都華盛頓[24]，是家裡七個孩子中的第二個。他的父親霍華德・崔弗斯 (Howard Trivers)，母親米得瑞・崔弗斯 (Mildred Trivers)，30 年代在哈佛大學研究院相識。崔弗斯的祖父是立陶宛的猶太人，移民來到美國。他的祖父做過賣衣服的生意，他在賣衣服的時候，用了一個花招，就是賣一件上衣時，連著

---

24. Wikipedia: "Robert Trivers".

兩條褲子一起賣，因為褲子磨損的比較快。他用這個方法賺了一筆錢，得以讓崔弗斯的父親到德國去學習德國哲學。到了1938年，因為他是猶太人，崔弗斯的父親感到情況不對而回國，二戰期間研究對抗德國的方法。戰後，崔弗斯的父親因為這項貢獻得以在國務院工作，崔弗斯因此是在一個外交官家庭環境中長大的[25]。

1961年，崔弗斯在麻省安多佛 (Andover) 地方的菲利普斯學院 (Phillips Academy) 中學畢業，這是一個比較貴族化的學校，老布希和小布希總統都是從這個學校畢業的[26]。畢業後，他本來打算到哈佛大學學習數學[27]。因為他數學很好，14歲的時候，只用了三個月的時間，就自修了微積分，後來還選了兩門高等數學的課。不過，這個時候他卻喪失了對數學的興趣。因為他父親是外交官，他曾經住在華府，也曾在國外的柏林和哥本哈根住過，在這些地方他都有成長的經驗，深切地體驗到了世界的不平等和歧視，於是想去做一個律師[28]。如果要讀法律要先讀文法方面的科系，於是他在哈佛學習美國歷史。但是他發覺這些美國史就是在吹捧美國，專門講美國的好話，沒有

---

25. Andrew Brown, "The Kindness of Strangers". *The Guardian*. 27 August 2005.

26. Wikipedia: "Phillips Academy".

27. Andrew Brown, "The Kindness of Strangers". *The Guardian*. 27 August 2005.

28. Andrew Brown, "The Kindness of Strangers". *The Guardian*. 27 August 2005.

什麼意思。在他大三的時候[29]，他遭遇到生平第一次也是最嚴重的一次精神病症，症狀就是不斷上升的焦躁。根據《衛報》記者布朗 (Andrew Brown) 的報導，這次精神崩潰是因為崔弗斯讀維根斯坦 (Ludwig Wittgenstein, 1889-1951) 的書而一夜一夜地睡不著覺。這導致他住院，並且服用當時剛剛開發出來，第一代抗精神病的藥。康復之後，大四的時候[30]他去上了心理學的課，但是也對心理學的狀況感到失望，覺得心理學只不過是心理學家提出的一些猜測罷了。他因為精神崩潰沒能進入耶魯法學院，於是找了一份給兒童寫教科書的工作，但這些書未能出版。他又同時修讀美術課程，找到了一份繪圖和撰寫一系列高中教科書的工作。他學習的是歷史，他被指定去寫與動物種類有關的東西，他的主管知道他不懂生物學，於是他開始去學習生物學，也學習達爾文的演化論[31]。他對演化論的邏輯非常著迷。在天擇理論中，他看到了跟加利略和牛頓理論一樣美麗的東西。這家公司請鳥類學家德如瑞 (William H. Drury, 1921-1992)[32] 來指導他，他因此受益良多，對於生物演化也因此產生了極大的興趣。但是這些書因為講到性的教育，

---

29. Michael Shermer with Dr. Robert Trivers (Science Salon #16). 崔弗斯的自述可於 YouTube 上觀看：
https://www.youtube.com/watch?v=QvCV0r4gj7U

30. 見崔弗斯的自述。

31. Andrew Brown, "The Kindness of Strangers". *The Guardian*. 27 August 2005.

32. Ian C. T. Nisbet, "In Memoriam: William H. Drury, 1921-1992", *The Auk* 113(4): 930-933 (1996).

也把人的演化當作事實來寫，因此受到基督教保守派議員的抵制，本來應該可以銷售五、六百萬本的書，到後來只能銷到五、六萬本，發行量變得很少。這個教科書的計畫後來就停擺了。

1965 年秋天，他瞭解到天擇是認識生命的關鍵[33]，於是想成為一名演化生物學者。第二年春天，他又進一步瞭解了漢彌敦的近親選擇理論。由於對演化論的瞭解，他申請去哈佛大學讀生物研究所，1968 年到 1972 年間，跟隨邁爾教授讀博士，做畢業論文[34]。他在 1972 年 6 月 15 日獲得了哈佛大學生物學的博士學位，儘管他在大學部的時候，沒有上過一堂生物學的課。他的第一篇主要論文〈互助利他主義的演化〉發表於 1971 年。

1970 年代初期，在還沒有拿到博士學位之前和緊接之後，他就已經發表了 5 篇後來非常有名的論文。這五篇重要的論文是：〈互助利他主義的演化〉、〈父母投資與性擇〉、〈父母決定後代性別比能力的自然選擇〉、〈親子之間的衝突〉、〈單倍體的倍數性和社會性昆蟲的演化〉。

這些論文討論生物群體中的五種主要關係，在人類中也就是男性與女性的關係，父母與子女的關係，兒女與兒女之間的關係，認識的人彼此之間的關係，以及一個人與自己的關係[35]。

---

33. "A Full-Force Storm with Gale Winds Blowing: A Talk with Robert Trivers." An *Edge* Special Event, https://www.edge.org/conversation/a-full-force-storm-with-gale-winds-blowing

34. Wikipedia: "Robert Trivers".

35. "five major kinds of human relationships: male with female,

在前面三種關係中，根據生物演化的理論，由於基因利益的關係，有時會造成一定的衝突。父母、子女、配偶之間的感情是深厚的，但是在一定的情況下，也會有利益不合的情形，因而導致心理上的衝突。在第四種情況，崔弗斯指出，非親屬之間的合作，一定要在他們彼此能認識而且可以記得住是誰的情況下，才會發生。在第五種情況，人都有把自己表現為更好的欲望，因為騙人騙得最好的，就是讓自己都相信自己的謊話，演化的自然選擇會把人的心智訓練到會欺騙自己 [36]。

拿到博士學位之後 , 他獲聘為哈佛大學的助理教授 。 從 1973 年到 1978 年，他在哈佛任教。但是在名牌的哈佛大學，低階的助理教授工作很重，薪水又很少。他跟系中的資深教授雷翁廷又合不來，後來也沒有拿到長聘 [37]，於是決定去別的學校任教 。 1978 年他去了加州大學聖塔克魯茲 (Santa Cruz) 分校。他在此任教到 1994 年。不過事後他覺得那地方不好，把聖塔克魯茲評為美國最糟的地方。到了 1994 年，他轉到羅格斯 (Rutgers) 大學任教。

---

parent with child, sibling with sibling, acquaintance with acquaintance, and a person with himself or herself." 見：An *Edge* Special Event, https://www.edge.org/conversation/robert_trivers-a-full-force-storm-with-gale-winds-blowing

[36]. 見：An *Edge* Special Event, https://www.edge.org/conversation/robert_trivers-a-full-force-storm-with-gale-winds-blowing

[37]. Ullica Segerstrale, *Defenders of the Truth: The Battle for Science in the Sociobiology Debate and Beyond* (Oxford: Oxford University Press, 2000), p. 79.

　　1978 年，崔弗斯在聖塔克魯茲的監獄主持一堂閱讀課時，認識了黑豹黨的主席休伊‧牛頓 (Huey Percy Newton, 1942-1989)。當時，牛頓被關在聖塔克魯茲的監獄裡，申請跟崔弗斯讀一門課，作為他在加州大學聖塔克魯茲分校讀意識史 (History of Consciousness) 研究所學位的一部份。兩年後的 1980 年 [38]，牛頓得到了加州大學聖塔克魯茲分校社會哲學方面的博士學位，他們也成為好朋友，牛頓還成了崔弗斯一個女兒的教父。1979 年，崔弗斯也加入了黑豹黨。1982 年，他們研究造成 74 人死亡的佛羅里達 90 號航班墜機事故中自我欺騙所起的作用，並出版了論文。不過，後來牛頓說為了為崔弗斯好，讓他退黨了。

　　崔弗斯是當今最有影響力的演化論學者之一。哈佛大學心理學教授平克 (Steven Pinker, 1954-) 認為崔弗斯是「西方思想史上最偉大的思想家之一」，他說崔弗斯啟發了驚人數量的心理學和生物學的研究和論述，在社會生物學、演化心理學、達爾文主義社會科學和行為生態學領域中，有很多研究都是嘗試去測試和具體化崔弗斯的觀點。在崔弗斯開創性的論文發表後，威爾森的《社會生物學》和道金斯的《自私的基因》才分別於 1975 年和 1976 年出版。這不是巧合，這兩本書的作者都公開承認他們是在推廣崔弗斯的思想和基於他思想的研究。1990 年代的熱門演化心理學書籍，像是《適應的心靈》(*The Adapted Mind*, 1992)、《紅色皇后》(*The Red Queen*, 1995)、《天生反骨》 (*Born to Rebel*, 1996) 、《德性起源》 (*The Origins of*

---

38. Wikipedia: "Huey Newton".

Virtue, 1996)、《道德動物》(*The Moral Animal,* 1994)、《心智探奇》(*How the Mind Works,* 1997) 也都類似[39]，這些書都是廣泛基於崔弗斯的思想和基於對他思想的研究，其內容涉及多種動物、數學和電腦模型以及人類社會和認知心理學。

2007 年，崔弗斯因為有關「社會演化、衝突和合作」的基礎分析而獲得克拉福的生物科學獎。

6.4　梅納史密斯

約翰・梅納史密斯 (John Maynard Smith, 1920-2004) 在 1920 年出生於英國倫敦的一個醫生家庭，他複姓梅納史密斯[40]。童年時期就對博物學產生了濃厚興趣。1938 年，年輕的梅納史密斯畢業於英國著名的私立男校伊頓公學 (Eton College)。在就讀期間，他受到英國生物學家霍爾丹著作的影響，沉迷於達爾文生物演化理論和數學的學習。14 歲的時候，因為讀了生物方面的書，他變成一個無神論者[41]。但畢業後，命運並沒有讓他直接走上生物學研究的道路。

高中畢業以後，他到劍橋大學三一學院讀工程，並且參加了英國共產黨。1939 年，第二次世界大戰爆發，梅納史密斯積極想參加志願兵役，但由於視力原因而屢遭拒絕。於是，他在

---

39. 書名可見 Wikipedia: "Robert Trivers"。

40. 根據英文維基 "John Maynard Smith" 的註：他是複姓 Maynard Smith，中間也沒有槓。

41. Wikipedia: "John Maynard Smith".

劍橋三一學院繼續攻讀工程，並於 1941 年獲得了工程學位。出乎意料的是，工程技術特別是應用數學的訓練對他日後生物學的研究產生了深遠的影響。他大學畢業的那年，就與同學麥修 (Sheila Matthew) 結婚，兩人一起共度一生[42]。

　　1942 年到 1947 年間，他投身於軍用飛機的設計。但是最終飛機的噪音讓他失去興趣。梅納史密斯旋即轉入倫敦大學學院 (University College London, UCL) 學習動物學，並於 1951 年獲得了倫敦大學學院動物學的學士學位，實現了職業生涯的重大轉變。他繼續在此攻讀博士，師從遺傳學大師霍爾丹致力於研究果蠅的遺傳問題。但沒有完成博士學位，1952 年倫敦大學學院的教授梅達沃 (Peter Medawar, 1915-1987) 就找他去當講師了。霍爾丹是一個馬克思主義者，1956 年因為抗議英國入侵蘇伊士運河事件，以及他妻子與學校的糾紛，離開了倫敦大學學院，去了印度加爾各達的印度統計學院 (Indian Statistical Institute)，後來在 1961 年還歸化成為印度公民。梅達沃在 1960 年獲得了諾貝爾的生物與醫學獎。

　　1952 年到 1965 年，梅納史密斯一直在倫敦大學學院擔任動物學講師，期間他主持果蠅實驗室並致力於實驗遺傳學的研究。這段期間，他逐漸失去了對共產主義的熱情，1956 年蘇聯軍隊鎮壓匈牙利的民變，他跟許多其他知識份子一樣，退出了英國共產黨。

---

42. 見：Brian Charlesworth and Paul Harvey, "John Maynard Smith 6 January 1920-19 April 2004", https://royalsocietypublishing.org/doi/pdf/10.1098/rsbm.2005.0016

　　1965 年，梅納史密斯和許多學術界人士一起創建了英國蘇塞克斯大學，並在 1965 年到 1985 年長期擔任該校生物科學學院院長一職。從此他開始轉向對生物學理論問題的思考，特別致力於對生物演化理論和種群遺傳學的研究。1973 年，他和普來士一起在著名的《自然》期刊上發表題為〈動物衝突的策略〉一文 [43]，這篇開創性的論文從賽局論的角度闡釋了為什麼本質上是自私的個體能夠和平共處甚至相互合作，並用數學嚴格刻畫了「演化穩定策略」這一個基礎性的概念，通過電腦類比進行實證分析。同種動物之間的衝突常是以一種「有限戰爭」的形態進行，不會造成嚴重的傷害。以前常用「群體選擇」的理論來解釋這種行為，認為這是對群體有益，而不是對個體有益。梅納史密斯和普來士的論文中，用賽局論和電腦模擬的分析顯示這種 「有限戰爭」 的策略 ， 其實既有益於物種也有益於個體 [44] 。

　　1977 年他被選入皇家學會 (Royal Society)。1982 年，梅納史密斯系統地整理並論述了賽局論這個領域的研究成果，出版了《演化與賽局論》一書，奠定了演化賽局論的理論基礎，他因而被公認為演化賽局論的開創者。

---

[43]. (1) Wikipedia: "George R. Price". (2) J. Maynard Smith and G. R. Price, "The Logic of Animal Conflict", *Nature* 246: pp. 15-18 (1973).

[44]. J. Maynard Smith and G. R. Price, "The Logic of Animal Conflict," *Nature* 246: pp. 15-18 (1973) 的摘要。

研究貢獻

梅納史密斯是一位舉世聞名的英國演化生物學家，著有許多關於演化的書籍，既有科學性的也有面向大眾的。他著名的研究工作是比較賽局論與演化策略之間的相似性，這種策略會發生在生物層面上，以維持物種的生存。

作為演化生物學家，梅納史密斯把興趣放在研究一個有機體是如何利用各種資訊來演化的，以及這些資訊是如何使一個有機體或者物種進行重大的演化改變。1982 年，他出版了極具突破性的《演化與賽局論》一書，在書中他將賽局論應用到了演化選擇的過程中。賽局論是在 20 世紀 40 年代由馮諾依曼 (John von Neumann, 1903–1957) 提出的，這種理論指出，在象棋或者撲克這類型的遊戲中，取勝的最優策略要根據對手的行為而改變。

在梅納史密斯一生的學術研究中，最突出的貢獻就是將賽局論的分析方法引入到生物演化過程中的競爭行為和選擇問題，並分析群體行為變化的動力學機制。梅納史密斯認為，可以把演化賽局論視為演化生物學中的最優化的理論。最優化理論解釋了個體具備何種特性才能使其適應度達到最大。

若將生物的基因表現型視為牠們所實施的賽局策略，並假設這一策略可以從遺傳獲得但不能主動選擇，那麼生物獲得的適應度不僅依賴於自己的策略，並且在更大程度上要依賴於對手的行為。當採取特定策略帶來的適應度超過群體平均水平時，種群中採取該策略生物的頻率及其適應度將上升，這一自然選

擇過程可用複製動態方程來描述。那麼種群何時才能達到一個相對穩定的狀態呢？

　　梅納史密斯提出了「演化穩定策略」這一精妙概念，創新式的回答了上述問題。「演化穩定策略」描述了生物種群在自然選擇下保持穩定的必要條件：即如果整個種群的每一個成員都採取這個策略，那麼在自然選擇的影響力下，不會出現突變的策略侵犯到這個族群。換言之，在環境的一次大變動後，種群內可能出現一個短暫的演化上的不穩定階段，甚至出現較大的波動，但一旦確立了「演化穩定策略」，整個種群就會趨於穩定，此時偏離「演化穩定策略」的行動就要受到自然選擇的懲罰。

　　梅納史密斯使用複製動態的數學方程和「演化穩定策略」的基礎概念重新闡釋了演化問題的兩大機制：選擇機制和變異機制，從而使生物學家對生物演化的看法產生了革命性的變化。在本書中，梅納史密斯反復使用上述方法和概念研究了「鷹鴿賽局」模型、消耗戰模型以及性別選擇等問題，得到了令人信服且極具啟發的結論。

　　漢彌敦和梅納史密斯都是英國遺傳學者，漢彌敦與梅納史密斯兩個人後來不來往是一個令人傷感的故事[45]。芬蘭裔的美國女教授希澤斯特拉 (Ullica Segerstrale) 在她寫的一本記述演化倫理學發展歷史的著作《真理的護衛者——社會生物學的

---

[45]. Ullica Segerstrale, *Defenders of the Truth: The Battle for Science in the Sociobiology Debate and Beyond* (Oxford: Oxford University Press, 2000), p. 61.

論戰》(*Defenders of the Truth: The Battle for Science in the Sociobiology Debate and Beyond*, 2000) 一書中詳細討論了演化倫理學發展的過程。書中記述說：漢彌敦在 1964 年發表的重要論文當初是由梅納史密斯評審的，是他要漢彌敦把文章分為兩部分，並且要作重大修改。漢彌敦的一個匿名朋友說，漢彌敦覺得他的文章被不必要的拖延了，而在同時梅納史密斯得以快速的於 1964 年 3 月在《自然》期刊發表了一篇關於「近親選擇」的文章，梅納史密斯因而是首先提出「近親選擇」這個名詞的人。漢彌敦在《理論生物學期刊》的論文則等到 1964 年 7 月才得以發表，你可以想像漢彌敦會說什麼。作者希澤斯特拉在訪問梅納史密斯時，直接問他這個問題。他說他其實是想要幫助漢彌敦的。這篇漢彌敦的論文本來由其他評審者在評審，這些別的評審者都拒絕評審這篇論文，因為這篇論文用了許多數學式子，而且用了不常用的符號，大家都弄不清楚他到底是在討論什麼，後來才由梅納史密斯來評審這篇論文。梅納史密斯最初也弄不清論文的意思，最後看到漢彌敦所用的「內含適應度」這個名詞，才突然瞭解了漢彌敦論文的用意。至於首先使用了「近親選擇」這個名詞，梅納史密斯的說法是他是從韋恩－愛德華茲得到的想法，而且如果漢彌敦不是去巴西耽誤了他改稿的過程，他應該可以在 1964 年 3 月之前就發表他的論文，而且梅納史密斯在自己的論文中也提到了漢彌敦 1963 年的文章。梅納史密斯在終於瞭解了漢彌敦的數學之後，突然明白了，說道：「這是當然的了，為什麼我沒有想到這個！」(Of course, why didn't I think of that!)

　　梅納史密斯曾獲得多項國際榮譽，包括 1986 年達爾文獎章 (Darwin Medal)、1991 年義大利的巴詹獎 (Balzan Prize)、1995 年林奈獎章 (Linnean Medal)、 1997 年的皇家獎章 (Royal Medal)、1999 年的科普利獎章 (Copley Medal)、瑞典皇家學院 (Royal Swedish Academy) 的克雷福獎和 2001 年的日本京都獎 (Kyoto Prize)。其代表作《演化與賽局論》是演化賽局論領域的經典著作。為了紀念這位理論生物學巨匠，蘇塞克斯大學將生命科學大樓更名為「約翰‧梅納史密斯大樓」。歐洲演化生物學會還設立了「約翰‧梅納史密斯獎」，用以獎勵演化生物學領域的青年學者。

　　1985 年退休後，著作等身的梅納史密斯作為榮譽教授，仍然從事研究工作，並且又發表了一百多篇論文。他一生中出版了十餘本書[46]。2003 年，梅納史密斯與大衛‧哈珀爾 (David Harper) 合寫了他最後一本著作《動物信號發射》(*Animal Signals*, 2003)，為其學術生涯畫上了一個圓滿的句點。2004 年 4 月 19 日，梅納史密斯在他的書桌前溘然長逝，享年 84 歲。

6.5　普來士

　　喬治‧普來士 (George Robert Price, 1922–1975)1922 年生於美國紐約州。他的父親是一個電器技工，在他 4 歲的時候過世了。他的母親原來是一個女演員，在大蕭條時期，家境

---

46. Wikipedia: "John Maynard Smith". 梅納史密斯的專書，一共有 13 本。

很困難。普來士在紐約的比奇瓦恆學校 (Birch Wathen School) 讀書，後來去了史圖文森中學 (Stuyvesant High School)。他 1943 年在芝加哥大學獲得化學學位，1946 年又在同校獲得博士學位。

普來士是美國做原子彈的曼哈坦計畫化學方面的工作人員，探討鐠元素 235 同位素的性質。1946 年到 1948 年，他是哈佛大學化學系的講師，同時也是阿岡國家實驗室 (Argonne National Laboratory) 的顧問。後來，他去貝爾實驗室工作，研究電晶體的化學性質。然後他去明尼蘇達大學的醫學院作研究員，研究的項目包括螢光顯微鏡，和肝臟灌注 (liver perfusion) 技術。1955 年和 1956 年，他在《科學期刊》發表了兩篇論文，批評超感覺認識的這種偽科學主張。在科學報導方面，普來士嘗試想寫一本書 《沒有簡單辦法》 (*No Easy Way*)，關於美國跟蘇聯、中共的冷戰，但是他抱怨，這個世界變化得比他寫的還快，因此沒有完成這本書。

1961 年到 1967 年，他受雇於國際商業機器公司 (IBM)，做圖像數據處理方面的顧問工作。1966 年，他做甲狀腺癌的治療，結果這個移除癌腫的手術，造成他的肩膀部份麻痺，讓他必須要吃治甲狀腺癌的藥。1967 年 11 月，在得到醫療保險的補償之後，他移居到英國，開始他的新生活。

1947 年，他與麥迪根 (Julia Madigan) 結婚，但是他們之間有爭議。因為他是一個強烈的無神論者，而他的妻子是羅馬天主教徒。他們在 1955 年離婚了。

1967 年他 45 歲的時候，移居倫敦，在高登實驗室作有關

理論生物學的研究，他原來是讀物理化學的，後來成了一名科技記者和人口方面的遺傳學者。他在高登實驗室做出了三項重大的成果。第一，用一個他創造出來新的普來士公式，重新導出漢彌敦有關近親選擇的結果，而且維持了群體選擇的觀念。第二，跟梅納史密斯一起提出了「演化穩定策略」的觀念，這是賽局理論的中心觀念。第三，把費雪的自然選擇的基本原理正式化。

漢彌敦不記得什麼時候普來士第一次聯繫他了，但他說普來士讀了他 1964 年關於近親選擇的論文，在沒有人口遺傳學和統計學訓練的情況下，他導出了普來士方程式。這是一個共分散的方程式 (covariance equation)，可以導出人口數量中，對偶基因頻率的變化。這個方程式中的第一項，雖然已經由兩位人口遺傳學者：英國人羅伯森 (Alan Robertson, 1920-1989) 和留美華裔教授李景均 (Ching Chun Li, 1912-2003) [47] 分別導出過，但公式中的第二項卻可以讓它應用到自然選擇的各種層次，包括減數分裂趨向 (meiotic drive)、傳統的天擇，還可以引伸到內含適應度，和群體選擇等。

普來士發展出一種對於費雪自然選擇基本理論的新解釋，也就是普來士方程式，現在這被認為是對於過去難以理解結果的最好解釋。他也寫下了到目前為止，普遍認為是用數學、生物和演化理論，對於互惠利他現象所作的最好表述。他和梅納史密斯在一篇 1973 年的論文中，首先提出來如何把賽局論應

---

[47]. C. C. Li, "Fundamental Theorem of Natural Selection". *Nature* 214: 505-506 (1967).

用到演化生物學。普來士更進一步的推論說,就像一個生物可以犧牲自己來促進牠基因的傳承,一個生物也可以犧牲自己來消滅同種的其他生物,如果這可以有利於讓跟牠自己比較有關個體的生存,以便更好的傳承跟牠有關基因的話。漢彌敦在一篇論文裡面提到這種負面的利他主義,稱為「漢彌敦惡意」(Hamiltonian spite)。

普來士有關利他主義原因的數學理論,就是用數學來嚴格的顯示生物對於彼此有比較類似基因的生物,會顯示出的利他主義。1970年6月6日,普來士有一個宗教經驗,讓他覺得耶穌來找過他,而他生命中有太多的巧合。原來他一輩子都是非常講求理性的無神論者,這個時候突然變成了福音派的基督徒。這使得他不停歇的積極研究《新約》,寫了一篇很長的文章〈復活節的十二天〉(The Twelve Days of Easter),論述拿撒勒的耶穌在被殺前後這一週的事情,認為實際上經過的時間比一週要長,應該有十二天。後來他放棄了《新約》研究,把他的生命轉向社區服務,幫助倫敦北部地區有需要的民眾。他說神選擇他,讓他把他的方程式和方程式的意義提供給人類。現在他相信他的命運是在更高權力者的手上,他相信他現在只需要服從神的命令,神會決定讓他生還是死,因此他不再需要吃治甲狀腺癌的藥,他的行為越來越朝著毀滅之路上走[48]。

普來士對於他導出來的公式所顯示的意義,越來越感到沮

---

48. Theo Jolliffe, "The Homeless Scientist Who Tried to Prove Selflessness Doesn't Exist". https://www.vice.com/en_us/article/bmjanm/george-price-altruism

喪。為了要證明他的理論是對還是錯，他開始對完全不認識的陌生人，無論在質還是量上，都表達出越來越多的恩惠。他用這種方式，把他的後半生致力於幫助無家可歸的人，常常邀請這些人到他家裡去住。有時候，當這些住在他家裡的人對他形成干擾的時候，他就睡在高登實驗室的辦公室裡面。他也把他所有的東西拿出來幫助嗜酒的人。可是這些他幫助了的人，反而偷了他的東西，讓他越來越陷入憂鬱。

最終由於他住的地方要改建，他不得不從租來的房子中搬出來，這使他很不愉快，因為他不能再幫助那些無家可歸的人了。他搬到倫敦北區各個不同非法佔據的空屋中，在 1974 年的耶誕節陷入極度的憂鬱。

由於無法證明他的理論是對還是錯，普來士在 1975 年 1 月 6 日自殺了，他用一把剪刀，切斷了他自己的頸動脈。他的屍體是由他的朋友漢彌敦來確認的。在倫敦的尤斯頓 (Euston) 有一個為他而辦的紀念儀式。學術界參加的人只有漢彌敦和梅納史密斯。還有少數幾個人是由於他在社區工作而認識的。他葬在聖潘克瑞斯 (St. Pancras' Cemetery) 的公墓中。

普來士的成就有二十年大多被忽略了。他在理論生物學方面只工作了一個短時期，而且他對於發表論文也不是太注意。不過這種忽視的現象近年來有所改變。 2000 年，史華茲 (James Schwartz) 發表的一篇論文[49]，是改變這種歷史傾向的

---

[49] Jane Gitschier, "In Pursuit of the Gene: An Interview with James Schwartz". *PLoS Genet*, 10 April 2014. https://www.ncbi.nlm.nih.gov/pmc/articles/PMC3990500/

一個開端。2010 年，哈曼 (Oren Harman, 1973-) 報導普來士事蹟的書《利他主義的代價——普來士和他對於恩惠起源的探索》(*The Price of Altruism: George Price and the Search for the Origins of Kindness*, 2010) [50] 出版了，獲得 《洛杉磯時報》的傳記獎。這本書引起相當大的注意，讓普來士和他的故事終於受到大眾的重視。巴克斯特 (Craig Baxter) 所寫的〈利他主義者〉(*The Altruists*) 這齣戲劇，贏得了第四屆國際劇本競賽的獎 [51]。2016 年 3 月 29 日，方沃絲 (Laura Farnworth) 編製的戲劇〈計算恩惠〉(*Calculating Kindness*) 在侃登大眾戲院 (Camden People's Theatre) 演出了三週，場場爆滿 [52]。報章雜誌對於普來士的生平故事，現在也有了許多報導 [53]。

結　語

達爾文的演化論過去一直無法解釋動物的利他行為。由於

---

[50]. Oren Harman, *The Price of Altruism: George Price and the Search for the Origins of Kindness* (New York, NY: W. W. Norton, 2010).

[51]. Dan Bacalzo, "Craig Baxter's The Altruists Wins STAGE Award". *Theatermania*, 26 August 2010. https://www.theatermania.com/london-theater/news/craig-baxters-the-altruists-wins-stage-award_29972.html

[52]. Calculating Kindness
https://www.cptheatre.co.uk/production/calculating-kindness/

[53]. Wikipedia: "George Robert Price".

漢彌敦、威廉斯、崔弗斯、梅納史密斯、普來士幾位科學家的努力，這種動物的利他行為終於得到了比較圓滿的解釋，同時為倫理學開闢了新的領域，引發了許多後續爭論，也為人類的哲學思考增添了嶄新的成分。我們會在下一章繼續討論。

══ 第 7 章 ══
社會生物學的爭論

　　到了 1975 年，哈佛大學生物學教授威爾森出版了《社會生物學——新綜合》一書。在這本厚達 697 頁的大書中大多都是在討論動物世界，只有第一章和最後一章牽涉到人類。但就是這本書掀起了社會生物學論爭的軒然大波。威爾森把社會生物學定義為:「針對一切社會行為的生物學基礎所進行的系統性研究」 (the systematic study of the biological basis of all social behavior) [1]，也就是把達爾文演化論應用到社會科學。以威爾森為代表所提出的社會生物學，延續了達爾文的演化論，融合當代的遺傳學知識，以演化論來解釋生物的社會本能 [2]。威爾森認為：人類的道德、宗教和政治信仰有許多都是來自於我們基因的影響 [3]。他說：「自然科學家和人文學者應該開始共同考量這種可能性，要將倫理學暫時從哲學家的手中轉移出來，並使之生物學化。」 [4] 英國動物學者道金斯接著在 1976 年出版《自私的基因》 [5]，在 1986 年出版《盲眼鐘錶匠》等書，闡述了類似的觀點。道金斯與威爾森早期的主張雖然有些出入，道金斯也

---

1. Edward O. Wilson, *Sociobiology: The Abridged Edition* (Cambridge, MA: Harvard University Press, 1998), p. 4.

2. 黃伯翰，《由演化倫理學的觀點論道德根源問題》，中央大學博士論文（桃園：國立中央大學，2012），頁 64。

3. Mark Ray Schmidt (ed.), *Human Nature: Opposing Viewpoints* (Detroit, MI: Greenhaven Press, 1999), p. 24.

4. Edward O. Wilson, *Sociobiology: The Abridged Edition* (Cambridge, MA: Harvard University Press, 1998), p. 287.

5. 道金斯著，趙淑妙譯，《自私的基因》，英文書名：*The Selfish Gene* （臺北：天下文化，1995）。

不喜歡用社會生物學這個名詞,但是他們基本上都大力為社會生物學的主張辯護。不過威爾森到了晚年,想法有些改變。兩人之間也發生了一些爭論,這個我們在後面會比較詳細的討論。

社會生物學的理論包括了五項基本主張,這五項是：⑴基因決定論或者說基因影響論、⑵父母投資理論、⑶近親選擇理論、⑷互惠利他主義、和⑸演化賽局論 [6]。把演化論——特別是社會生物學的理論——應用到倫理學的領域因而稱為演化倫理學 (Evolutionary Ethics)。社會生物學引起了很大的爭議,其原因一方面因為當時的社會學者還是把道德看成主要是受到環境和文化的影響所決定的,而威爾森的社會生物學則強調生物學的影響,這就造成了「天性與教養」孰重孰輕的爭議。另一方面,許多左派人士認為威爾森的主張有種族主義和性別主義的傾向,也有替資本主義現狀合理化來辯護的嫌疑,因此大肆加以攻擊。這當中尤其以同在哈佛大學任教的雷翁廷和古爾德態度最為激烈。威爾森在受到攻擊後,又在 1978 年出版了《論人性》(*On Human Nature*, 1978),以及與他的博士後研究員倫斯登 (Charles Lumsden, 1949-) 在 1981 年出版了《基因、心智與文化——共同演化的過程》(*Genes, Mind, and Culture: The Coevolution Process*, 1981),進一步討論人性的問題。到了 2010 年,威爾森有些改變了他的主張,與他的合作者發表論文 [7],認為近親選擇理論並不完全正確,正確的理

---

6. 舒遠招,《西方進化倫理學——進化論運用於倫理學的嘗試》(湖南：湖南師範大學出版社,2006),頁 226。

7. M. A. Nowak, C. E. Tarnita, and E. O. Wilson, "The evolution of

論應該是多層次的選擇理論,也就是天擇的單位可以是基因、也可以是個體或群體 8。不過這個理論受到許多其他學者的批評,他們認為近親選擇仍然是正確的 9。

這項有關社會生物學的爭論,到現在已經有四十多年了。目前一般人的看法認為社會生物學作為一門科學是值得研究的。而遺傳基因與環境文化對於人類的倫理道德都有重大的影響,其間或許有孰重孰輕的問題,但這並不是一個有你無我零和的狀況。注重基因影響的演化倫理學與注重環境影響的文化主義 (culturalism) 或稱環境主義 (environmentalism) 兩者之間並不矛盾。至於社會生物學這個名詞,由於 1970 年代起的激烈論戰,讓這個名詞變成一個有爭議性的名稱。社會生物學 (sociobiology) 跟 "social biology" 很接近,與納粹所用的 "Sozialbiologie" 很像。後來有許多人因而不願意用這個名詞,而改用演化心理學 (evolutionary psychology)、行為生態學 (behavioral ecology) 或動物行為學 (functional ethology) 等名稱,不過內容仍然大同小異。

下面我們分別討論在這場社會生物學的爭論中,幾位發生重要影響科學家的生平與他們的貢獻。

---

eusociality," *Nature*. 466: 1057-1062(2010).

8. Edward O. Wilson, *The Social Conquest of Earth*, Liveright Publishing Corporation, 2012, chapter 18, The Forces of Social Evolution.

9. ⑴ Wikipedia: "kin selection". ⑵維基百科:「威爾森」。

7.1 威爾森

威爾森 (Edward O. Wilson, 1929-) 常常被稱為 "E. O. Wilson"，他是一個美國生物學家、自然學者、理論家、作家。從 1956 年到 1996 年，他長期擔任哈佛大學的生物學教授。他的生物學專長是有關螞蟻的研究，在這方面他是世界權威。威爾森也被稱為「社會生物學之父」，或者「生物多樣性之父」。他有關環境的主張，他在人文世俗化和自然神論方面的觀點，對於宗教和倫理也都很有影響。

他在生態學理論方面最大的貢獻，就是他的島嶼生物地質學 (biogeography)，這是他與數學生態學者麥克阿瑟 (Robert MacArthur, 1930-1972) 共同發展出來的。這也是美國地域保護和生態學 (ecology) 教授胡貝爾 (Stephen Hubbell, 1942-) 發展生物多樣性統一理論 (unified neutral theory) 的基礎。

威爾森現在是哈佛大學有機和演化生物學系昆蟲學方面的退休教授，杜克 (Duke) 大學的講座，和《懷疑論探索期刊》(*Skeptical Inquiry*) 編委會的委員。他曾經兩度贏得美國非小說類著作的普立茲 (Pulitzer) 獎，1979 年以《論人性》一書，1991 年又以《螞蟻》(*The Ants*, 1991) 一書獲獎。他寫的書《地球的社會性征服》(*The Social Conquest of Earth*, 2012)、《給青年科學家的信》(*Letters to a Young Scientist*, 2014) 與《人類存在的意義》(*The Meaning of Human Existence*,

2014) 都獲得《紐約時報》評為暢銷著作。

早年生活

　　威爾森 1929 年生於美國阿拉巴馬州的伯明翰市。根據他的自傳《大自然的獵人》(*Naturalist*, 1994) 這本書 [10]，他主要是在華府和在阿拉巴馬州的牟波 (Mobile) 市成長。從小時候開始，他就對自然歷史很有興趣。他的父母親，艾德華·威爾森 (Edward Wilson) 和伊尼茲·威爾森 (Inez Wilson)，在他七歲的時候離婚了。這位未來的自然學者跟著他的父親和他的後母在好幾個城市長大。

　　在他父母離婚的那一年，他在釣魚的事故中喪失了一隻眼睛的視力。在他出事以後，忍了好幾個鐘點，仍然釣魚。他也沒有去看醫生。幾個月以後，他的右眼球被白內障遮住了。結果他去潘薩可拉醫院 (Pensacola Hospital) 把眼睛裡的晶體移除。在他自己的自傳裡，他寫道：「這次手術是世紀的考驗」。威爾森的左眼仍然保留完全的視力，有 20／10。這個視力問題迫使他注意「小東西」。他說：「我比其他兒童更注意蝴蝶和螞蟻，自動的對這些更有興趣」。雖然他喪失了立體視力，但仍然能夠注意小昆蟲身上的毛髮等細節。他對於哺乳類動物和鳥類只有比較低的觀察力，這使他集中研究昆蟲。

　　九歲的時候，他在華府的岩峽公園 (Rock Creek Park) 第一次去探險。他開始收集昆蟲，並且對蝴蝶非常有興趣。他用

---

10. 威爾森著，楊玉齡譯，《大自然的獵人》，英文書名：*Naturalist*（臺北：天下遠見出版，1997）。

掃帚、大衣掛子、包乾酪的紗布袋做成網子。這些探險讓威爾森對螞蟻很著迷。他在自傳中描述，有一天，他拉開了一棵腐樹的樹皮，發現了下面的香茅螞蟻 (citronella ants)。這給他很深的印象。他也在童子軍夏令營獲得獎勵，成為夏令營自然學的帶頭者。

18 歲的時候，他想要成為一個昆蟲學家，開始收集蒼蠅，但是由於第二次世界大戰的關係，缺少可以釘住昆蟲的釘子，他把興趣轉到螞蟻，因為螞蟻可以用小玻璃瓶來裝。受到華府國家自然歷史博物館螞蟻研究專家史密斯 (Marion R. Smith) 的鼓勵，威爾森開始探討阿拉巴馬州所有的螞蟻。這個研究讓他發表了在接近牟波市海港附近，第一次在美國發現火蟻 (fire ants) 窩的報導。

由於他擔心也許不能負擔上大學的費用，威爾森想要去參軍。希望能爭取美國政府的資助，可以繼續他的教育，但是由於他受傷的視力無法通過醫學檢查。後來他可以付得起上阿拉巴馬大學的費用了，在 1949 年和 1950 年分別獲得學士和碩士的學位。1952 年他轉到哈佛大學。

在成為哈佛大學學社的會士後，他得以參加海外考察的旅程，包括去古巴和墨西哥收集螞蟻，到南太平洋，包括澳洲、新幾內亞、斐濟、新喀里多尼亞群島 (New Caledonia) 和斯里蘭卡。1955 年，他獲得博士學位，並且與愛琳・凱莉 (Irene Kelley) 結婚。

職業生涯

從 1956 年到 1996 年，威爾森都在哈佛任教。他開始時作為一個分類學者，研究螞蟻的演化，看它們怎麼因為逃避不利的環境，轉移到新的巢穴，而演化成新的品種。

1955 年獲得博士學位後不久，他就開始指導阿特曼 (Stuart A. Altmann, 1930-2016) 作有關獼猴社會行為的研究。這首次給了威爾森一種推動力，想要把社會生物學想像成為解釋動物社會行為的一種全面理論。他與數學家波索特 (William Bossert) 合作，發現了螞蟻彼此之間經過費洛蒙 (pheromone) 的通訊，費洛蒙是一種昆蟲的分泌物，用以刺激同種昆蟲的化合物質。他們研究這種物質的化學性質。1960 年代，他與數學家、也是生態學者的麥克阿瑟合作。他們一起在佛羅里達州的礁島群 (Florida Keys) 中的一個小島上，測試物種平衡的理論。他們先把島上所有的昆蟲物種消除，然後再觀察新物種的重新產生。有關這個實驗的一本書《島嶼生物地理學理論》(*The Theory of Island Biogeography*, 1967) 成了生態學的標準教科書。

1971 他出版了有關螞蟻、蜜蜂、黃蜂、白蟻等社會性昆蟲生物學的書《昆蟲社會》(*The Insect Societies*, 1971)。1973 年，威爾森被任命為哈佛大學比較動物學博物館昆蟲類的負責人。1975 年，他出版了《社會生物學——新綜合》這本書，把他有關昆蟲行為的理論應用到脊椎動物，而且在最後一章，應用到人類。他推論，動物由演化和遺傳得來的性向造成了人

類有結構性的社會組織。就是這本書引起了社會生物學的漫天爭論。

1978 年，他出版了《論人性》，這本書討論生物學在人類文化演進過程中的角色，贏得了非小說類書籍的普立茲獎。1981 年他與倫斯登合寫了一本《基因、心智與文化》，這是一本講基因─文化共同演化的書。1990 年他出版了《螞蟻》一書，這是與德國社會生物學家何多布勒 (Bert Hölldobler, 1936-) 合寫的，這本書為他贏得第二次的非小說類書籍的普立茲獎。

1990 年代，他又陸續出版了好幾本書。在 1992 年出版了《生命的多樣性》(*The Diversity of Life*, 1992)，1994 年出版了《大自然的獵人》，1998 年出版了《知識大融通》(*Consilience: The Unity of Knowledge*, 1998) [11]，這本書是有關如何統一自然科學和社會科學的。

1996 年，他從哈佛大學退休，不過他仍然擁有榮譽教授和昆蟲學榮譽館長的稱號。他成立了威爾森生物多元化基金會，這個基金會支援美國筆會 (PEN) 與威爾森文藝科學寫作獎。基金會也是杜克大學尼可拉斯 (Nicholas) 環境學院中的獨立基金會。作為協議的一部份，威爾森也成了杜克大學的特約講座。

威爾森是一個多產的作家。他著作豐富，出版了幾十本書，有名的著作有：《島嶼生物地理學理論》(*The Theory of Island*

---

11. 在臺灣有出繁體翻譯：威爾森著，梁錦鋆譯，《知識大融通》，英文書名：*Consilience: The Unity of Knowledge*（臺北：天下文化出版，2001）。

Biogeography, 1967)、《昆蟲社會》(The Insect Societies, 1971)、《社會生物學——新綜合》(Sociobiology: The New Synthesis, 1975)、《論人性》(On Human Nature, 1978)、《基因、心智與文化》(Genes, Mind and Culture, 1981)、《普羅米修斯之火——心智起源的反思》(Promethean Fire: Reflections on the Origin of Mind, 1983)、《人與其他生物的自然聯繫》(Biophilia, 1984)、《生物系統中的成功與支配——社會性昆蟲的例子》(Success and Dominance in Ecosystems: The Case of the Social Insects, 1990)、《螞蟻》(The Ants, 1990)、《生命的多樣性》(The Diversity of Life, 1992)、《人與其他生物自然聯繫的假設》(The Biophilia Hypothesis, 1993)《螞蟻之旅——科學探索的故事》(Journey to the Ants: A Story of Scientific Exploration, 1994)、《大自然的獵人》(Naturalist, 1994)、《自然的探索》(In Search of Nature, 1996)、《知識大融通》(Consilience: The Unity of Knowledge, 1998)、《生命的未來》(The Future of Life, 2002)、《新世界的大頭蟻》(Pheidole in the New World: A Dominant, Hyperdiverse Ant Genus, 2003)、《從簡單開始——達爾文的四本巨著》(From So Simple a Beginning: Darwin's Four Great Books, 2005)、《創造——拯救地球生命的呼籲》(The Creation: An Appeal to Save Life on Earth, 2006)、《顯示自然》(Nature Revealed: Selected Writings 1949-2006, 2006)、《超個體——昆蟲社會的美麗、精緻與奇特》(The Superorganism: The Beauty, Elegance, and

Strangeness of Insect Societies, 2009)、《蟻冢──一本小說》（*Anthill: A Novel*, 2010）、《螞蟻王國》（*Kingdom of Ants: Jose Celestino Mutis and the Dawn of Natural History in the New World*, 2010）、《切葉蟻──天性導致的文化》（*The Leafcutter Ants: Civilization by Instinct*, 2011）、《地球的社會性征服》（*The Social Conquest of Earth*, 2012）、《給青年科學家的信》（*Letters to a Young Scientist*, 2014）、《永恆的窗口》（*A Window on Eternity: A Biologist's Walk Through Gorongosa National Park*, 2014）、《人類存在的意義》（*The Meaning of Human Existence*, 2014）、《半個地球──我們星球的求生之戰》（*Half-Earth, Our Planet's Fight for Life*, 2016）、《創造的開始》（*The Origins of Creativity*, 2017）。

研究工作

威爾森用社會生物學和演化原則來解釋昆蟲的社會行為，然後以此來瞭解其他動物，包括人類在內的社會行為。用這個方法把社會生物學建立成為一個新的科學領域。他推論說包括人類在內所有動物的行為，都是由於遺傳、環境刺激，以及過去經驗的產物，而所謂自由意志其實是虛幻的。

他把行為的生物學基礎稱為是「基因做成的拴子」。這種社會生物學的觀點認為所有動物的社會行為都是受到由演化定律得到的規則所管控的。這種理論和研究是開創性的，非常有影響力，也很富於爭議性。

威爾森認為選擇的單位是基因，這是遺傳的基本因子。選

擇的目標一般是個體，它帶著許多基因。至於是否用近親選擇
來解釋有組織昆蟲的社會行為，他後來說：「我現在主張的新看
法是由群體選擇來操控的，這是首先由達爾文整理出來的觀
念。」 12

應用到人類身上的社會生物學研究特別富於爭議性。這個
理論建立了一種科學主張，否定了人生下來像是一個白板的說
法。這種白板說認為人生下來是沒有任何天生心智內涵的，而
文化的功能就在於增加人類的知識，幫助人類的生存與成功。
在《社會生物學》的最後一章，威爾森論到，人的心智中由遺
傳繼承而來的部份，甚至可能比從文化而來的更多。威爾森在
這一章指出，社會與環境因素能夠改變人類行為的程度是有
限的。

《社會生物學》這本書開始時受到相當大的批評。好幾個
威爾森在哈佛的同事，像是雷翁廷和古爾德都強烈反對他有關
社會生物學的觀點。雷翁廷、古爾德和其他波士頓地區的「社
會生物學學習小組」(Sociobiology Study Group) 成員寫了反
對社會生物學的公開信，批評威爾森「關於人類社會和人類行
為的命定式觀點」。

這封公開信雖然名義上出自這個「社會生物學學習小組」，
但雷翁廷大概是主要的作者。在 2011 年的一次訪談中，威爾
森說：「我相信古爾德是一個喜歡吹牛的人。我相信他是要⋯⋯
追求作為一個科學家和作家的名聲與可信度，他一直以歪曲其
他科學家所說的話，然後提出一些基於這些歪曲說法來建立他

12. 請參考 Wikipedia: "E. O. Wilson"，其中第 5 節 'Work' 的部分。

的論點。」[13]

美國文化人類學者薩林斯 (Marshall Sahlins, 1930-) 在 1976 年出版的書 《生物學的功用和誤用》 (*The Use and Abuse of Biology*, 1976) 就是一本直接攻擊威爾森理論的書。還有從政治方面來的反對聲浪。社會生物學重啟了天性與教養孰重孰輕的爭論。威爾森被人指控為種族主義者,說他厭惡女性,同時同情優生學。1978 年 11 月發生了一個事件,在一場美國科學促進會 (The American Association for the Advancement of Science, AAAS) 主辦的會議上,他在演說的時候受到「反種族主義國際協會」(International Committee Against Racism) 成員的攻擊, 這些人是馬克思進步勞動黨 (Marxist Progressive Labor Party) 的前衛份子, 有一個成員把一瓶冰水倒在威爾森的頭上,還叫著說:「威爾森,你全濕了」(Wilson, you're all wet.),意思是「你完全錯了。」威爾森後來說到這件事的時候,把它當作一件值得驕傲的事情,他說:「我相信……我是近代以來,唯一一個因為堅持一種主張而身體受到攻擊的科學家。」

從福音派基督徒方面來的反對聲浪, 包括像 1987 年羅斯洛克 (Paul E. Rothrock) 所說的:「……社會生物學有可能變成一種科學唯物主義的宗教。」[14] 哲學家米基雷 (Mary Midgley, 1919-2018) 在撰寫《獸與人》(*Beast and Man*, 1996) 一書的過程中為了對抗社會生物學,大幅重寫此書來批評威爾森的觀

---

13. 請參考 Wikipedia: "E. O. Wilson",其中第 5 節 'Work' 的部分。

14. 請參考 Wikipedia: "E. O. Wilson",其中第 5 節 'Work' 的部分。

點。對於威爾森的《社會生物學》一書，米基雷讚賞這本書有關動物行為的探討，認為它清楚、有學術性、內容也豐富，但是大幅批評威爾森在觀念上的混淆、科學主義的觀點、以及在遺傳學上的擬人論。

這本書被人接受的情況，可以見於美國社會心理學家、紐約大學教授海特 (Jonathan Haidt, 1963-) 2012 年所寫的書《好人總是自以為是——政治與宗教如何將我們四分五裂》[15] (*The Righteous Mind: Why Good People are Divided by Politics and Religion*, 2012)。

威爾森在 1978 年出版了《論人性》一書，此書獲得 1979 年的普立茲獎。威爾森 1998 年出版的書《知識大融通》，書名直譯是《綜合——知識的統一》[16]。這本書討論結合各種科學方法，或許可以用來結合科學與人文。威爾森用了「融通」(consilience) 這個詞來形容人類把各種不同領域中所得到的知識結合起來。他推論說文化和儀式都是人性的產物，但不是人性的一部份。他說藝術不是人性的一部份，但是對於藝術的欣賞是人性的一部份。他論述認為：像是藝術欣賞、人類對蛇的恐懼、對亂倫的戒律（這稱為「韋斯特馬克效應」[17]）的這

15. 臺灣有繁體中文譯本：強納森‧海德特著，姚怡平譯，《好人總是自以為是——政治與宗教如何將我們四分五裂》，英文書名：*The Righteous Mind: Why Good People are Divided by Politics and Religion*（臺北：大塊文化，2015）。

16. 威爾森著，梁錦鋆譯，《知識大融通》，英文書名：*Consilience: The Unity of Knowledge*（臺北：天下文化，2001）。

些觀念，可以用自然科學的科學方法來研究，作為跨領域研究的一部份。

精神與政治信仰

　　威爾森創造了科學人文主義 (scientific humanism) 這個名詞，其意思是「對於真實世界日益增長的科學知識，也是唯一可以互相符合的世界觀。」威爾森論說，這是最適合用來改進人類狀況的。2003 年，他是〈人文主義者宣言〉(The Humanist Manifesto, 2003) 簽名者之一。

　　對於神的問題，威爾森把他自己的立場形容為「暫定的自然神論」，他明白的拒絕無神論的標籤，比較欣賞「不可知論」的稱呼。他解釋說他的信仰像是一個從傳統信仰離開的軌道，「我離開了教會，不過並不完全是不可知論者或者無神論者，只是已經不再是洗禮派、或是其他基督教派的人了。」威爾森認為，像是對神的信仰和宗教的儀式，都是演化的產物。

　　他認為這些不應該被拒絕或者否定，而是需要用科學來研究，以便更好的瞭解其對人性的意義。在他寫的書《創造》中，威爾森建議說，科學家應該對宗教領袖「伸出友誼之手」，跟他們建立聯盟，倡議「科學與宗教是地球上兩樣最有影響的力量，

17. 維基百科：「韋斯特馬克效應」(Westermarck effect)。該效應指出兩個早年共同長大的兒童在成年後不會對彼此產生性吸引力。這個現象由芬蘭人類學家愛德華·韋斯特馬克 (Edward Alexander Westermarck, 1862–1939) 在他的著作《人類婚姻史》(*The History of Human Marriage*) 中提出。

它們應該聯合起來拯救這個創造的世界。」

威爾森在演講的時候，對宗教社團發出了呼籲。例如，在德州米得蘭學院 (Midland College)，這種呼籲就受到很多回應，簽了一個公約，隨著時間，這種伙伴關係應該可以進行到很大的程度。

2015 年 1 月 21 日，在《新科學家》(New Scientist) 期刊上發表的一次訪談中，威爾森說：「宗教在把我們往下拖，為了人類的進步，必須要除掉」，還說：「因此我會認為，為了人類的進步，我們能做的最好的事情，就是降低宗教信仰，最好能把它完全消除。」[18]

當威爾森討論他自 1960 年代開始所做的研究工作時，他說如果他可以重新開始他的生命的話，他會做微生物生態學方面的工作。他研究了 20 世紀物種的大量滅絕，以及這跟現代社會的關係，1998 年他在國會演講時對此提出生態學的方法。他說當你現在砍伐一片叢林時，特別是一片古老的叢林時，你不只是除掉了一大堆巨樹，和那些在樹頂上展翅飛翔的鳥類。你是極度的毀壞了你所住幾公里之內的大量物種。這些物種的數目可能會有上萬個……許多這些種類是科學還不知道的，而科學也還沒有發現維持這個生態系統的主要機制，就像在菌類植物、微生物、和許多昆蟲的情形。

2010 年，威爾森和諾瓦克 (Martin Nowak)、塔尼塔 (Corina Tarnita) 三個人在著名的《自然》期刊上發表了一篇

18. Penny Sarchet, "E. O. Wilson: Religious faith is dragging us down". *New Scientist*, Jan. 21, 2015.

論文，題目是〈真社會性的演化〉(The Evolution of Eusociality, 2010)[19]。文中論道：「有些生物不惜犧牲自己繁殖下一代的可能，來幫助其他同類，這是生態學上社會組織最高級的利他形式。過去四十年，基於內含適應度的近親選擇理論是解釋這種演化利他性的主要理論。我們現在要證明這種理論的侷限性。」他們論述近親選擇理論無法解釋生物的真實社會性行為，而回到支持群體選擇理論。這在學界引發了許多人的反彈，在科普界大力倡導近親選擇理論的道金斯也公開與威爾森交火。有人問威爾森他現在對「自私的基因」這種觀點的看法。他回答說：「我已經放棄這個觀念了，而且我想這方面大多數嚴肅的科學家也都放棄了。雖然仍會有些人贊成，但是自從我們的論文發表以後，他們已經相對的、或者完全的安靜下去了。」道金斯對此評論說：「我很尊重威爾森以及他在昆蟲學、生態學、生物地理學、生物保護等方面的貢獻。他只是對於近親選擇的理論認識錯誤。」[20]這是遺傳學近年來有關演化機制方面一場非常引人注目的論爭，爭論現在仍然在繼續。

不過，就像道金斯在爭論中所說的，威爾森在許多其他方面的成就已經是公認的。威爾森是當今美國生物學的翹楚。他

19. M. A. Nowak, C. E. Tarnita, and E. O. Wilson, "The Evolution of Eusociality". *Nature* 466: 1057–1062 (2010).

20. (1) Chris Johnson, "Biological warfare flares up again between EO Wilson and Richard Dawkins". *The Guardian*, Nov. 7, 2014.
(2) Vanessa Thorpe, "Richard Dawkins in furious row with EO Wilson over theory of evolution". *The Guardian*, Jun. 24, 2012.

在 1969 年當選為美國國家科學院院士，獲得過全世界最高的
環境生物學獎項，包括美國的國家科學獎、瑞典皇家科學院頒
發的克拉福獎。還兩度獲得美國非小說類的普立茲獎。

7.2　雷翁廷

雷翁廷 (Richard Charles Lewontin, 1929-) 是美國演化
生物學者，也是數學家、遺傳學者、和社會評論者。他是發展
人口遺傳學和演化理論數學基礎的領頭人，他發展了把膠體電
泳等分子生物學的技術，應用在遺傳變化和生物演化方面。

生平與研究

雷翁廷生於紐約市，他的父母親都是 19 世紀末，從東歐
移民到美國來的猶太人。他上了紐約的林丘 (Forest Hills) 中
學，以及在紐約的「免費高等教育學院」(the École Libre des
Hautes Études)。1951 年他畢業於哈佛大學的大學部
(Harvard College)，獲得生物學學士學位。1952 年，他得到
數學統計學的碩士學位，1954 年獲得動物學博士學位，都是在
哥倫比亞大學獲得的，他的指導教授是俄裔美國遺傳學家多布
贊斯基 (Theodosius Dobzhansky, 1900-1975)。

他曾在北卡羅林那大學、羅徹斯特 (Rochester) 大學、和
芝加哥大學任教。1973 年他獲聘為哈佛大學的阿格西
(Alexander Agassiz) 動物學和生物學教授，他持有這個教職一
直到 1998 年。

雷翁廷曾在人口遺傳學的理論和實驗方面做過研究工作。他工作的特徵就是採用新技術。他是第一個用電腦模擬的方法來研究單一基因軌跡表現的，過去的模擬工作都是用多軌跡的模型。1960 年，他和小島健一 (Ken-Ichi Kojima, 1930-1971) 作了一項新的與染色體有關的工作。這啟動了 1960 和 1970 年代，新一波對於雙軌跡選擇 (two-locus selection) 的理論工作。

1966 年，他與美國遺傳學者胡比 (John Lee Hubby, 1932-1996) 合寫，在《遺傳學》(*Genetics*) 期刊上發表了兩篇論文，造成了人口遺傳學方面的革命。他們用蛋白質凝膠電泳的方法，探討果蠅的基因軌跡，為現在的分子演化理論打好了根基。

英國生化學者哈里斯 (Harry Harris, 1919-1994) 在同一年也發表了在這方面對於人類的研究結果。過去用凝膠電泳 (gel electrophoresis) 的方法都是對於單一軌道的變化，而沒有關於共同變化情況如何的報導。

1975 年，威爾森寫的《社會生物學》一書，提出對於人類社會行為的演化論解釋。有一些生物學者提出反對的意見，包括雷翁廷、古爾德、胡芭德 (Ruth Hubbard, 1924-2016) 以及其他一些人。胡芭德是在哈佛大學獲得長聘的第一位女性生物學教授。

1979 年，雷翁廷和他的哈佛同事古爾德在生物演化學中引進了「三角壁」或「三角拱肩」(spandrel) 這個名詞，這個名詞是從建築上的三角壁而得名的。他們在 1979 年發表了一篇

有影響力的論文〈聖馬可教堂的三角壁和潘羅斯過於樂觀的範例——一個對於適應程序的評論〉(The Spandrels of San Marco and the Panglossian Paradigm: A Critique of the Adaptationist Programme, 1979)，文中他們把三角壁比喻為一個生物的某些特徵，這些特徵是一些可能是為了適應其他因素而產生的必然後果，但是這些附帶的特徵並沒有直接改進生物的適應度，因此其本身不一定是符合適應原理的。這種三角壁式的特徵與真正由於適應而出現的特徵相對頻率如何，仍然是演化生物學中有爭議性的話題。

從 1973 年到 1998 年，他是哈佛大學動物學和生物學的講座教授，2003 年起，他成為研究教授。雷翁廷反對遺傳決定論。雷翁廷是一個很早就主張自然選擇有層次的人，在他〈選擇的單位〉(The Units of Selection, 1970) 這篇論文中就提出過這個論點。他在生物哲學中有相當大的影響力。在〈自然是可能的還是善變的？〉(Is Nature Probable or Capricious?, 1966) 這篇論文中，他曾經論述到生物因果關係的歷史性質。

他在《科學》期刊上登出的〈生物與環境〉(Organism and Environment, 1997) 這篇文章，以及在以更普及的形式所寫的《作為意識形態的生物學》(*Biology as Ideology*, 1991) 這本書的最後一章，雷翁廷都論述說：雖然傳統的達爾文主義把生物呈現為環境影響的被動接受者，一個比較正確的瞭解應該是強調生物作為自己環境一個主動的參與者。一個壁龕不是一個事先做好的、空著的儲藏室，然後把生物塞進去，而是由生物來定義和創造的。這種生物與環境的關係是相互的和辯證的。

後來還有一些其他學者把雷翁廷的想法以更詳細的模型發展出來，他們稱之為壁龕架構 (niche construction)。

從演化論適應主義的觀點看，生物是生物本身和環境的函數，而環境只是它自己的函數。環境被看成是直接做反應的，不受生物的影響。簡單來說，適應主義就是強調生物的天擇性能及適者生存的觀點。而雷翁廷則採取一種建構者的觀點，把生物看做是生物和環境的函數，也把環境看做是生物和環境兩者的函數。這意味生物會影響環境，就跟環境會影響生物一樣。生物也創造了生物後代的環境。

雷翁廷長期以來就是新達爾文主義適應論主張的批評者。他為義大利的《艾諾迪百科全書》(Enciclopedia Einaudi) 所寫的〈適應〉(Adaptation, 1978) 一文，以及在《科學美國人》雜誌以修改了的形式刊出的文章中，他都強調除了量測後代子孫數目以外，還要對適應作一種工程方式的確認，而不是簡單的假定器官或生物已經是以適應的最優形式出現了。雷翁廷認為，他對於適應主義比較普遍而技術性的批評，來自他認為在近代的演化綜合理論中，社會生物學反映出適應理論中有基本的錯誤設定。雷翁廷批評新達爾文主義者，當他們嘗試用自然選擇來解釋特殊的情況，像是長頸鹿的脖子時，他們只是講了一個「就是這樣的故事」。

雷翁廷寫過有關農業經營經濟學方面的文章。他聲稱雜種玉米的發展和傳播，不是因為它有優秀的品質，而是因為這可以讓育種公司強迫農民每年都要買新的種子，而不能用他們前一年的玉米收成作為種子。雷翁廷曾經挑戰加州政府為了發展

自動番茄摘收裝備這方面的研究所做的撥款，但是沒有成功。因為這有助於農業公司，而對於農業勞工的就業卻沒有幫助。

社會生物學和演化心理學

跟其他人——比如古爾德——一樣，雷翁廷一直是新達爾文主義某些主張的批評者。他特別批評主張社會生物學和演化心理學的威爾森和道金斯，說他們嘗試以演化的優勢或策略，來解釋動物的行為和社會的結構。他和一些其他人批評他們把這種方法應用到人類上，因為他覺得這是一種基因決定論。在他的文章中，雷翁廷認為演化需要一種更為細緻的觀點，這需要一種對於整個生物體以及環境更為仔細的瞭解。

他這種認為有些人對於遺傳學抱持著過於簡化觀點的看法，讓作為一個公眾知識份子的雷翁廷，常參加這方面的辯論。他多次在公開演講中提倡他有關演化生物學和科學的觀點。雷翁廷在跟英國生物神經學者羅斯 (Steven Rose, 1938-) 和卡敏 (Leon J. Kamin, 1927-2017) 合著的一本書《不在我們基因裡》(*Not in Our Genes*, 1984)，以及在許多其他的文章裡，雷翁廷對於許多號稱是人類行為的表現，像是智商測試所顯示出來人的智慧，他對於這些表現的可遺傳性表示懷疑。

有些學術界人士批評他是因為非科學的理由而否定社會生物學。威爾森在 1995 年就認為雷翁廷的政治信念影響了他的科學觀點。崔弗斯把雷翁廷形容為：「……一個有高度才華的人，但卻常把他的才華浪費在愚蠢的事情上，精心打扮自己來擺譜，把才華用在膚淺的政治想法以及無用的哲學思慮上。他

的政治主張限制了他的遺傳學工作。」[21]

其他人例如英國哲學家、任教於哥倫比亞大學的菲利蒲·齊徹 (Philip Kitcher, 1947-) 在 1985 年出版的書《拱頂的野心——社會生物學及其對人性的探索》（*Vaulting Ambition: Sociobiology and the Quest for Human Nature*, 1985) 中，則反駁說：雷翁廷對於社會生物學的批評是出於對這種主張真實的科學關注。他寫道：這些人批評雷翁廷的動機是一種人身攻擊[22]。雷翁廷有時候會把自己認為是一個馬克思主義者，而且聲稱自己的哲學觀點加強了他的科學工作。

雷翁廷獲得的榮譽項目包括 ： 1961 年的富爾布來特獎學金，1961 年的國家科學基金會的博士後獎學金。1970 年代成為國家科學院的會員，不過後來他辭去了這個位置。1994 年獲得美國自然學者會社的賴特 (Sewall Wright) 獎。2015 年獲得瑞典皇家科學院的克拉福獎，這是與日本女性生物學者，太田朋子 (Tomoko Ohta, 1933-) 合得的。 2017 年獲得美國遺傳學會的摩根獎章 (Thomas Hunt Morgan Medal)。 在宗教方面，雷翁廷是一個無神論者。

---

21. ⑴ Robert Trivers, "Vignettes of Famous Evolutionary Biologists, Large and Small". *The Unz Review*, Apr. 27, 2015. ⑵ Wikipedia: "Richard Lewontin".

22. 關於齊徹的評論 ， 見 Wikipedia: "Richard Lewontin" 中第 3 節 'Critique of mainstream evolutionary biology' 的部分。

7.3 古爾德

古爾德 (Stephen Jay Gould, 1941-2002) 是美國古生物學家、演化生物學者、科學史家。在他那個時代，他是最有影響力、也是為人閱讀得最多的科普作家。古爾德大部分的生涯是在哈佛大學任教，並且在紐約的自然歷史博物館工作。1996年，古爾德被聘為紐約大學生物學的阿斯特 (Vincent Astor) 訪問研究教授，他把他的時間分別放在紐約大學和哈佛大學。

古爾德在演化生物學方面最大的貢獻是他有關「間斷平衡」(punctuated equilibrium) 的理論，這是他在 1972 年與美國生物學者艾崔奇 (Niles Eldredge, 1943-) 一起發展出來的。這個理論主張大多數的演化過程都會有長時期的演化穩定期，但穿插著雖不常見卻很迅速的物種分枝變化。與這種理論對立的，是漸進演化的理論，也就是認為演化改變是在化石記錄上看到的一種逐漸而連續的改變。

古爾德的研究生涯大多跟蝸牛類的研究有關。在演化發展生物學方面，他也有重要的貢獻，他的書《個體發生與系統發生學》 (*Ontogeny and Phylogeny*, 1977) 受到廣泛的專業肯定。在演化理論方面，他反對嚴格的選擇主義，也反對把社會生物學和演化心理學應用到人類社會。他反對創造論，提倡科學與宗教應該被視為是兩個不同的領域，也就是所謂「不重疊的教誨」 (non-overlapping magisteria)，這種說法認為兩者的權威是不重疊的。

古爾德之為大眾所知，主要是因為他在《自然歷史》(*Natural History*) 雜誌，寫了大約 300 篇文章，以及他為專家和非專家所寫的多種科普書籍。2000 年 4 月，美國國會圖書館稱他是一個「在世的傳奇人物」。

生　平

古爾德 1941 年 9 月 10 日，生於紐約皇后區。他的父親里歐納‧古爾德 (Leonard Gould) 是一個法庭速記員，美國海軍二戰的退伍軍人。他的母親伊莉諾 (Eleanor) 是一個藝術家，她的父母親都是猶太裔的移民，生活和工作於紐約市曼哈頓的葛門 (Garment) 區。

古爾德和他的弟弟彼得 (Peter) 是在灣邊區 (Bayside) 長大的，這是紐約市皇后區東北地帶一個中等階層的居住區。他上紐約市第二十六號公眾小學，在牙買加中學畢業。

當古爾德 5 歲的時候，他的父親帶他去美國自然歷史博物館，參觀了恐龍廳，在那裡他第一次見到了暴龍的骨骸。古爾德回憶道：「我從來沒有想到會有這樣的東西——我非常的吃驚。」[23] 就是在那個時候，他決定要成為一個古生物學者。

生長於一個世俗化的猶太家庭，古爾德沒有正式的宗教習慣，比較喜歡稱自己為一個不可知論者。當《懷疑論者》(*Skeptic*) 雜誌直接問他是否是一個不可知論者的時候，他回答道：「如果你一定要強迫我來賭是否有一般所說的、像人一樣的神的話，我自然會賭沒有。基本上，赫胥黎說不可知論是唯一

---

23. Wikipedia: "Stephen Jay Gould".

正確的立場，因為我們真的不知道，他這樣講是正確的。如果有一個平常所說的神出現的話，我是會非常驚訝的。」[24]

雖然他是「被一個信仰馬克思主義的父親養大的」，但他說他父親的政治主張跟他是很不一樣的。他描述他自己的政治觀點，他說他應該是中間偏左的。根據古爾德自己的說法，他讀過對他最有影響的政治書籍是美國社會學家、哥倫比亞大學教授密爾斯 (Charles Wright Mills, 1916-1962) 所寫的《權力菁英》(*The Power Elite*, 1956)、以及美國語言學家、哲學家，麻省理工學院教授喬姆斯基 (Noam Chomsky, 1928-) 的政治論著。

1960 年代初期，當他在安提阿學院 (Antioch College) 讀書的時候，他在人權運動中是很活躍的，常為了政治正義而參加活動。當他到英國里茲 (Leeds) 大學做一個大學部的訪問學生時，他在布來福 (Bradford) 舞廳外面組織了每週一次的示威，因為這個舞廳拒絕接納黑人。古爾德一直繼續這樣的示威，直到政策改變為止。在他的生涯和著作中，他一直是出言反對任何型式文化壓迫的，特別是當他看到為種族主義和性別主義服務的假科學的時候。

貫穿於他在《自然歷史雜誌》所寫的科普文章中，古爾德常說到他在非科學方面的興趣和嗜好。還是一個男孩的時候，他收集棒球卡，一生都是紐約洋基 (Yankee) 棒球隊的球迷。

---

24. (1) Wikipedia: "Stephen Jay Gould". (2)另外，他的宗教信念為不可知論，可見 S. Rose (ed.), *The Richness of Life: The Essential Stephen Jay Gould*. (New York, NY: W. W. Norton, 2007).

到了成年之後，他是科幻電影的愛好者，但是常批評電影中故事述說的不好、對於科學呈現不足。他另外的興趣是在波士頓的希西莉亞 (Cecilia) 合唱團唱男中音，他也是劇作家吉爾伯 (William Gilbert, 1836-1911) 和作曲家蘇利文 (Arthur Sullivan, 1842-1900) 兩人合製歌劇的愛好者。他收集古書，熱中建築，喜歡在市區散步。他也常到歐洲旅行，會說法語、德語、俄語和義大利語。他有時候會間接的提到因為體重又增加了而感到有些悲傷。

1982 年 7 月，古爾德發現有腹膜間皮癌症，這是一種很致命的癌症，會影響到腹部內層。這種癌症常會發生在攝取或吸進了石綿纖維的人當中。在哈佛大學修建比較動物博物館的時候，曾用過這種礦物質。經過兩年的困難治療之後，古爾德在《發現》雜誌發表了一篇文章，題目是〈中位數不是信息〉(The Median Isn't the Message, 1985)，文中他談到他對於發現癌症的反應，因為「腹間癌是不能治好的，發現之後的平均壽命是八個月」。在他的文章中，他描述了這件事實背後的真實意義，以及認識到這種統計平均值雖然有其有用的意義，不過，這並沒有把「我們世界上實際會發生的變異、隱蔽和連續」包含在內。這個中位數是中間點，意思是 50% 的人會在八個月內死亡。然而另一半的人會顯著的活過這段時間，要看分布的情形如何。古爾德需要決定，他的個人特徵把他放在什麼區段。由於他的癌症發現的早，他很年輕，也很樂觀，還有最好的醫療條件，他推論他應該會分布在比較好的尾端。經過了放射線治療、化療和開刀手術，古爾德完全康復了，他的專欄文章成

了許多癌症患者安慰的來源。

　　古爾德也是醫用大麻的鼓吹者。當他在作癌症治療的時候，他吸食大麻來幫助他減輕長期嚴重而又無法控制的作嘔。根據古爾德，這種藥對於他最後的康復有「最為重要的效果」。他後來抱怨，他不明白為什麼「有任何人要阻擋人們使用這麼有效、也這麼有需要的東西，只是因為其他人拿來作別的用途。」1998 年 8 月 5 日，古爾德在法庭作證，幫助了一個有愛滋病的激進份子魏克福 (Jim Wakeford, 1944-)，讓他打贏了一場官司。他控告加拿大政府，要求有種植、持有、使用大麻來作為醫療目的的權利。

科學生涯

　　古爾德在安提阿學院開始他的大學教育，1963 年以地質學和哲學的雙主修畢業。在這段時間，他也在英國里茲大學學習。1967 年在哥倫比亞大學倪威爾 (Norman Newell, 1909-2005) 教授的指導下，完成了研究所的學位。他立刻被哈佛大學聘用，在那裡他一直工作到生命的結束 (1967-2002)。1973 年，哈佛大學晉升他為地質學的教授，並擔任比較動物學博物館的古代無脊椎動物部門的負責人。

　　1982 年，哈佛大學頒給他阿格西地質學教授的稱號。次年1983 年，他被美國科學促進會授與會士的榮銜，後來他在1999 至 2001 年間擔任會長。美國科學促進會在新聞發佈上稱他「對於科學的進步和公眾對於科學的認識都有很多貢獻」。他也在 1985 至 1986 年間擔任古生物學會的會長，以及在 1990

至 1991 年間擔任演化學會的會長。

1989 年，古爾德當選為國家科學院的院士。1996 至 2002 年間，他是紐約大學阿斯特 (Vincent Astor) 生物學的訪問研究教授。2001 年，美國人文學會由於他一生的貢獻，提名他為當年的人文主義者。2008 年，他在過世後與其他 12 位學者一起獲得倫敦林奈學會頒給的達爾文－華來士獎章。

古爾德是生物限制 (biological constraints) 這種主張的提倡者，這種主張認為在演化過程中有內部的發展限制，也有其他非天擇的動力。他不採用直接的適應作用，而認為人腦的許多高級功能，是由於天擇不經意的附帶效應所造成的，不是直接適應的後果。為了描述這樣的效應，他跟耶魯大學的古生物學家伊莉莎白・弗爾巴 (Elisabeth S. Vrba, 1942-) 一起創造了一個新名詞「非原意效應」(exaptation)。古爾德認為這種人類心智的特徵消減了人類社會生物學和演化心理學的基本前提。

對抗社會生物學

1975 年，古爾德的哈佛同事威爾森提出了包括人類行為在內的、有關動物行為的分析結果，這種分析是基於一種社會生物學的架構，認為許多社會行為都有一個很強的演化論基礎。古爾德、雷翁廷，以及其他一些波士頓地區的人，寫了一封後來常為人引用的、給《紐約時報》書籍版的投書，題目就是〈反對社會生物學〉，作為他們對威爾森主張的反應。這封公開信批評威爾森的觀念是一種「對於人類社會和人類行為的決定論

觀點」。

　　但是，古爾德並沒有排除對於動物行為在許多方面的社會
生物學解釋，他後來寫道：「社會生物學者引進了內含適應度和
近親選擇這樣的觀念，擴充了他們選擇理論的範圍，我認為是
成功的解決了令人困惑的利他主義的問題——這在過去是對於
用達爾文理論來解釋社會行為的最大障礙……在這些方面，社
會生物學已經有、而且會繼續有成功的應用。在這些地方，我
祝福它。因為它代表了基本達爾文主義的延伸，在這些領域它
應該是可以應用的。」[25]

　　古爾德與雷翁廷一起，在 1979 年合寫了一篇有影響力的
論文：〈聖馬可教堂的三角壁和潘羅斯過度樂觀的範例〉，其中
把建築學上的名詞「三角壁」引進到演化生物學中。在建築上，
三角壁是拱門腰部一塊三角形的拱肩區域。三角壁，很多的時
候也稱為三角穹窿，在古典的建築中常常看到，特別是在拜占
廷和文藝復興時期的教堂中很常見。

　　古爾德 1978 年訪問威尼斯的時候，注意到聖馬可大教堂
的三角壁，雖然很美麗，但卻不是建築師原來就有意設計的空
間。這些空間來自於「在圓頂拱門建築中必須有的副產品」。古
爾德和雷翁廷因而把三角壁定義為，在演化生物學中一個有機
體由於別的特徵而必須附帶出來的特徵，這些附帶特徵不是自

---

25. 見 ：⑴ S. J. Gould, "Sociobiology and the Theory of Natural
　　Selection," in G. W. Barlow and J. Silverberg (eds.), *Sociobiology:*
　　Beyond Nature/ Nurture? (Boulder, Colo: Westview Press,
　　1980), pp.257-269. ⑵ Wikipedia: "Stephen Jay Gould".

然選擇過程中直接需要的。他提到的例子包括雌性土狼雄性化了的生殖器、蝸牛當作孵蛋腔來使用的臍帶、愛爾蘭大角鹿背部的隆肉，以及人類心理狀況的一些特色等。

在伏爾泰的小說《憨第德》(*Candide*, 1759) 中，潘羅斯博士 (Pangloss) 是一個無厘頭的學者，雖然有很多相反的證據，他卻堅持「在所有世界中所有東西都是最好的」。因此這是一種過度樂觀的態度。古爾德和雷翁廷聲稱，演化生物學者把所有生物的特徵都當作是天擇所選擇出來的，批評生物學者沒有給其他理由任何可能的理論空間，就是一種過度樂觀的態度。這樣定義的三角壁式特徵和自然界由適應產生的特徵相對出現的頻率，現在仍然是演化生物學中一個有爭議性的話題。

古爾德由於他在《自然歷史雜誌》上所寫的科普文章而廣為人知。他為數約 300 篇的文章後來以《生命觀點》(*This View of Life*, 1974-2001) 的名稱，在 1974 年 1 月到 2001 年 1 月間刊出，「生命觀點」是達爾文在《物種起源》書中結論段落中的一個用詞。許多他的文章後來集結成為暢銷書，像是《自達爾文以來》、《熊貓的大拇指》、《母雞的牙齒和馬的蹄》、《紅鶴的微笑》等。

因為古爾德的學術成就以及他在自然歷史方面的科普著作，他受到很多讚譽。但是也有一些生物學者認為他為公眾所寫的文字與主流演化思想有出入。在古爾德的支持者和批判者之間的公開辯論是如此的有爭議，以致於有些評論者把這稱為「達爾文戰爭」。

英國著名的演化生物學家梅納史密斯，就是古爾德的強烈

批判者。梅納史密斯認為古爾德誤解了生物學中適應作用的重要角色，也批評古爾德把物種選擇 (species selection) 當作是生物演化的主要成分。在對於丹尼特 (Daniel Dennett, 1942-) 的著作 《達爾文的危險主張》 (*Darwin's Dangerous Idea*, 1995) 一書所寫的評論中，梅納史密斯寫道：「古爾德給予非生物學者，一個對於演化理論大多錯誤的印象。」[26]

但是梅納史密斯也不是一直做負面評論的，在為《熊貓的大拇指》所寫的書評中，他寫道：「古爾德是現在科普作家中最優秀的……他常會把我惹火，不過我還是希望他能繼續寫這樣的科普文章。」[27] 梅納史密斯也是學者當中歡迎古爾德再次振興演化古生物學的人之一。

梅納史密斯批評他的理由之一是古爾德看來總是想把他的想法當作是瞭解演化論的一種革命方式，而且常常強調自然選擇之外的其他機制，古爾德相信這些機制是被許多演化論專家所忽略了的。結果，許多不是專家的人，有時候會把他早期的著作引用作為達爾文的解釋已經證明為不科學的證據，不過這是古爾德從來沒有說過的。與許多其他這個領域的學者一樣，古爾德的作品有時會被一些創造論者，有意的斷章取義當作科學家們已經不懂生物是如何演化的證據。古爾德在他後來的著

26. (1) J. Maynard Smith, "Genes, Memes, & Minds", *The New York Review*, Nov. 30, 1995. (2) Wikipedia: "Stephen Jay Gould".

27. (1) J. Maynard Smith, "Review of *The Panda's Thumb*", The London Review of Books, pp. 17-30. (2) Wikipedia: "Stephen Jay Gould".

作中，自己就對這些誤解和歪曲做過一些糾正。

澳洲哲學家史特鄂尼 (Kim Sterelny, 1950-) 在他 2001 出版的書 《道金斯與古爾德》 (*Dawkins vs. Gould*, 2001) 當中，把道金斯與古爾德之間的衝突大眾化了。史特鄂尼記錄了他們在理論議題上的爭議，包括有關演化中基因選擇重要性的爭議。道金斯認為瞭解自然選擇最好的方式，就是基因（或者說複製者）之間的競爭，而古爾德則主張多層選擇。

道金斯指責古爾德在他發表的「間斷平衡」理論中，故意低估了比較快速的漸進主義和大規模突變之間的差異。他在他寫的書 《盲眼鐘錶匠》 和 《解析彩虹》 (*Unweaving the Rainbow*, 1998) 當中， 用了整章的篇幅來批評古爾德對於演化的說法，正如丹尼特在他 1995 年出版的書《達爾文的危險主張》書中也同樣的批評古爾德。

反對社會生物學和演化心理學

古爾德與威爾森以及其他演化生物學者，對於人類的社會生物學和演化心理學，有著長期而公開的爭論，古爾德和雷翁廷對於兩者都是反對的，但是道金斯、丹尼特和加拿大裔的哈佛大學心理學教授平克則都是贊成的。 這些爭論在 1970 年代達到高峰， 這也牽扯到一些像是 「社會生物學研討小組」 (Sociobiology Study Group) 和 「人民科學團體」 (Science for the People) 這樣的組織 [28]，他們對社會生物學和演化心理

---

28. 威爾森著, 楊玉齡譯，《大自然的獵人》，英文書名：*Naturalist*（臺北：天下遠見，2000），頁 443。

學都強烈的反對。

平克指控古爾德、雷翁廷和其他反對演化心理學的人是「極端的科學家」，他們在人性方面的立場受到政治、而不是科學的影響。古爾德評論說，他並沒有討論到威爾森或任何其他人的動機歸屬，但是他提醒說，所有的人都會受到我們個人期待和偏見的影響，特別是在下意識的情況下受到影響。

古爾德寫道：「我成長在一個有著參與社會正義運動傳統的家庭，作為一個學生，我就在 1960 年代初期參加那個帶著極大熱情、成功的民權運動中。學者們常擔心而不願提到這樣的決心……但是，對一個學者來說，即使是想像他能夠達到完全的中立也是很危險的，因為這樣一個人就會對個人的喜好與其影響不夠警惕，然後就真的會成為偏見的犧牲者。客觀性必須被定義為對於數據的公平處理，而不是說沒有偏好。」 [29]

古爾德主要的批評是認為人類社會生物學的解釋缺乏支持的證據，同時論述說適應的行為常被假定是由於基因而來的，這並沒有其他的原因，只是因為基因的作用被認定是普遍適用的，或者由於它們都有適應的特性。古爾德強調，適應的行為也可以通過文化來傳遞，兩種假設都同樣的可信。古爾德並沒有否認生物學與人性的關係，但是他避免「生物學的可能性與生物決定論」兩者之間一定要選擇其一的爭辯。

古爾德論說人的大腦可以允許很大範圍內的行為，其彈性「可以允許我們有侵略性或者和平相處、壓制或者屈服、吝嗇

---

29. (1) S. J. Gould, The Mismeasure of Man (New York, NY: W. W. Norton & Co., 1996), p. 36. (2) Wikipedia: "Stephen Jay Gould".

或大方……暴力、好色、和普遍的惡劣都是生物性的,因為它們代表了可能行為範圍內的一部份。但是和平、平等、以及和善也都是生物性的──我們可以看到它們的影響在增加,如果我們可以創造讓這些性質繁盛的社會結構的話。」[30]

2002 年 2 月,古爾德的胸腔 X 光照片,發現有一個 3 公分長的器官有症狀,醫生診斷他有第四期的癌症。古爾德在 10 個星期之後的 2002 年 5 月 20 日死於轉移性的肺腺癌,這是一種非常惡性的癌症,已經擴散到他的腦部、肝臟和脾臟。這次的癌症與他 1982 年的腹腔癌沒有關係。他在家中過世,在他家中閣樓辦公室的圖書室裡放著一張床,圍著他的是他的妻子容達,他的母親伊莉諾,以及許多他熱愛的書。

7.4 道金斯

道金斯是英國著名演化生物學家、動物行為學家和科普作家,牛津大學教授,英國皇家科學院院士,是當今在世最著名、最直言不諱的無神論者和演化論擁護者之一,有「達爾文的羅威納犬」(Darwin's Rottweiler) 之稱。

道金斯 1976 年出版名著《自私的基因》,引起廣泛關注。書中闡述了以基因為核心的演化論思想,將一切生物類比為基因的生存機器,並引入了「模因」(meme) 的概念。後來又出

---

30. S. J. Gould, "Biological Potentiality vs. Biological Determinism," in *Ever Since Darwin: Reflections in Natural History* (New York: W. W. Norton & Co.), pp.251–259.

版了《延伸的表現型》、《盲眼鐘錶匠》、《上帝錯覺》等書，宣揚演化論，反對神創論。

生　平

　　道金斯在 1941 年 3 月 26 日，生於非洲當時英屬肯亞的奈洛比市 (Nairobi)。 他的父親柯林頓‧道金斯 (Clinton John Dawkins, 1915-2010) 是英屬尼亞薩蘭 (Nyasaland)，今天馬拉威 (Malawi) 的農業公務員， 二戰時期效命於英王非洲步槍團 (King's African Rifles) 駐紮在肯亞。1949 年，8 歲的道金斯隨父母舉家遷回英國。道金斯的父母對自然科學有濃厚興趣，深深影響了幼年的道金斯。道金斯說他自己從小受「正常的英國聖公會式教養」，雖然 9 歲時就曾懷疑上帝的存在，不過還信基督教。但是到了少年時期，他開始認識到演化論對於生命的複雜性解釋的更好，因而不再相信神。道金斯說：「當初還剩下信基督教的理由就是對於生命的複雜性感到印象深刻，感覺一定有一個設計者。後來我發現達爾文主義是一個好得多的解釋，這使我徹底脫離了設計論的想法。」[31]

　　道金斯在 1954 至 1959 年間就讀於奧多中學 (Oundle School)，之後入讀牛津大學貝利奧爾學院 (Balliol College) 並於 1962 年獲得動物學學士學位。在校的時候，師從著名的動物行為學家尼可拉斯‧丁伯根 (Nikolaas Tinbergen, 1907-1988)。丁伯根是位荷蘭裔的學者，1973 年獲得諾貝爾生物醫學獎。道金斯作為丁伯根的研究生，於 1966 年獲得了牛津大

---

31. 見 Simon Hattenstone, "Darwin's Child," *The Guardian*, 2003.

學的博士學位。這段時間他的研究主題是動物如何作決定的模式，他的論文題目是《家養小雞的選擇性啄食》(Selective Pecking in the Domestic Chick, 1966)。獲得博士學位後，又作了一年的研究助理，然後到美國加州大學柏克萊分校，在1967到1969年間擔任助理教授。這段時間，柏克萊校園有反越戰的活動，道金斯也參加了。1970年他返回牛津大學擔任講師。6年後，道金斯出版了他的成名作《自私的基因》(1976)，後來又陸續出版了多部科普書籍。1990年他升為動物學的副教授。1995年，他成為牛津史上第一位查爾斯·西蒙尼科普教授。西蒙尼(Charles Simonyi, 1948-)是匈牙利裔的美國電腦界人士。他創立這個講座的目的是希望擔任這個職位的人，可以「對公眾在某些科學領域的認識做出重要貢獻」，而且指定道金斯擔任第一位講座教授。道金斯在這個職位上從1995年一直做到2008年退休。

道金斯曾擔任皇家學會法拉第獎、英國學院電視獎等獎項的評委，並出任英國科學協會主席。2004年，牛津貝利奧爾學院設定了「道金斯獎」用以表彰對珍稀物種的生態和行為研究有重大貢獻的人士。他是英國皇家學會會員，英國皇家文學學會會員。

科學研究

他認為演化的驅動力不是個人、也不是各個物種或全人類，而是「複製子」(replicator)，所謂複製子既包括基因也包括模因，所謂模因是文化資訊傳承的單位。基因是細胞內決定某一

生物體性狀的遺傳物質。道金斯認為基因是演化的單元，也是生物體的原動力，基因是自私的，並且只對自己的生存和繁殖感興趣。他認為行為和生理機能可以由基因的永久性來解釋。我們只是自己基因傳播的媒介，是一套「生存機器」，而這些「機器」的價值體現於是否能夠提高基因存活與繁衍的成功率。道金斯還解釋說即使那些看起來利他的行為都符合這個「自私」的模式。比方說，既然子女有一半的基因和母親相同，如果一個母親犧牲自己的生命來保護她的孩子，那麼她的基因就會繼續存活下去。因此，她看來無私的行為實際只是基因利用生存機器確保自己的複製體更能存活下去的一個策略。

道金斯最為人所知的就是他把基因作為演化天擇最主要單位的觀念普及化了。在他寫的書《自私的基因》中，他提出「所有生命都是依靠複製單位的存在而展開的」。在《延伸的表現型》(*The Extended Phenotype*, 1982) 這本書中，他把天擇描述為「複製者互相競爭傳播的過程」。他把他在此之前提出的觀念提供給更廣泛的群眾，就是基因的表現型並不必然只限於生物的身體，而是可以延展到附近的環境，甚至包括其他生物。

道金斯認為延伸的表現型是他在演化生物學中最重要的一項貢獻，他認為壁龕架構是延伸表現型的一個特例。延伸表現型的觀念可以幫助解釋演化，但它不能預言一定會有什麼的結果。

道金斯一直都對演化中不屬於適應的過程持一種懷疑的態度，像是古爾德和雷翁廷所說的三角壁，以及高於基因的選擇層次。他對於「群體選擇」作為瞭解利他主義實際上的可能性

或重要性特別表示懷疑的態度。

利他行為最初看起來像是一個演化的悖論，因為幫助其他生物，會浪費珍貴的資源，會削減自己的適應度。過去許多人都用群體選擇來解釋，認為個體這麼做是為了群體的生存或者是為了整個的種族。英國演化生物學者漢彌敦在他關於內含適應度的理論中，用基因－頻率分析來證明如果利他者和受他幫助者有足夠的基因相同性，遺傳性的利他性質就可以演化生存。漢彌敦的內含適應度後來成功的應用到生物界更廣泛的範圍，包括人類在內。崔弗斯同樣以基因為中心的模式來思考，發展出互惠利他的理論，一個個體為另一個體提供利益，是因為他預期未來會有互惠的關係。

道金斯在他《自私的基因》一書中把這些想法普及化了，也在他的書中更發展了這些觀念。2012 年 6 月，道金斯嚴厲批判威爾森在同年出版的 《地球的社會性征服》 (*The Social Conquest of Earth*, 2012) 一書中的觀點， 認為他對漢彌敦近親選擇的理論瞭解錯誤。道金斯也同樣強烈批評獨立科學家洛夫拉克 (James Lovelock, 1919–) 提出的 「蓋亞假設」 (the Gaia hypothesis)，蓋亞假設認為地球應該被視作一個自我管控的生物體。

批評道金斯生物學方法的人認為他把基因當作天擇的單位是誤導的。另外一個常見的反對意見，是認為基因不能單獨存在，而必須與其他基因連在一起建立個體，因此基因不是一個獨立的單位。在《延伸的表現型》中，道金斯建議說，從一個單獨基因的觀點來看，所有其他基因都是環境的一部份。

主張高層次選擇的人，像是雷翁廷、威爾生 (David Sloan Wilson, 1949-) [32]，索伯 (Elliot Sober, 1948-) 等人，認為包括利他主義在內的許多現象是基因選擇所不能圓滿解釋的。英國女哲學家、倫理學者米基雷 (Mary Midgley, 1919-2018) 也批評基因選擇、模因學說、社會生物學都是過份的化約主義 (reductionism)。道金斯曾經跟她為了《自私的基因》發生過筆戰。她表示，道金斯著作受到歡迎，是因為時代思潮的關係，由於在撒切爾夫人和雷根執政的年代，個人主義的思想增強了。

在有關演化機制和解釋的爭論中，這場論戰被稱為是達爾文戰爭，有一派人打著道金斯的旗號，另一派人打著美國古生物學家古爾德的旗號，這反映這兩位學者在有關主張中作為科學普及者的重要地位。道金斯和古爾德在社會生物學和演化心理學的爭辯中是特別醒目的評論者，一般講，道金斯是支持這些理論的，而古爾德則是反對的。一個有代表性的例子，就是道金斯對於羅斯、卡敏和雷翁廷所寫的《不在我們基因裡》一書的嚴厲批判。在這些議題上常站在道金斯這邊的另外兩位學者是平克和丹尼特。丹尼特提倡一種基於基因的演化觀點，並且維護生物學中的簡化主義。道金斯與古爾德雖然學術觀點不同，但他們的私人關係還不是很敵對。道金斯在他 2003 年出版的《惡魔的教士》(*A Devil's Chaplain*, 2003) 一書中，把很大一部份獻贈給古爾德，因為古爾德在前一年過世了。

---

32. 威爾生 (David S. Wilson) 與威爾森 (Edward O. Wilson) 兩人同姓，不過沒有親戚關係。本書為了分辨兩人，中文譯名稍做區別，以資分辨。

當有人問道金斯，達爾文主義對他每天的生活會產生什麼樣的思想影響時，道金斯說：「在某一方面是有的。我一直對外界存在的現實張大眼睛。不只是對人的存在這樣看，對生命的存在以及天擇這個驚心動魄而又強有力的過程也是如此看，這些過程把簡單的物理和化學的事實，建造成了高大的紅木和人類。這種震動的感覺一直都離我的腦海不遠。在另一方面，我自然不會讓達爾文主義來影響我對於人類社會生活的感覺。」[33]這意味著他覺得每個人都可以選擇避開達爾文的存在機器，因為他們是可以用自己的意識來解放自己的。

道金斯在他的第一本書《自私的基因》中提出模因學說。類似於遺傳因子的基因，「模因」是文化繁衍的因子，也經由模仿複製、變異與選擇的過程而演化。舉例來說，某個人大腦中的觀念，經由模仿或是學習複製到不同人的大腦中。而經過複製的觀念並不會與原來觀念完全相同，因此產生變異。這些相似但是有所不同的觀念，在散布時互相競爭，因此會出現類似天擇的現象。

道金斯是當代最著名的無神論者之一，他崇尚科學與理智並批評世界上所有的宗教都是人類製造的騙局。他引用哲學家羅素的比喻，認為信仰上帝就如同相信有一把茶壺在繞著火星飛行，雖然我們不能完全證明神和茶壺不存在，但是他們存在的機率卻是微乎其微。對於鼓吹「智能設計」的人聲稱他們的

33. (1) Andrew Anthony, "Richard Dawkins: 'I don't think I am strident or aggressive'", *The Guardian*, Sep. 15, 2013. (2) Wikipedia: "Richard Dawkins".

主張是科學，道金斯表明沒有證據顯示上帝的存在。達爾文的演化論是至今為止唯一能夠解釋物種起源的科學理論，創世論與智能設計並不是科學，因為它們缺乏證據。說上帝創造萬物並不能解決任何問題，因為我們無法證明上帝的存在。

道金斯在他富有爭議的暢銷書《上帝錯覺》（*The God Delusion*, 2006）中指出，相信上帝的存在不僅僅是錯誤的，還會導致社會之間的隔閡、壓迫、歧視和誤解，同時宗教也是製造戰爭、恐怖襲擊、性別歧視等一系列問題的元兇之一。道金斯認為信仰會使人遠離理性與科學。他在書中指出基督教《舊約》中的上帝是一個妒嫉心強、非正義、歧視同性戀、喜好殺人等等使人憎恨的惡霸。道金斯在書中批駁有神論的各種觀點，並說明美國的開國元勳們其實十分厭惡基督教。

在世界主張無神論與演化論的科學家之中，道金斯以其直言不諱的語氣和科學求證的態度挑戰「神創造世界」的宗教概念而聞名。他同美國哲學家丹尼特、神經科學家哈里斯（Samuel Harris, 1947- ）和英裔美籍作家希欽斯（Christopher Hitchens, 1949-2011）同被稱為「新無神論的四騎士」。

他的著作很多，包括：《自私的基因》（*The Selfish Gene*, 1976）、《延伸的表現型》（*The Extended Phenotype*, 1982）、《盲眼鐘錶匠》（*The Blind Watchmaker*, 1986）、《伊甸園外的生命長河》（*River Out of Eden*, 1995）、《攀登不可能山峰》（*Climbing Mount Improbable*, 1996）、《解析彩虹》（*Unweaving the Rainbow*, 1998）、《惡魔的教士》（*A Devil's*

Chaplain, 2003)、《祖先的故事》（*The Ancestor's Tale,* 2004)、《上帝錯覺》(*The God Delusion,* 2006)、《地球上最偉大的表演：演化的證據》(*The Greatest Show on Earth: The Evidence for Evolution,* 2009)、《自然的魔法：我們如何知道什麼是真的》（*The Magic of Reality: How We Know What's Really True,* 2011）、《玄妙的誘惑——一個科學家的產生》(*An Appetite for Wonder: The Making of a Scientist,* 2013)。

　　道金斯獲得過很多榮譽，其中包括：《洛杉磯時報》文學獎、英國皇家文學會獎、英國皇家學會法拉第獎 (Michael Faraday Award)、義大利共和國總統獎章、英國人文主義協會獎。

7.5　威爾森與道金斯的分歧

　　威爾森和道金斯兩個人都是英美著名大學的生物學教授，兩個人也都是主張演化倫理學的大師。作為社會生物學的重要代表，兩個人的基本觀點，早期並沒有本質的差異。但是兩個人的看法還是有一些不同之處，後來由於威爾森的想法有些改變了，兩人之間出現了分歧，甚至還發生過論戰。

　　首先，道金斯是更為徹底的堅持從基因的角度來理解達爾文的天擇理論，而且很堅持漢彌敦等人發展出來的「近親選擇理論」，認為基因是天擇的單位。威爾森雖然早期也贊同基因是天擇的單位，但是他一直認為這樣的看法比較狹隘。因此威爾森和道金斯提出的社會生物學有著一些不同。道金斯的目的在

於系統地從基因的角度，根據漢彌敦和威廉斯的主張，來解釋達爾文理論的邏輯。道金斯在《自私的基因》中，完全接受「近親選擇」的理論。威爾森雖然也承認他們的貢獻，但他只是把近親選擇當作利他主義可能的原因之一，與群體選擇並列[34]。

芬蘭裔的美國社會生物學者希澤斯特拉在她所寫的《真理的護衛者》一書中，詳細的討論了這場社會生物學論戰中各方學者之間的交往與觀點。她提到，大西洋兩岸英美學者之間有一些觀點方面的差異。美國學者往往認為科學與倫理價值是連在一起的，所以有許多不贊成威爾森主張的美國學者，其實他們反對的是威爾森主張在倫理學上的含義。而英國學者，像是梅納史密斯和道金斯，他們基本上把科學和倫理的考慮分開。

2006 年，加州大學戴維斯 (Davis) 分校的環境科學教授、生物學家里徹遜 (Peter J. Richerson, 1943-) 和亞利桑那州立大學人類學教授柏宜德 (Robert T. Boyd, 1948-) 出版了一本書 《不只是基因──文化如何改變了人的演化》 (*Not by Genes Alone: How Culture Transformed Human Evolution*, 2006)[35]，認為基因與文化都以達爾文演化論的方式，對人類社會的發展有影響。他們認為「天性還是教養」針

---

34. Ullica Segerstrale, *Defenders of the Truth: The Battle for Science in the Sociobiology Debate and Beyond* (Oxford: Oxford University Press, 2000), p. 72.

35. Peter J. Richerson and Robert T. Boyd, *Not by Genes Alone: How Culture Transformed Human Evolution* (Chicago, IL: University of Chicago Press, 2006).

鋒相對的辯論不合適，文化與生物學其實是連在一起分不開的。

到了 2010 年，威爾森與另外兩位科學家諾瓦克和塔尼塔在《自然》期刊上發表了一篇論文 [36]〈真社會性的演化〉(The Evolution of Eusociality, 2010)。他們在文章的摘要中聲稱：「有些生物不惜犧牲自己繁殖下一代的可能，來幫助其他同類，這是生態學上社會組織最高級的利他形式。過去四十年，基於內含適應度的近親選擇理論是解釋這種演化利他性的主要理論。我們現在要證明這種理論的侷限性。」他們論述近親選擇理論無法解釋生物的真實社會性行為，而回到支持群體選擇理論。他們提出使用天擇理論的人口結構模型，可以代表一種更簡單的、也更好的方法。這種方法可以用來評估許多互相競爭的主張，也可以為實際觀察到的現象提供更精確的解釋架構。結果引起許多其他生物學者的強烈反對。甚至有一篇反對的論文，有一百三十七位學者共同具名 [37]。道金斯也發文批評他們的主張。 威爾森在回答英國廣播公司 (British Broadcasting Corporation, BBC) 記者提問，他們兩人之間不同的意見為何時，威爾森說：「我跟道金斯之間沒有爭論，從來也沒有。因為他是一個新聞工作者，新聞工作者是報導科學家發現結果的，我跟別人的爭論都是跟作研究科學家的辯論。」 [38]威爾森把道

---

36. M. A. Nowak, C. E. Tarnita, and E. O. Wilson, "The Evolution of Eusociality". *Nature* 466: 1057–1062 (2010).

37. P. Abbot et al., "Inclusive Fitness Theory and Eusociality," *Nature* 471: E1–E4 (2011).

38. ⑴ C. Johnson, "Biological warfare flares up again between EO

金斯稱為新聞工作者，顯然不是很看重他的科學成就，這樣的批評是蠻嚴重的。在這個報導發佈之後不久，道金斯在推特上寫道：「我很尊重威爾森以及他在昆蟲學、生態學、生物地理學、生物保護等方面的貢獻。他只是對於近親選擇的理論認識錯誤。」[39]

後來道金斯又發了第二個推特，說：「任何人如果認為我是一個新聞工作者，只是報導其他科學家所作的，請他看一下我寫的《延伸的表現型》這本書。」這是道金斯在 1982 年出版的一本書，接續他前一本書《自私的基因》，《延伸的表現型》被視為是他在演化理論方面的主要貢獻。

當有人問威爾森他現在對於自私基因的看法時，他回答說：「我已經放棄這個觀念了，而且我想這方面大多數嚴肅的科學家也都放棄了。雖然仍會有些人贊成，但是自從我們的論文發表以後，他們已經相對的、或者完全的安靜下去了。」威爾森是指他們在 2010 年在《自然》期刊上發表的〈真社會性的演化〉這篇論文。

英國期刊《前景雜誌》(*Prospect Magazine*) 請道金斯評論威爾森 2012 年出版的書《地球的社會性征服》(*The Social*

Wilson and Richard Dawkins", *The Guardian*, Nov. 7, 2014. (2) "EO Wilson talks evolution and Richard Dawkins spat", *BBC News*, Nov. 7, 2014.

39. 針對以下威爾森與道金斯之間爭論始末的報導，可參見 C. Johnson, "Biological warfare flares up again between EO Wilson and Richard Dawkins", *The Guardian*, Nov. 7, 2014.

Conquest of Earth, 2012)，道金斯發表了他的第三次推特，道金斯說：「這本書是威爾森對於近親選擇錯誤認知的簡述。」他最後說道：「威爾森曾經做出過重要的發現，他在歷史上的地位是穩固的，不過漢彌敦的地位也是穩固的。請看威爾森以前的著作，包括著名的《螞蟻》一書。至於目前要評論的這本書，我指出它的理論性錯誤是嚴重的，這些錯誤與書中的宗旨直接相關，因此讓我無法推薦這本書。借用帕克 (Dorothy Parker, 1893-1967) [40] 的話，這是一本不能隨便輕輕丟掉的書，要用力的把它甩掉，而且要對它表示非常遺憾。」《前景雜誌》保留給威爾森回應的權利，他也回應了。他的評論是：「如果科學要依靠聲音大小和人數多少來決定的話，我們現在會仍在用神祕的燃素燒東西，仍然用以地球為中心的地圖在做宇宙航行。」

　　兩人隔空交火，砲火可稱猛烈。這中間主要的爭執點，就是道金斯強烈的支持近親選擇，堅持「自私的基因」的說法。而威爾森則認為只講自私的基因過於狹隘，他認為近親選擇和群體選擇都是天擇作用的一部份，兩者都不能忽略。

　　在對待宗教的觀點上，兩個人都在少年時期，很早就放棄了對基督教的信仰。兩人都希望能盡量消除宗教的影響，不過兩人的態度還是稍有不同，威爾森的態度比道金斯稍微緩和一點。道金斯是激烈的無神論者，而且寫了很多本批評基督教的書。他的《上帝錯覺》就是一本反對基督教的暢銷書。威爾森說他對於宗教的立場是「暫時的自然神論」，比較贊同不可知論的稱呼，而不贊成道金斯強烈無神論的提法。根據《真理的護

---

40. 桃樂絲・帕克為美國女作家、詩人。

衛者》一書作者希澤斯特拉的觀察，威爾森作為一個科學人文主義者以及一個唯物主義者，他宣稱傳統的宗教信仰與科學知識是不可妥協的。不過威爾森仍然認為宗教信仰是人性的一部份，對於社會存在也很重要[41]。其他的演化學者，像是漢彌敦和古爾德比較把科學和宗教看成兩個不同的領域。威爾森則表示，他提倡社會生物學，與他想要證明基督教神學家是錯誤的這種希望有關。在 2015 年的一次訪談中，威爾森說：「宗教在把我們往下拖，為了人類的進步，必須要除掉……因此我會認為，為了人類的進步，我們能做的最好的事情，就是降低宗教信仰，最好能把它完全消除。」因此，至少在批判宗教這個領域上，他們兩個人的想法應該還算是非常接近的。

7.6 演化的選擇機制之爭

我們前面談到，在達爾文提出演化論之後，他深深為動物的利他行為感到困惑。因為所有生物在演化中最優先的考量必然是自己的生存和繁衍，在這種情形下，利他行為對於自己的生存是沒有好處的，這是達爾文最感困惑的地方，甚至說這可能會推翻他所有的理論。從「物競天擇，適者生存」的觀點看來，物種演化的單位如果是個體的話，則利他行為實在是很難解釋的。

---

41. Ullica Segerstrale, *Defenders of the Truth: The Battle for Science in the Sociobiology Debate and Beyond* (Oxford: Oxford University Press, 2000), p. 403.

　　達爾文本人後來提到群體選擇的概念，認為這可能是利他行為的演化基礎。達爾文在《人的起源》一書說：「如果部落中的一個人發明了一種可以捕捉動物的陷阱或者一種武器，這個部落的人口就會增加，分布也會變廣，甚至取代其他部落。」[42] 奧地利動物學家洛倫茲 (Konrad Lorenz, 1903-1989) 獲得 1973 年的諾貝爾生理與醫學獎，他在所寫的書中用了像是「對物種整體有利」之類的語句來解釋動物行為，也表現出群體選擇的傾向，但是沒有人真的去實際量測各種行為的適應度，也就是對於後代子孫數量的影響。到了 1962 年，英國動物學家韋恩－愛德華茲觀察到大多數動物都是分布在一個個的小群體中，因此認定動物行為影響的是整個群體的生存和繁殖，主張動物行為主要是源自作用在群體層級的天擇演化。利他行為不利於個體的生存，根據天擇理論會造成個體的適應度下降、也就是個體後代子孫數量的減少，這會導致這類行為在群體內部發生的頻率下降。但是這類行為卻有利於整個群體的生存，因此會使得有這種利他行為的群體數量提高。如果利他行為導致群體數量提高的速率高於群體內部個體數目下降的速度，那麼這種利他行為就會繼續演化留存下去，這就是「群體選擇」的理論。

　　到了 1964 年，漢彌敦提出以基因作為演化單位的說法，他的理論稱為「近親選擇」。近親選擇的理論後來經由威廉斯、

---

42. 英文原文為 ： "If one man in a tribe...invented a new snare or weapon, the tribe would increase in number, spread, and supplant other tribes."

崔弗斯、梅納史密斯、道金斯等人的繼續發展，成為大多數生物演化學者贊同的理論，我們已經在「演化倫理學的出現」一章中介紹過了。

　　但是有一部份學者仍然認為群體選擇有其作用。1994年美國生物學者、賓漢頓 (Binghamton) 大學生物學教授威爾生和威斯康辛大學教授、科學哲學家索伯發表論文，主張群體選擇和近親選擇都在演化中有其重要作用，他們因而把他們的主張稱為「多層次選擇」。最初提出社會生物學的威爾森後來也改變了他的想法，主張多層次選擇。他先是在 2005 年發表了一篇名為〈作為利他主義的核心主張：近親選擇的興起與衰落〉[43]的論文，開始批評「近親選擇」的不足之處。2007 年他與威爾生共同具名發表了一篇題目為〈重新思考社會生物學的理論基礎〉(Rethinking the Theoretical Foundation of Sociobiology, 2007) 的論文[44]。在文章的最後，他們說：「在一個群體之內，自私的人會打敗講利他的人。可是利他的群體會打敗自私的群體。其他的都只是評論。」

　　前面提到，到了 2010 年威爾森更與諾瓦克、塔尼塔一起在著名的《自然》期刊上共同發表了一篇學術論文，稱近親選擇理論無法解釋生物的真社會性行為[45]。他們認為：當兩個或

43. Edward O. Wilson, "Kin Selection as the Key to Altruism: It Rise and Fall," *Social Research* 72-1: 159-166 (2005).

44. David Sloan Wilson and Edward O. Wilson, "Rethinking the Theoretical Foundation of Sociobiology," *The Quarterly Review of Biology* 82-4: 327-348 (2007).

45. M. A. Nowak, C. E. Tarnita, E. O. Wilson, "The Evolution of

更多的群體在互相競爭的時候，如果有些群體當中有實行利他主義的個人，而且他們可以一起合作的話，其作用比群體中的個人都彼此互相競爭，對於群體的生存更有幫助。因為大部分的生物演化學者還是支持「近親選擇」理論，這篇論文引發了學界的強力反彈，很多學者發文批評他們的主張，有一篇反駁的論文甚至有 137 位學者一起具名。我們在前面提到這也引發了威爾森和大力支持「近親選擇」理論的道金斯公開交火。這個利他主義的機制之爭，現在仍在生物演化學者的熱烈爭辯之中。

結　語

社會生物學的主張與人類社會息息相關，也與人類的道德感究竟是什麼有直接的關係，難怪這個議題會引起這麼多的爭論。同樣的，這個議題也與中國儒家從先秦以來性善論和性惡論之間的爭議密切相關。演化倫理學等於是在討論人性論的科學基礎，這就是我們在後面三章中主要的研討議題。

Eusociality," *Nature* 466: 1057-1062 (2010).

第 8 章

從演化倫理學建立
科學的儒家人性論

　　在進一步討論人性善惡之前，我們應該先要定義什麼是善，什麼是惡。如果摒除宗教方面的主張，一般講：讓人能夠感到幸福快樂的是善，而讓人感到痛苦的是惡。引申一點的說，符合大眾利益的是善，反之則是惡。

　　人性究竟是由遺傳還是由環境造成的，以及如果這兩者都有影響，究竟是環境的影響大，還是遺傳的影響大，這就是所謂「天性與教養」的爭議。目前的看法是認為：人性不是完全由遺傳基因決定，也不是完全由環境與文化決定，而是兩者都有影響，其結果是由兩者之間複雜的關係而決定的。早期認為環境較為重要的人在政治上多為自由派，而認為遺傳較為重要的則多為保守派 [1]。美國心理學家帕斯托 (Nicholas Pastore, 1916-1998) 在 1949 年出版的書 《天性與教養的爭議》 (*The Nature-Nurture Controversy*, 1949)，研究了 24 個英美學者，說遺傳比較重要的，除了一個以外，都是保守派；而說環境比較重要者，除了一個以外，都是自由派或激進派 [2]。

　　演化倫理學認為人性有相當大的一部份來自基因的影響，不過環境和文化也有其作用，因此演化倫理學並不是完全的基因決定論。後來學者們還提出「基因一文化協同演化論」 [3] 的

1. Richard Morris, *Evolution and Human Nature* (New York, NY: Seaview/Putnam, 1983), p. 55 and p. 164.

2. Richard Morris, *Evolution and Human Nature* (New York, NY: Seaview/Putnam, 1983), p. 27.

3. K. N. Laland and G. R. Brown, *Sense and Nonsense: Evolutionary Perspectives on Human Behavior* (Oxford:

講法。基因、環境和文化都有其作用。至於影響幅度的大小，則是一個複雜的問題，要看實際的情況而定。現在大部分的學者都認為天性和教養對於人類的行為都有影響，只是程度多少的問題，這方面的爭議已經比較小了。

既然基因對於人性的確有影響，那麼演化倫理學就有了科學的基礎。1970 年代演化倫理學興起以後，演化倫理學的理論認為生物在「物競天擇，適者生存」的原則下，為了要生存繁衍，必然會保護自身的利益，因此基本上是自私的。1975 年，美國學者威爾森在《社會生物學——新綜合》一書中把基因對於人類社會的影響正式搬上檯面，提出社會生物學的主張，也掀開了社會生物學的論戰。英國學者道金斯 1976 年在《自私的基因》一書中，把基因的作用討論的更為詳細 4。但是動物的行為也不完全是本位主義的，因為我們在動物界會觀察到有利他的行為，演化倫理學提出的「近親選擇理論」和「互惠利他主義」也合理的解釋了這些利他行為。應用到人類社會，我們可以知道：人類為了保護自己的生存和種族的繁衍，人性基本上有很強的自私成分，會首先維護自己本身的利益，其次會維護親人的利益，然後逐步的擴展到更大的範圍，會有層次、有等級的照顧其他人的利益。這跟孔子所說的：「己欲立而立人；己欲達而達人」 5 的思想完全一致。儒家講仁愛，以親親

Oxford University Press, 2002), p. 241.

4. 道金斯著，趙淑妙譯，《自私的基因》，英文書名 *The Selfish Gene*
   （臺北：天下文化，1995）。

5. 《論語‧雍也》，第 30 章。

為本，然後逐步的，擴及到親屬、社群、民族和人類。演化倫理學因此與傳統儒家有差等的仁愛思想是一致的。

人性雖然基本上是自私的，但是自私本身不能說有什麼善惡。只是人在社會中與他人往來，由於自私的關係，會產生許多問題。就像荀子所說的：「今人之性，生而有好利焉，順是，故爭奪生而辭讓亡焉；生而有疾惡焉，順是，故殘賊生而忠信亡焉；生而有耳目之欲，有好聲色焉，順是，故淫亂生而禮義文理亡焉。然則從人之性，順人之情，必出於爭奪，合於犯分亂理，而歸於暴。」[6] 所以，人性的自私會造成人們利益的衝突、交往的不協調。推而廣之，就會造成社會上的衝突與不安。這些衝突不安的原因最後自然要歸諸於人的自私，因而自私也就成了人性惡的來源。荀子的性惡論因此有演化倫理學的基礎，應該是可以成立的。

人性有惡的成分，但是人性卻不能說全都是惡。因為如果全都是惡，則社會的安定何來？荀子也提到 「塗之人可以為禹。」《荀子·性惡》說：「塗之人可以為禹，曷謂也？曰：凡禹之所以為禹者，以其為仁義法正也。然則仁義法正，有可知可能之理。然而塗之人也，皆有可以知仁義法正之質，皆有可以能仁義法正之具，然則其可以為禹明矣。」[7] 另外也說：「問者曰：『人之性惡，則禮義惡生？』應之曰：凡禮義者，是生於

---

6. 《荀子·性惡》，參見《新譯荀子讀本》，王忠林注譯（臺北：三民書局，2009），頁395。

7. 《荀子·性惡》，參見《新譯荀子讀本》，王忠林注譯（臺北：三民書局，2009），頁400。

聖人之偽，非故生於人之性也。」[8]「偽」是「人為」的意思。所以荀子也很明白，人雖然有性惡的天性，但是人卻也有「仁義法正之質」和「仁義法正之具」，有這種可以走上仁義法正的質具，經過人為的努力，就可以有禮義。否則，這些像禹一樣的聖人就無從出現了。從演化倫理學的觀點看來，人類從遠古的時代開始，在群居生活中為了要得到社會的安寧和諧，古代的人類會了解到，社會要有一定的規律，才能達到這個目的。因此雖然每個人都是自私的，但是為了社會的正常運行，人與人的交往總要有一定的準則，每個人都要遵守這些規矩，否則社會根本無法運行。演化倫理學的「近親選擇理論」也解釋了在一定條件下，人會有利他行為。因此，荀子的性惡論雖然能說明大部分的人性，但是人性卻也不是全惡的。否則，也不可能像荀子所說的「塗之人可以為禹」了。

至於孟子的性善論也不是沒有演化倫理學的根據。「孟子曰：……所以謂人皆有不忍人之心者：今人乍見孺子將入於井，皆有怵惕惻隱之心，非所以內交於孺子之父母也，非所以要譽於鄉黨朋友也，非惡其聲而然也。由是觀之，無惻隱之心，非人也；無羞惡之心，非人也；無辭讓之心，非人也；無是非之心，非人也。惻隱之心，仁之端也；羞惡之心，義之端也；辭讓之心，禮之端也；是非之心，智之端也。人之有是四端也，猶其有四體也。」[9] 孟子說見孺子將入於井，人人都會有惻隱

---

8. 《荀子·性惡》，參見《新譯荀子讀本》，王忠林注譯（臺北：三民書局，2009），頁397。

9. 《孟子·公孫丑上》，第6章。

之心，這是正確的。因為演化倫理學所說的「近親選擇理論」和「互惠利他主義」，的確能夠說明這種現象。但是，他僅僅以這樣一個例子，就接而擴大說：「無羞惡之心，非人也；無辭讓之心，非人也；無是非之心，非人也」，這樣的論述卻是證據不足。不要說世界各地不同社會在歷史上有著不同的道德標準，就是在同一個社會中，無羞惡之心，無辭讓之心，無是非之心的人也多得是。而且，即使是社會生物學的「近親選擇理論」和「互惠利他主義」也都是建立在基因自私的基礎之上的。這也就難怪一些現代學者，受到演化論的影響，會認為孟子的性善論，是建立在錯誤的立足點上，孟子的性善論因而成為空洞的理想 [10]。孟子的性善論因此是有一定對象和範圍限制的。在這個有限的範圍內，性善論的確有演化倫理學的根據，只不過不能像孟子所說的那樣，無限制的推廣。

其實，孟子自己也是瞭解這一點的。在《孟子·告子》，有這樣的對話：「公都子問曰：『鈞是人也，或為大人，或為小人，何也？』孟子曰：『從其大體為大人，從其小體為小人。』曰：『鈞是人也，或從其大體，或從其小體，何也？』曰：『耳目之官不思，而蔽於物，物交物，則引之而已矣。心之官則思，思則得之，不思則不得也。此天之所與我者，先立乎其大者，則其小者不能奪也。此為大人而已矣。』」[11] 荀子所說的好利好聲色係人之天性，孟子也沒有否認，只是認為這部份的人性屬於

---

10. 孔憲鐸、王登峰，《基因與人性》（北京：北京大學出版社，2009），頁 189。

11. 《孟子·告子上》，第 15 章。

「小體」。孟子既然承認人兼具大體小體，等於承認人兼具善惡之性[12]。另外，在《孟子》中也有這樣的話：「孟子曰：『人之所以異於禽獸者幾希，庶民去之，君子存之。舜明於庶物，察於人倫，由仁義行，非行仁義也。』」[13]既然人性只有一小部份跟禽獸不一樣，那麼就應該有一大部分跟禽獸一樣了。所以，其實孟子與荀子所說的表面上看來非常對立，但是分析起來，其實他們對人性的看法，並沒有差那麼多。

因此，孟子的性善論和荀子的性惡論，雖然看起來有衝突矛盾。但是在演化倫理學的檢視之下，孟子的性善論和荀子的性惡論，並不是那麼矛盾的，甚至實際上是互補的。因為這些善與惡的行為，是針對不同的對象、在不同的條件下所表現出來的人性，有這些差異是很自然的。

比較具體一點的來說，人類的性善表現在對於父母的孝順，對於子女的愛護。然後有層次的，逐步的擴及到親屬、社群、民族和人類。這種關切是有等級的。在漢彌敦推導出來他的「近親選擇理論」之前，他的教授霍爾丹 1955 年曾經在一篇通俗文章中半開玩笑的說：他會願意為兩個兄弟，八個堂表兄弟而犧牲[14]。這個故事很生動的表現出這種利他主義是有層次等級，

---

12. 韋政通主編，《中國哲學辭典大全》（臺北：水牛出版社，1991），頁 60。

13. 《孟子·離婁下》，第 19 章。

14. (1) Ullica Segerstrale, *Defenders of the Truth: The Battle for Science in the Sociobiology Debate and Beyond* (Oxford: Oxford University Press, 2000), p. 58. (2) K. N. Laland and G. R.

跟親屬之間的接近程度成比例的。孟子的性善論，後來變成儒家的正宗傳統。但是這種普遍、不講範圍、甚至不講條件的性善論與實際現況是無法符合的。宋明理學把孟子的性善論當作正統，而完全排斥荀子的性惡論，導致對於人性的負面認識不足，使得儒學理論往往變得空虛而不切實際，與真實情況不符，不能起到指導人生的作用，這無疑是儒學逐漸脫離現實的主要原因之一。

依照演化倫理學的理論，人類為了生存和繁衍，其基本的表現是自私的，對於一定的對象，在一定的範圍以內，人類也會有利他的行為。因此對於整個社會來說，荀子性惡論的作用應該比孟子的性善論要大。從演化倫理學的理論看來，人性因此是「善惡混」的，或者說是「善惡並存」的，這與我國歷史上世碩、揚雄等人的主張比較接近，孟子和荀子則都只指出了人性的一部份。不過世碩所說的是：「人性有善有惡，舉人之善性，養而致之則善長，性惡，養而致之則惡長。」[15] 揚雄說的是：「人之性也善惡混，修其善則為善人，修其惡則為惡人。」[16] 因此，他們說的都是人性有善有惡，人長成之後，就會變成善人或惡人。從比較嚴格的演化倫理學觀點來看，其實

Brown, *Sense and Nonsense: Evolutionary Perspectives on Human Behavior* (Oxford: Oxford University Press, 2002), p. 76.

15. 陳榮捷，《中國哲學文獻選編》（臺北：巨流圖書，1993），頁 393。

16. 揚雄，《法言·修身》，引自：牟鐘鑒，《儒學價值的新探索》（濟南：齊魯書社，2001），頁 108。

應該說是「善惡並存」，人性在任何時刻都會有善有惡，善惡是相隨的，只不過因為文化與環境的影響，長成以後善與惡的程度會有差別罷了，但不會在長成以後只剩下善或惡。

因此，真正的人性是「善惡混」的。性善論和性惡論都只表現了人性的一部份。性惡與性善其實都是整個人性的一部份，兩者合在一起才是真正的人性。我們平常說「性本善」或者「性本惡」都是不正確的，人性中的善惡是並存的，只是應用的對象和範圍不一樣。長成以後，善惡的比例也會有多少之分。

演化論認為所有的人都會為了生存競爭而努力，從個人的觀點來看，最重要的自然是個人，其次是家庭，再其次是親屬，然後才能擴大到社群，國家和世界，就像幾個同心圓一樣。一個人維護父母的利益，就表現為孝親。照顧子女的利益，就表現為愛幼。照顧親屬和大眾的利益，就成了熱心公益。這一切合在一起，就像孟子所說的「親親而仁民，仁民而愛物」，這就是儒家的「親親」理論[17]。從演化倫理學的觀點看來，人性的「善惡混」或「善惡並存」是非常合乎自然與科學的，也是完全沒有矛盾的。這樣的解釋，可以把孟子的性善論和荀子的性惡論結合起來，成為一個完整的人性。這樣的解釋完全符合現代以演化論為代表的生物學。以社會生物學為基礎的演化倫理學，因此可以為我們帶來「科學的儒家人性論」。

孟子在陳述他主張性善的理由時，除了說孺子將入於井，人人都會有惻隱之心之外，他還主張人有良知和良能。《孟子·盡心》說：「孟子曰：人之所不學而能者，其良能也；所不慮而

17. 《孟子·盡心上》，第 45 章。

知者，其良知也。孩提之童，無不知愛其親者；及其長也，無不知敬其兄也。親親，仁也；敬長，義也。」[18] 在這裡，孟子提出了人生來就有「良知」和「良能」的觀念。這個觀念成了後來儒家思想中，特別是宋明理學裡面非常核心的理論。主張「心即理」的宋儒陸象山，就認為自己的主張是直接得之於孟子。而明代的王陽明最重要的主張就是「致良知」，把這個「良知」的觀念當成了他所有理論的出發點。但是，在演化倫理學的檢視之下，我們要問：人生下來究竟有沒有所謂的「良知」和「良能」？如果有的話，這些「良知」和「良能」的內容是什麼？

　　首先，人究竟有沒有「良知」、「良能」，就是一個很有爭議性的問題。按照演化倫理學的說法，基因既然對人性有影響，那麼隨著基因而來的，人類應該也有一些天生的能力。這或許可以作為人有「良知」、「良能」的理由。但是如果我們進一步問：人究竟有什麼能力是與生俱來的？這個問題就比較複雜了。如果我們觀察人在嬰兒時期的行為，嬰兒生下來，大概除了會吃奶之外，什麼別的都不會。西方哲學家也討論過這個問題。像是英國哲學家洛克就主張白板論，把人生下來比喻為一張白板，什麼天生的本能都沒有。所有人的知識，都是後來從經驗中學到的。按照現在演化倫理學的說法，一個人對於家人親屬是會有情有愛的，但這種情愛也是在家庭環境中培養出來的。所以，孟子所說的「孩提之童，無不知愛其親者；及其長也，無不知敬其兄也」是在一定條件下培養出來的。如果人生下來

18. 《孟子‧盡心上》，第 15 章。

不久，就離開家庭，則這種情愛就會大打折扣。在「天性與教養」的爭論中，這種對於親人的情愛，究竟屬於天性，還是屬於教養，也仍然是有討論的餘地。後來的儒家學者，常把「良知」和「良能」的意義擴張到其他領域，不但把「良知」當作是一切道德的基礎，甚至像近代儒家學者牟宗三先生，還主張通過「良知的自我坎陷」，可以開出知性，甚至可以開出科學與民主的基礎。這樣幾乎無限制的把「良知」、「良能」推衍上綱，從演化倫理學的觀點看起來顯然是不能成立的。有些學者把這種「良知」具有無限潛能、高於一切的主張，批評為「良知的傲慢」[19]。這的確是當代儒學一個重要的問題。我們會在下一章繼續討論。

另外，在《孟子》當中，孟子常以禽獸來表示道德低下者的狀況。例如：在《孟子·離婁下》，提到：「孟子曰：『人之所以異於禽獸者幾希，庶民去之，君子存之。舜明於庶物，察於人倫，由仁義行，非行仁義也。』」[20]

在《孟子·離婁下》也提到：「君子曰：『此亦妄人也已矣！如此則與禽獸奚擇哉！於禽獸又何難焉！』」[21]。

在《孟子·滕文公》有：「聖王不作，諸侯放恣。處士橫議，楊朱、墨翟之言盈天下。天下之言，不歸楊，則歸墨。楊

19. (1)余英時，《現代儒學論》（香港：八方文化，1996），詳見〈錢穆與新儒家〉，頁154；(2)林安梧，《儒學轉向——從新儒學到後新儒學的過渡》（臺北：臺灣學生書局，2006），頁71。

20. 《孟子·離婁下》，第19章。

21. 《孟子·離婁下》，第28章。

氏為我，是無君也；墨氏兼愛，是無父也。無父無君，是禽獸也。」[22]

在這幾則引述中，孟子都以禽獸來形容道德低下者的表現。但是如果以演化倫理學的觀點來看，這些可能都是一些誤會。因為動物跟人一樣，也會愛護自己的子女。在這方面，牠們跟人類並沒有兩樣。只是由於智力的不同，表現出來的程度不如人類而已。動物界也有互惠利他的行為，像是牛群在受到獅子老虎攻擊時，如果有小牛被獅子老虎咬到了，正在奔逃的大牛，有時候也會回過頭來幫助小牛。而像獅子老虎這類的肉食動物，會捕食其他動物，表現得非常殘暴。但是，如果我們以演化論的觀點來看，所有動物都是以自身的生存為最先的考慮。人類也是肉食動物，人類所食用的其他動物，難道還少嗎？所以人類與其他禽獸的屬性，其實並沒有真正的不同。只是因為發展層次不同，動物的智力不及人類，彼此的溝通不如人類有效，所以表現的愛群行為不如人類明顯而已。所以傳統儒學中，像是孟子對禽獸的批評，其實是因為當時人們還不十分瞭解動物行為的關係。如果我們說禽獸都是性惡的，這實在是有點冤枉牠們了。

中國哲學史上，繼承孟子學說的，陸象山（1139-1193）是重要的一位。有人問他的學問由何而來？他說：「因讀孟子而自得之。」他主張「心即理。」因此，他是非常贊成孟子主張的，他也說過他的理論是直接得自孟子[23]。他說：「千萬世之前，有

22. 《孟子·滕文公下》，第9章。

23. 勞思光，《新編中國哲學史（三上）》（臺北：三民書局，2007），頁

聖人出焉，同此心，同此理也。千萬世之後，有聖人出焉，同此心，同此理也。東南西北海，有聖人出焉，同此心，同此理也。」[24] 我們如果觀察世界各民族的狀況，就知道這其實不全是事實，因為各民族的理念，固然有很多相同的部份，也有一些不同的部份。如果每個人生來都性善，都是此心同，此理同，那麼世界上的惡是從那裡來的？陸象山解釋說：「有所蒙蔽，有所移奪，有所陷溺，則此心為之不靈，此理為之不明，是為不得其正。」[25] 但如果人人都性善，則這些「蒙蔽」和「陷溺」的原因是什麼？因此，如果完全依照孟子和陸象山所說的人人都性善，這個世界上，人類的歷史是無法解釋的。當代學者韋政通就認為：陸象山的心學，可以給人一種道德的信心，卻不能解決現實人生中複雜的道德問題[26]，正是這種情形的一個反映。

明代的王陽明更將孟子和陸象山的心學推向極致。他建立「致良知」之說。他所說的「良知」，如果指的是人性方面的，那麼演化倫理學已經告訴我們，人類的天性除了對於自己的親人會有利他行為，以及在適合的情況下會有互惠利他的作為之外，人性在其他方面大多是自私的，其中表現出惡的成分甚至

---

368 記有陸象山的問答：「某嘗問：先生之學亦有所受乎？曰：因讀孟子而自得之」，出自《象山全集》，卷 35。

24. 陳榮捷，《中國哲學文獻選編》（臺北：巨流圖書，1993），頁 703。

25. 勞思光，《新編中國哲學史（三上）》（臺北：三民書局，2007），頁 358。

26. 韋政通，《中國思想史》（臺北：水牛出版社，2001），頁 1194。

比善的要多。如果指的是知識方面的，那麼人生下來正如洛克所說的、像是一張白紙，根本沒有什麼與生俱來的知識。在這種情形下，王陽明所主張的「致良知」在很大一個程度上，是忽略了人性有善有惡，把人性中對親人的利他心理所表現出來的善，無限擴大到人所有的行為上。其用心固然可能很崇高，但實際上卻不符合現實。「致良知」論的偏差，已經見於王門後學認為「滿街都是聖人」的弊端[27]。

我們當然也不否認，王陽明的「致良知」說，在一定的狀況下，對於一些特殊的人物有其正面的效應。因為雖然「良知」不像陸王和當代新儒家所說的那麼神奇而廣泛，但是人對於親人的利他行為的確是存在的。如果一個人能夠推而廣之，對於社會、民族都有一種民胞物與、推己及人的高尚情操，有些少數聖賢之士能夠達到這樣高尚的道德也是有可能的。如果一個人的道德感能夠達到這種高度，那麼他的德行確實是讓人欽佩的。這也會讓他在行事的時候，充滿了自信，因而有雖千萬人、吾往矣的精神。這當然是一件具有正面意義的事情，不過這種人在所有社會中大概都屬於極少數。因此王陽明的「致良知」說固然有其正面的意義，但是我們必須瞭解，這實在是只有極少數的人才能做得到的。因此在推行上，就會很難符合社會上實際的狀況，甚至可能造出無數的偽君子。為了讓社會安穩運行，主張完全的性善論可能並不一定是最有效的方法。最切實際的辦法應該是讓一般人都瞭解人性真實的狀況，把人性的善惡面都講清楚，為了防止人性中的惡，需要在社會上制禮定儀，

27. 余英時，《現代儒學論》（香港：八方文化，1996），頁 147。

讓每個人的行為都有一定的依據，才能夠達成一個既講理、又守法的社會。

因此依照社會生物學的理論，人性是「善惡混」的，或者說是「善惡並存」的，人性在任何時刻都可能會有善有惡，善惡永遠是相隨的，只不過因為文化與環境的影響，長成以後善與惡的程度會有所差別罷了，但不會在長成以後只剩下善或惡。

演化論認為所有的人都會為了生存競爭而努力，從個人的觀點來看，最重要的自然是個人，其次是家庭，再其次是親屬，然後才能擴大到社群，國家和世界，就像幾個同心圓一樣。一個人維護父母的利益，就表現為孝親。照顧子女的利益，就表現為愛幼。照顧親屬和大眾的利益，就成了熱心公益。這一切合在一起，就成了儒家所說的「親親」。從演化倫理學的觀點看來，人性的「善惡混」或「善惡並存」是非常合乎科學和實際的，也是完全沒有矛盾的。這樣的解釋，可以把孟子的性善論和荀子的性惡論結合起來，成為一個完整的人性。因此我們只要不把孟子的性善論和荀子的性惡論，解釋為絕對的性善和性惡，這兩者是可以在演化倫理學的科學基礎上協調並存、同時成立的。這樣的解釋完全符合現代的生物科學。以演化倫理學為基礎、結合孟子性善論和荀子性惡論的「善惡並存論」，因而可以為我們帶來既符合事實，又有科學理論支持的「科學的儒家人性論」[28]。自從宋明理學以後，傳統儒家思想往往把孟子當作正宗，而把荀子撇在一旁。這樣做不但窄化了儒家思想，

---

28. 李雅明，〈從演化倫理學觀點整合儒家人性論的嘗試〉，《思想》第 26 期，2014 年：頁 21-53。

而且把儒學帶上了主觀唯心論的道路，對於儒家的歷史發展來說，也是很不健康的。

　　總結的來說，如果我們用演化倫理學對於人性的瞭解，來重新檢視歷史上儒家學者對於人性的論點，我們可以得到煥然一新的看法。過去儒家學者所主張的人性論，有些雖然基於對於社會上人性的觀察，有些卻也是學者們自己主觀推論出來的主張，比較沒有事實的根據。但是基於演化倫理學，把孟子性善論和荀子性惡論結合在一起的完整儒家人性論，卻是有科學根據的。這樣建立起來的儒家人性論，可以稱之為「科學的儒家人性論」。應用「科學的儒家人性論」來重新詮釋儒家思想，可以開拓出一條儒家思想與科學充分結合、現代化的新道路。我們將在下面兩章做進一步的討論。

—— 第 9 章 ——
以科學的儒家人性論
重新詮釋傳統儒家思想

儒學是中國傳統文化的主流。但是近代以來，儒家思想受到了嚴重的衝擊。1905 年清廷取消了科舉制度，儒家經典與一般學子的學業和事業失去了直接的連繫。在五四運動和新文化運動中，儒學成了中國落後的罪魁禍首，甚至出現了「打倒孔家店」、「把線裝書丟到茅屎坑」的口號。到了大陸文革時期，儒家思想更成了過街的老鼠，人人喊打。在國家多年的動盪之後，儒學只剩下一副軀殼，變成了遊魂 [1]。臺灣由於國民政府一直提倡儒學以對抗共產主義，儒學至少在表面上屬於社會的共識。大陸經過多年的動盪，最近這四十多年，政治風暴終於比較平緩下來，儒學也得到了重新檢視的機會。經過這一百多年來的國難與民族復興的歷史，到了今天整個中華文化圈內的華夏子孫，終於能夠有機會平心靜氣的來重新檢討儒家思想，探討儒學在未來的中國究竟應該佔有一個什麼樣的地位。

儒學思想中大部分討論的都是關於人與人相處的規則、人與自然的關係等的社會倫理。這些內容絕大部分都是有助於社會和諧的。歷代王朝因為覺得儒學有助於他們的統治，因此加強了人倫關係中上對下的統治成分，這些因素成了後代儒學中的糟粕，在民初的新文化運動中也受到了嚴厲的批評。不過，這些壓抑的成分大多是後代統治階層附加的產物，並不是儒學的中心思想。隨著國家的現代化，這些本來就不屬於儒學核心的糟粕是很容易清除的。一個民族不能沒有自己的傳統文化。近年來，東亞所有受到儒家思想影響的地區在經濟上都有優異的表現。儒家思想為中華民族提供了道德的基礎，使得中華民

---

1. 余英時，《現代儒學論》（臺北：八方文化，1996），頁 162。

族成為世界上最為勤勞進取的民族。在信仰方面,儒家思想不講迷信、不訴諸神權,與西方國家的猶太－基督教傳統 (Judeo-Christian tradition) 比較起來,無疑有著更高的正當性與可信度,也屬於更為成熟的思想。有些人把兩千多年前的儒家思想,與近代科學已經發展以後的西方思想來比較,認為儒家思想沒有主張民主與科學,因而不夠先進,這種比較是不公平的。我們不能把後代國人落後的這筆帳,算到先人的頭上。後代的落後只要趕上就好,如何在未來勝出才是真正的關鍵。我們因此認為,經過現代化的儒學仍然應該是未來中華文化的核心。問題在於我們要如何才能讓儒家思想與時俱進,更能符合現代的環境?在面對西方文明或其他文明的挑戰時,要如何才能在國際競爭的環境中自立自強,挺立於未來世界的民族之林? 這是我們在本書中探討儒家如何能夠達到創造性轉化的目的。

上一章我們提到,依據演化倫理學,可以建立「科學的儒家人性論」。應用「科學的儒家人性論」,可以重新詮釋傳統儒家思想,開拓出一條與科學充分結合、現代化的新道路。下面我們針對一些儒家思想中與演化倫理學比較相關的議題,提出一些看法,謹供讀者參考。

西方哲學一般可以分為認識論 (epistemology)、 本體論 (ontology) (或稱形上學 metaphysics)、倫理學 (ethics) 三部份 [2]。認識論研究什麼是知識 (knowledge),本體論研究什麼

2. Manuel Velasquez, *Philosophy, 7ᵗʰ Edition* (Belmont, CA: Wadsworth Publishing Company, 1999). 參見從 p. 11 起。

是實在 (reality)，倫理學研究什麼是正確 (right)、什麼是好 (good)。也有人把西方哲學分為認識論、本體論和價值論 (axiology) 三部份，然後把價值論細分為倫理學和美學 (aesthetics)。馮友蘭稱西方哲學有知識論、宇宙論、人生論 [3]，也與此相近。還有人把西方哲學更細分為五大部分，這五部份是：知識論、倫理學、形上學、美學、邏輯學 (logic) [4]。如果我們把知識論和邏輯歸於認識論之下，把倫理學和美學歸類於人生論，則這幾種說法都很接近。傳統儒學跟西方哲學注重的方向有些差異，在本體論和倫理學方面討論的很多，但是在認識論方面討論的很少。

歷史上儒家學者在形上學方面的討論，在過去往往由於名詞定義不清，許多儒者的說法人各一套。近代新儒家學者中也有不少人傾向於從形上學的方向來發展儒學思想，使得這方面的研究成果往往變得更為艱澀難解。儒學不是筆者的專業，因此本文在下面介紹儒學形上學的一些觀念時，會盡量先引用一些儒家學者所做的說明，然後再從演化倫理學的觀點來評論如何可以創新性的詮釋儒家傳統思想。我們會盡量標明原文的出處，感謝這些學者的貢獻，這是首先應該要說明的。

---

3. 馮友蘭，《中國哲學史》（臺北：臺灣商務印書館，1993），頁 2。

4. Wikipedia: "Outline of Philosophy".

為什麼應該繼續把儒學作為中華傳統文化的核心思想

　　一個國家、一個民族不能沒有自己的中心思想。儒家思想無疑是中華民族傳統的核心。儒家思想的大部分都在探討如何為人處世，這些對於完成一個圓滿人生都是有益處的。儒家思想不是不能批評，新文化運動也的確指出了一些儒家思想與現代社會不盡適合的地方。不過這些不適合的地方，大多是在儒家思想發展的過程中，歷代統治者加上去的。像是家庭關係的僵化、男女關係的不平等之類。在社會進入現代化時期以後，這些都是很容易可以排除的。儒家思想的大部分，對於建立一個勤勞上進的民族，一個幸福和諧的社會都是有益處的。二戰以後，東亞凡是有儒學傳統的國家和地區，包括大陸、臺灣、香港、新加坡、日本、韓國、越南在經濟發展上都有很好的表現，可為明證。

　　如果我們回顧一下歷史，跟新文化運動這種激烈反傳統態度非常不同的例子就是日本的明治維新。明治維新從 1868 年開始，到了 1895 年一戰勝清廷、1905 年再戰勝帝俄，成了世界上的強權之一，不過短短的三十多年。日本在明治維新中，並沒有排除儒家思想，也沒有中斷他們的歷史傳統。足證五四運動時期激烈的反傳統、反儒家思想，其實是沒有必要的。有人批評儒家思想不利於科學發展，長期研究中國科技發展史的李約瑟 (Joseph Needham, 1900-1995) 認為，在科學發展方

面，儒家有兩種矛盾的傾向，儒家的理性思想反對迷信，有助於科學的發展，但是儒家思想過於關心人事，過於強調倫理道德至上，比較不關心自然事物，則不利於科學的進步[5]。這樣的論斷有其一定的理由，是比較公允的。但是，如果跟西方的猶太－基督教傳統比較起來，儒家思想不講究迷信，不訴諸神權，至少跟科學沒有衝突，這比西方的基督教傳統不知道高明了多少倍。儒家的理性精神使得中國在歷史上避免了西方國家中世紀的黑暗時代，以及層出不窮的宗教戰爭。事實上，儒家傳統中並不缺乏具有科學精神的人物，像是孔子就說過「知之為知之，不知為不知，是知也」；荀子也強調不信鬼神，極富向外求知的精神；集理學大成的朱子主張「格物致知」、「即物窮理」，他們的主張都有很強的經驗論傾向，與科學的實證精神非常接近[6]。只是宋明理學之後的儒學沒有強調這一部份。五四運動中的激進派，沒有看到儒家思想追求理性的一面，反而認為儒家思想反動，這些指責都太過份了。有一個原因就是因為當時國家的處境艱難，隨時有亡國滅種的危機，使得在新文化運動中人人都急於求成、立論趨於偏激的關係。到了今天，海峽兩岸的中華民族子孫都已經挺立於世界民族之林，這樣偏激的想法就沒有必要了。

---

5. 祝瑞升主編，《儒學與二十一世紀中國——構建、發展「當代新儒學」》（上海：學林出版社，2000），頁 217 與頁 482。

6. (1)張岱年主編，《中華的智慧》（臺北：貫雅文化，1991），頁 13；(2)李雅明，〈從演化倫理學觀點整合儒家人性論的嘗試〉，《思想》第 26 期，2014 年：頁 21-53。

　　儒學內容的大部分都是跟倫理道德有關的。儒家思想講求「仁」，提倡「親親」的社會倫理，這些都是合乎人性、有助於社會和諧的，與演化倫理學的科學內容也是一致的。孔子說過：「己所不欲，勿施於人」，這是為人處世的金律，世界上許多文明也都有類似的教訓。孔子是其中年代最早者之一。猶太教和基督教常會提到猶太長老希勒爾 (Hillel the Elder) 也說過類似的話，他說：「你覺得什麼東西是卑鄙的，就不要對別人做同樣的事。整個妥拉經典就是這個道理，其他的都是解釋。」[7]他大約生於公元前 110 年左右，比孔子要晚了差不多四百五十年。

　　儒家思想也鼓勵人民自發上進。像是《論語》中就說：「子曰：三人行，必有我師焉：擇其善者而從之，其不善者而改之。」[8]還有：「吾日三省吾身：為人謀而不忠乎？與朋友交而不信乎？傳不習乎？」[9]《孟子》中有：「故天將降大任於是人也，必先苦其心志，勞其筋骨，餓其體膚，空乏其身，行拂亂其所為，所以動心忍性，增益其所不能。」[10]《大學》中也有：「大學之道：在明明德，在親民、在止於至善。……古之欲明明德於天下者，先治其國；欲治其國者，先齊其家；欲齊其家者；先修其身；欲修其身者，先正其心；欲正其心者，先誠其

7.　英文原文為："That which is despicable to you, do not do to your fellow, this is the whole *Torah*, and the rest is commentary."

8.　《論語‧述而》，第 22 章。

9.　《論語‧學而》，第 4 章。

10.　《孟子‧告子下》，第 15 章。

意；欲誠其意者，先致其知；致知在格物。物格而后知至，知至而后意誠，意誠而后心正，心正而后身修，身修而后家齊，家齊而后國治，國治而后天下平。」這就是一個君子修身養性的三綱領八條目。這些都是中國人耳熟能詳的名言，深深影響了國人的行為舉止，讓中華民族成為世界上最為勤勞進取的民族，這種歷史性的偉大貢獻是無可估量的。

儒家思想是一種信仰，但不是一般人認為的宗教。世界上的宗教，除了原始佛教之外，都有一個或多個的神。有神論的宗教不但基本上就有迷信的成分，而且因為相信不同的神，而神與神之間是有你無我排他性的，先天上就會造成彼此之間的衝突。歷史上，猶太教與基督教、基督教與伊斯蘭教、印度教與伊斯蘭教，以及其他宗教之間發生的衝突不可勝數，不知道有多少人為了宗教戰爭而白白犧牲了生命。儒家思想不排他，沒有這方面的問題，在思想上可以代替這些造成衝突的有神論宗教。或許有人會認為儒學不講神靈、不講來生，而人都是怕死的，對於大多數人來說似乎在撫慰人心方面有些不足。但是我們要知道，信仰有神論的宗教是要付出沉重代價的。首先，人格神的觀念在邏輯上就很難成立，有神論也與近代科學不合，更不要說迷信造成的各種社會災難。根據當代各國的現況調查，知識程度越高的人，相信有神論宗教的比例就越低。領導社會前進靠的是有知識、有判斷力的社會中堅人士。以不講究人格神的儒家思想作為信仰的核心，對於民族的發展而言，無疑是最佳的選擇。

儒家思想也沒有任何民族偏見。世界上主要的文明，像是

西方文明、印度文明、伊斯蘭文明，在歷史上往往都是以有神論的宗教作為主要思想來源，而這些宗教都強調自己的宗教和民族至上。像是猶太教、基督教都認為猶太人是他們獨一神的選民。印度教從一開始就有種姓制度，實行有系統的種族歧視，甚至把這種歧視一直延續到現在。伊斯蘭教強調阿拉伯文化優先，原則上不准把《可蘭經》翻譯成其他文字，禮拜中也只許以阿拉伯語誦讀《可蘭經》，認為別的語言文字效力不足。但是儒家思想沒有這些民族偏見，儒學不屬於某一個特定的民族，而是可以跨越民族界線，放諸四海而皆準的。普天下各個民族、各個國家都可以應用儒家思想。儒學中也沒有說那一個民族是特殊的。儒學因此有這樣的特色：第一，它有著兼容並蓄的氣魄，沒有排他性。第二，它有著強烈的信仰情感，卻沒有有形的宗教組織和僧侶階級[11]。因此在今天的世界，儒學先天上就是可以普及到全世界的哲學思想，而不會引發任何民族情緒。

　　有宗教傳統的國家，往往由於傳教的動機而演變成對外的侵略。這在基督教和伊斯蘭教的歷史上，都是屢見不鮮、非常明顯的事情。儒學不是宗教，不需要去傳教，也沒有鼓勵侵略的動機。就像《論語》中，孔子所說的：「故遠人不服，則修文德以來之。既來之，則安之。」[12]儒學因此不贊成侵略別人，也不支持國際上的霸權衝突。過去儒學從中國傳到韓國、日本、越南等國。這些國家之間會有衝突，甚至爆發戰爭，但是儒學

---

11. 鄭秋月，《對話詮釋──杜維明與成中英的美國儒學論說》（北京：中國社會科學出版社，2012），頁215。

12. 《論語．季氏》，第1章。

從來不是造成衝突的原因，反而因為有共同的思想，而有助於彼此的溝通。

在五四運動和新文化運動中，都有這樣對於儒學的批評：認為儒家思想是愚民思想；儒家思想不能發展科學和技術；儒家思想不能發展民主自由；儒家思想禁錮人們的思想發展；儒家思想「保守、迂腐、陳舊」；儒家思想所建立的禮教是一種吃人的禮教；儒家思想是封建時代的東西，已經不適應於今天的時代等等。我們在前面討論過，以上說的這些缺點大多是不成立的，其他一些缺點隨著時代的更新，社會結構由大家庭變成小家庭，再加上教育的普及，男女地位趨於平等，這些缺點都已經大部分消失無蹤了。至於有人批評儒家講究地位的高下，不夠平等。這種批評其實是不公平的，因為無論在任何國家、任何社會、任何時代，社會上一定都會有階梯制度、都會有高下等級之分的，只是這些制度是固定不動世襲的，還是可以靠著個人努力而改變、有沒有流動性的分別。比起西方社會來，中國社會即使在古代也有科舉制度，一個人可以憑著努力求學而提升自己的社會地位。而西方社會的階級制度，像是在英國，一直延續到今天都沒有太大的改變。

在這些儒學過去存在的缺點當中，有些是統治王朝為了自身利益而擴大化的，有些則是儒學當中原有的一些思想沒有受到足夠的重視，因而沒有得到適當發展的關係。我們在後文中還會進一步的討論。王陽明說過一句話：「拋卻自家無盡藏，沿門托缽效貧兒」[13]，20 世紀儒家思想的處境就有些類似這種情

---

13. 王陽明，〈詠良知四首示諸生〉。

形。解決的辦法，就是儒家思想的現代化，去腐存精的來促進儒學的創新性轉化，而這正是本文的目的。

孟荀並舉——擴大儒學人性論的基礎

在中國哲學史上，人性論是一個重大的問題，宋明理學把許多立論建築在人性論之上，使得這個問題影響了整個中國哲學後續的發展。

儒學在宋明理學之後，多遵從孟子性善的主張，而以荀子的性惡論為偏。但是在實際的人生中，每個人都會注意到人性中有惡的一面，為了解釋這種現象，宋明理學家提出了許多相當不自然的說法。張載說人有「天地之性」與「氣質之性」的分別。程顥、程頤講「天命之性」與「氣稟之性」，朱熹講「本然之性」與「氣質之性」，朱門弟子講「義理之性」與「氣質之性」[14]。其實意思都差不多，都是認為「義理之性」是絕對善的，而「氣質之性」則可能會受到污染，因而有惡的情形出現。其實，這些說法都是為了替孟子的性善論作辯護，因為一方面孟子說性善，而另一方面，實際的人生又的確有惡存在，因而不得不作出這種分類。

如果從邏輯實證論的論點來看，一個命題要能夠有意義，應該要能夠被證實（verification），或者至少要能夠被否證（falsification）。如果一個命題既不能被證實，又不能被否證，

---

[14] 張岱年，《中國倫理思想研究》（北京：中國人民大學出版社，2011），頁77。

那麼這個命題就沒有「認知的意義」(cognitive meaning)，最多只會有「感性的意義」(emotive meaning)[15]。而人性是否能分為「義理之性」和「氣質之性」，這樣的命題其實是無法驗證的，因而也就沒有認知的意義，只有感性的意義。關於邏輯實證論，我們會在下一章比較詳細的討論。近代學者也指出：中國哲學中的人性論並不是從生理學或心理學的觀點立論的，它基本的方法是形上直觀 (metaphysical intuition)，根本的進路則是道德實踐[16]。這樣的思路，在科學已經昌明，特別是基因生物學已經大幅進步的時候，就不再是一個有益的思想方式了。現代的生物科學、基因理論已經大幅進步。對於生物的行為以及人類倫理思想的來源，都已經有了很多事實證據和理論。特別是 1960 年代以來演化倫理學的開展，現在是應該把科學的結果與哲學的思考結合在一起的時候了。

依照演化倫理學的說法，人性既然是「善惡並存」，是渾然一體的。那麼善惡都是人性的一部份，就沒有區分為「義理之性」與「氣質之性」的必要，也無法作這樣的區分。宋明理學的人性二分說沒有了科學根據，這些為了替孟子的性善論辯護

---

15. (1) Alfred Jules Ayer, *Language Truth and Logic* (New York, NY: Dover Publications, 1952). (2) Richard H. Popkin (ed.), *The Columbia History of Western Philosophy* (New York, NY: Columbia University Press, 1999), pp. 621–629. (3)劉述先，《儒家哲學的典範重構與詮釋》(臺北：萬卷樓，2010)，頁 121。

16. 林安梧，《牟宗三前後──當代新儒家哲學思想史論》(臺北：臺灣學生書局，2011)，頁 3。

而勉強提出來的區分也就不再需要了[17]。

張岱年在《中國倫理思想研究》一書中說：孟子主張性善論，事實上，他是認為人都有道德意識的萌芽，這萌芽是有待於培養擴充的。孟子說：「凡有四端於我者，知皆擴而充之矣。若火之始然，泉之始達。苟能充之，足以保四海；苟不充之，不足以事父母。」[18]如不擴充就不足以事父母，可見只是一點萌芽。實際上，孟子關於性善的論證，只是證明性可以為善。孟子也說過：「乃若其情，則可以為善矣，乃所謂善也。」[19]以「性可以為善」論證「性善」，在邏輯上是不嚴密的[20]。孟子說「仁義禮智，非由外鑠我也，我固有之也，弗思耳矣」[21]，「孩提之童，無不知愛其親者；及其長也，無不知敬其兄也」[22]，不學而能的良能，不慮而知的良知。這些都表現了道德先驗論的傾向，但道德先驗論是錯誤的[23]。

張岱年也說：《荀子》中有「今人之性，生而有好利焉，順是，故爭奪生而辭讓亡焉；生而有疾惡焉，順是，故殘賊生而

17. 李雅明，〈從演化倫理學觀點整合儒家人性論的嘗試〉，《思想》第 26 期，2014 年：頁 21-53。

18. 《孟子·公孫丑上》，第 6 章。

19. 《孟子·告子上》，第 6 章。

20. 張岱年，《中國倫理思想研究》（北京：中國人民大學出版社，2011），頁 78。

21. 《孟子·告子上》，第 6 章。

22. 《孟子·盡心上》，第 15 章。

23. 張岱年，《中國倫理思想研究》（北京：中國人民大學出版社，2011），頁 78。

忠信亡焉；生而有耳目之欲，有好聲色焉，順是，故淫亂生而禮義文理亡焉。」[24] 荀子把惡歸於性，把善歸於習，張岱年認為這是不符合實際狀況的[25]。依照演化倫理學，如果把一部份的惡歸之於性，因為人性天生有自私的成分，應該沒有太大問題，但是把善完全歸於習，卻不完全正確。因為雖然人大部分的道德的確是在社會裡從生活中學習得來的。不過，依照演化倫理學的「近親選擇」理論，人性中也會有愛護親人的傾向，也會有互惠利他的可能，因此善不是全歸於習，也有一部份是可以歸於性的。張岱年引述《荀子》：「凡人之欲為善者，為性惡也。夫薄願厚，惡願美，狹願廣，貧願富，賤願貴，苟無之中者，必求於外。故富而不願財，貴而不願埶，苟有之中者，必不及於外。用此觀之，人之欲為善者，為性惡也。今人之性，固無禮義，故彊學而求有之也。」[26] 認為「欲為善就是有向善的要求，有向善的要求正是性善的一種證明。荀子卻說成性惡的證明，這是沒有說服力的。」[27] 不過，有向善的要求，並不一定是由於性善的關係，而更可能是因為社會上為了群體生活的需要，在演化的過程中歸納出來的社會規則。我們在前一章已經討論過，荀子說性惡，從演化倫理學的觀點看起來，應該

---

24. 《荀子·性惡》。

25. 張岱年，《中國倫理思想研究》（北京：中國人民大學出版社，2011），頁81。

26. 《荀子·性惡》。

27. 張岱年，《中國倫理思想研究》（北京：中國人民大學出版社，2011），頁81。

是說人性屬於惡的成分比較多，但是他也承認「塗之人可以為禹」，因此人還是有可以成「仁義法正」的質具[28]，這應該是荀子的用意。因此，孟子的性善論和荀子的性惡論，都有不足之處。如果一定要說人性是什麼，按照演化倫理學的說法，人類其實是「善惡並存」的，這更能符合現代生物演化論的結果。孟子和荀子的人性論都有正確的部份，兩者其實是互補的。今後談儒家人性論，應該要孟荀並舉，把他們的觀點整合起來，才是完整的儒家人性論。如果只是遵從孟子或荀子的說法，都可能會導致偏頗的後果。

「已發」與「未發」的中和問題

關於中和的問題，《中庸》裡面有這樣的話：「喜怒哀樂之未發，謂之中。發而皆中節，謂之和。中也者，天下之大本也。和也者，天下之達道也。致中和，天地位焉，萬物育焉。」[29]

由張載提出，而由朱熹發揚的「心統性情」說，把「心」分為「性」與「情」兩方面。「性」是「天理」，來自本體世界，它是所謂「未發」，也稱作「道心」，是純粹理性。另方面是「人心」，即「情」屬於「已發」的現象世界[30]。

宋明理學家中，二程十分推崇《中庸》，尤其重視其中的中和之說，認為「中」代表一種本然的善，尋求這個「中」的方

---

28. 《荀子·性惡》。

29. 《中庸》，第 1 章。

30. 李澤厚，《中國古代思想史論》（臺北：三民書局，1996），頁 249。

法，就是涵養的方法。按照《中庸》的說法，「中」本來是指情感未發作的心理狀態。程頤起初說「凡言心者皆指已發而言。」然而，如果「心」在任何時候都是「已發」，那就等於說情感未發作的意識狀態也是「已發」，這就與《中庸》原來的說法不一致。後來他改變了說法，在給弟子呂大臨的信中寫道：「凡言心者指已發而言，此固未當。心一也，有指體而言者，寂然不動者是也。有指用而言者，感而遂通天下之故是也。惟觀其所見如何耳。」已發只是用，只是感而遂通。心不僅有已發，還有未發，未發即心之體，即寂然不動[31]。

朱子是二程的四傳弟子，二程傳楊時，楊時傳羅從彥，羅從彥傳李侗，李侗傳朱熹。二程弟子楊時強調：「學者當於喜怒哀樂之未發之際，以心體之，則中之義自見。」這就把《中庸》未發的倫理哲學轉向具體的修養實踐[32]。因此傳統儒家討論人的性情，有所謂「已發」和「未發」的問題。因為源自《中庸》，也稱為「中和」的問題。

宋明理學家對於這個問題有許多不同的看法。在二程之後，他們的門生弟子也有很多說法。朱子是宋明理學集大成的人。後來元明清三朝，都以朱子為儒學正宗，朱子之學因而成了後來七百多年間儒學的正統。所以，我們就以朱子心性論的說法作為例子。

朱子早年認為人只要活著，心的作用就不會停止。既然生存著的人心在任何時候都不是寂然不動，那就是說心在任何時

---

31. 陳來，《宋明理學》（遼寧：遼寧教育出版社，1991），頁111。

32. 陳來，《朱子哲學研究》（上海：華東師範大學，2008），頁157。

候都是處於「已發」狀態。那麼「未發」就不是指心，而只能是指心之體，就是指性，性才是真正寂然不動的「未發」[33]。他曾記道：「一日喟然嘆曰：『人自嬰兒以至老死，雖語默動靜之不同，然其大體莫非已發，特其未發者為未嘗發耳。』自此不復有疑，以為《中庸》之旨果不外乎此矣。」因此，在他當時看來，心總是已發，性總是未發，他稱之為「心為已發，性為未發」，未發是指內在的體，已發是指外在的用。這就是學者一般稱為朱子的「中和舊說」。從心性論的哲學角度看，中和舊說所謂心為已發，性為未發的思想實值是以性為體，以心為用的觀點。在中和舊說中，朱子把「未發」、「已發」當作與「體」、「用」相當的一對範疇來處理心性論，這與《中庸》從情感發做的前後定義「未發」、「已發」的意義不同。這個「中和舊說」是他在宋孝宗乾道二年丙戌年（1166 年）悟出的，所以也稱「丙戌之悟」[34]。

後來朱子三年後，在己丑年（1169 年）他虛歲 40 歲的時候改變了他「中和舊說」的看法。他後來認為，「已發」是指思慮已萌，「未發」是指思慮未萌。人生至死，雖然莫非心體流行，但心體流行可以分為兩個階段或兩種狀態。思慮未萌時心的狀態為未發，思慮萌發時心的狀態為已發，也就是說心有已發時，也有未發時，或者說有未發的心，也有已發時的心[35]。

---

33. 陳來，《宋明理學》（遼寧：遼寧教育出版社，1991），頁 171。

34. 陳來，《朱子哲學研究》（上海：華東師範大學，2008），頁 161-165。

35. 陳來，《朱子哲學研究》（上海：華東師範大學，2008），頁 175。

他因而認為未發、已發，有兩種意義。第一，以「未發」、「已發」指心理活動的不同階段或狀態。心的不間斷的作用過程可以分兩種狀態或階段，思慮未萌時心的狀態為未發，思慮已萌時心的狀態為已發。也就是說，不再像以前那樣主張心都是已發，而把心的活動分為有已發時，有未發時。所謂「中」是表徵心的未發狀態，不是指性。朱子這種關於未發已發的觀點是為了給靜中涵養工夫一個地位。因為，如果心在任何時候都是已發，人的工夫便只是已發上用功，就容易只注意明顯的意識活動的修養。而確認了思慮未萌的未發意義，就可以使人注意從事未發時的涵養。於是朱子從這種心性論出發，把人的修養分為兩方面，一種是未發工夫，即主敬涵養，一種是已發工夫，即格物致知。他繼承了程頤「涵養須用敬，進學則在致知」的想法，提出「主敬以立其本，窮理以進其知」學問宗旨。第二，以未發為性，以已發為情。朱子認為，性是一個本質的範疇，它只能通過現象的意識活動來表現。情則是一個意識現象的範疇，情是性的表現，性是情的根源。他認為，「未發」「已發」也適用於性情之間的這種關係[36]。這是朱子的「中和新說」，也稱為他的「己丑之悟」。

朱子的中和舊說以心為已發，性為未發，割裂心與性，似乎性在心外。新說則提出「心統性情」。未發時是性，此性即心之體，故未發亦指心。舊說強調「先察識，後涵養」，新說則實際上強調以涵養為本[37]。

---

36. 陳來，《宋明理學》（遼寧：遼寧教育出版社，1991），頁 172-173。
37. 金春峰，《朱熹哲學思想》（臺北：東大圖書，1998），頁 9。

　　朱子的看法與當時的湖湘學派不盡相同。今天儒家學者之間對此的看法也不相同。因為一方面這跟每位學者自己對於這些心、性、情的定義有關。二方面，這些又都是屬於形上學的範圍。按照邏輯實證論的觀點，這些形上學的議題本來就是無法證實的，因而也就沒有認知的意義，所以意見不同其實也是很正常的。按照演化倫理學的說法，其實人性是完整而齊備的，善惡都是人性的一部份，既沒有階段性可言，也沒有說什麼「未發」和「已發」的必要。這樣的討論都變成不需要的了。到了今天，儒學固然可以不放棄這些形上學的議題，可是最好也要適當的降低形上學在儒家思想中的重要性，否則恐怕只能把哲學思想跟社會的相關性離得越來越遠，也越來越趨於邊緣化。

朱子的「心統性情」和心、性、情三分說

　　朱子把人的心智作用分成三部分，主張心、性、情三分。朱子心性論的一個主要之點就是，他雖然也主張性為體，不過他認為心不是用，用是情，而以心作為貫統性情的總體[38]。朱子認為，性情不僅互為體用，而且性是心之體，情是心之用，心則是概括體用的總體，性情都只是這一總體的不同方面。他認為這種心、性、情之間的關係，就是張載提出來的「心統性情」[39]。朱子說「心統性情」的「統」的一個主要意義是指「兼」「包」。基於這樣的區分，朱子認為心、性、情三個概念

38. 陳來，《宋明理學》（遼寧：遼寧教育出版社，1991），頁173。

39. 陳來，《宋明理學》（遼寧：遼寧教育出版社，1991），頁174。

各有確定對象，不可以混淆。性是現實意識及情感所以產生的根源，情是性的外在表現。情是具體的，性則是某種一般原則，相對於性情而言的心，則是指意識活動的總體、主體[40]。

對於孟子來說，仁義內在，性由心顯，本性本心根本是同一回事。但對朱子分析的精神來說，則必須將概念完全確定，才有著落。《朱子語類》中說：「性是未動，情是已動，心包得已動未動。蓋心之未動則為性，已動則為情。所謂心統性情也。」他把孟子的說法解析成為三層：惻隱是情，仁是性，惻隱之心是仁之端，不能即是仁。這樣，情是形而下的一層，性是形而上的一層，心則兼攝形上、形下二層[41]。

從上面的討論可以看出來，這些有關心、性、情的討論，實在是非常形而上的，也是非常難以證實的。朱子有關心、性、情的主張，牽涉到現在心理學上人類思想的步驟，也牽涉到很多形上學的用語，實際上都是無法證實的。問題是：宋明理學家作這樣的細膩但是卻不是很自然的區分，究竟是為什麼？有什麼用意？有一種非常可能的解釋是：他們要盡量維護孟子性本善的說法，把性說成是純善的，但是實際上，他們又知道人的行為實際上是有惡的成分存在。因此，他們把人心智的作用分成好幾個層次，像朱子就是分為心、性、情三分。最裡面的性仍然是純善的，而發之於外的情，則可以是有善有惡的。心在中間，作為一個上下承接的機制。這樣分，他們認為可以維

---

40. 陳來，《宋明理學》（遼寧：遼寧教育出版社，1991），頁 173-174。

41. 劉述先，《朱子哲學思想的發展與完成》（臺北：臺灣學生書局，1982），頁 196。

持住孟子的性善說，同時又可以解釋為什麼人的行為有的時候會是惡的。

依照今天演化倫理學的觀點，這樣的心、性、情三分，其實都是不需要的，也不能真正解釋人類行為的現象。人的本性其實並不難懂，人因為要求生存，人性基本上是自私的，對於親人有感情，對於其他人，則會依照情形可能會有互惠利他的行為。除此以外，就沒有什麼天賦特性可說了。如我們前面所言，朱子和宋明理學家主要的根本原則，就是要保留一個最基本的性，說性是善的，這樣可以與孟子的性善說不相違背。但是這些說法中間繞了不知多少個圈子，而且其結果也是無法驗證的，只是宋明理學家們的一些形上的主張而已。

性即理與心即理

一般的傳統說法，宋明儒學主要分為兩大系，就是程頤和朱熹的理學和陸九淵和王守仁的心學。朱熹強調道問學，陸九淵強調尊德性；朱主「性即理」，陸講「心即理」；朱重格物，陸重明心[42]。

關於「性即理」和「心即理」的兩種主張，這是儒家心性論的重要議題。「性即理」在程朱理學中，由程頤提出而為朱熹所發揮。程頤認為，理就是天，它賦予人即為性。其性存於人而有形者即為心。所謂有形之心，是指有事時「主著事時，便在這裡」，無事時「便不見」，並非指可以看得見的形體，它只

---

42. 陳來，《宋明理學》（遼寧：遼寧教育出版社，1991），頁 211。

是比性更具體。從本質上來說，心、性為一，皆本於理或天理。程頤在回答心、性、天是否為「一理」時說：「自理言之謂之天，自稟受言之謂之性，自存諸人言之謂之心。」因為性稟受於理，所以說「性即理也，所謂理，性是也。」[43]

朱熹從理與氣的關係上，對程頤的「性即理」作了論證和發揮。程頤對心與性與情的關係，未加詳論，朱熹根據張載的「心統性情」說，認為理與氣相合而有人之心，為一身之主宰。其性便是心中的道理，這個道理實即居於心中，性表現於外即是情。他又說：「性者心之理也，情者心之用也，心者性情之主也。」朱熹以心作為環節，將性與情既聯繫起來，又加以區別。雖然心包含性，但不能說心就是性。因為心還包含情，既不能說心即性，更不能說心即理。程頤、朱熹的「性即理」說認為，性本於理，而理又是純粹至善的道德標準，故性無有不善，它的具體內容就是仁義禮智信。這就把道德提高到天理、天道的高度，具有宇宙本體的意義[44]。

至於陸王心學關於「心即理」的主張，陸九淵不滿意朱熹把理與心分為二的哲學，認為這將造成士人只重誦讀古人之書而忽視主觀精神的流弊，所以提出「心即理」的命題，說「萬物森然於方寸之間，滿心而發，充塞宇宙，無非此理」，認為心本來包容萬理，宇宙即吾心，吾心即宇宙。因此，求聖人之道，主要不是靠讀書，而是靠「發明本心」。他稱「發明本心」為「簡易工夫」，與他所說的朱熹之學的「支離」正好相反。明代

---

43. 百度百科：「性即理」。

44. 百度百科：「性即理」。

的王陽明發展了陸九淵的「心即理」說，提出「心外無物」、「心外無理」說。他以為，心所發便是意，「意之所在便是物」，據此他提出：「無是意，即無事物矣。」他又說理就是「心之條理」，「吾心」無私欲之蔽就是良知，就是天理。天下事雖千變萬化，都不出「此心之一理」。王陽明提出了「致良知」的理論，說心之理可無窮盡。他的「致良知」說，還強調把自己的良知推廣到事事物物之上，使事物皆得其理。王陽明還提出「知行合一」說，把知與行說成一事，說「知是行的主意，行是知的工夫；知是行之始，行是知之成」，批判朱熹分知與行為二，以知先於行的理論[45]。

馮友蘭認為：朱子言性即理，象山言心即理。這代表二人哲學的重要差異。他說：「朱子言性即理，象山言心即理，此一言雖只一字之不同，而實代表二人哲學之重要差異。蓋朱子以心乃理與氣合而生之具體物，與抽象之理，完全不在同一世界之內。心中之理，即所謂性；心中雖有理而心非理。故依朱子之系統，實只能言性即理，不能言心即理也。」[46]

勞思光認為：陸象山所謂「心」，是「本心」之義，即指價值自覺。以此價值自覺作為一切價值標準之根據，故云「心即理」。陸象山所說的「心」乃所謂「本心」，而所言之「理」，則詞義不甚明確。王陽明則扣緊德性言「理」，再就德性皆源於此心，而言「心即理」。王陽明「心」之觀念乃就有主宰性之自覺

45. 夏乃儒主編，《中國哲學三百題》（臺北：建宏出版社，1994），頁157-159。

46. 馮友蘭，《中國哲學史》（臺北：臺灣商務印書館，1993），頁939。

能力而言，而「理」觀念則指價值規範而言，故「心即理」的意思就是說，一切價值規範皆源自此自覺能力。因此王陽明比陸象山更為強調 「心」 的重要性 ，與朱熹的差異就更為顯著了 [47]。

陸象山對於心的觀念，與朱熹不同。陸象山以為心性情只是一物 ，更無分別。朱熹以為性即理，而陸象山以為心即性即理 [48]。

陸王的「心即理」，因為講的比較簡單直接，因此可以較為清楚的瞭解他們主張的意義。但是朱熹把心、性、情三分，他定義的心和性，不見得與陸象山完全一致，因此兩人在「心即理」和「性即理」方面的不同可能不如現在一般人以為的那麼大，當時兩人之間也沒有因為這兩個不同的用語產生很大的衝突。後來把這兩個用語的意義真正分開的是王陽明。王陽明強調「心即理」，甚至說「心外無理」，嚴重的批判朱熹「性即理」的觀點。

當代學者有的也持類似的觀點。像是杜保瑞就認為：傳統上以朱熹說 「性即理」，而象山說 「心即理」。兩個命題所預設的問題意識不同，所以兩者並無衝突對立的意義 [49]。陳來也認為：朱陸之分歧，並不是側重「性即理」與「心即理」之分，

---

[47] 勞思光，《新編中國哲學史（三上）》（臺北：三民書局，1983），頁 358、頁 388、頁 393。

[48] 張岱年，《中國哲學大綱》（北京：中國社會科學出版社，1982），頁 244。

[49] 杜保瑞，《南宋儒學》（臺北：臺灣商務印書館，2010），頁 65。

或者說客觀唯心論與主觀唯心論之別，而在其為學方法之不同。他指出，朱子分心性為二，陸氏則以之為一。然而總的看起來，朱陸在這方面的主要爭議，不是本體論的，而是人性論的、倫理學的、方法論的[50]。

朱熹與陸九淵在「性即理」和「心即理」方面的分別或許不是太大，但是到了王陽明，由於王陽明更為強調「心」的作用，認為「心外無物」、「心外無理」，這個分歧就變得大多了。因此，也會引發朱熹是客觀唯心論而陸王是主觀唯心論的看法。現在一般人認為：朱熹講「格物致知」，主要就是要「即物窮理」，這與陸象山、王陽明所說的「心即理」，其要點在於即心求理，有一重外和一重內的分別，也會說成是為一重「物」，而一重「心」的區別[51]。

如果我們將朱子與陽明的主張來作對比，則兩者之間的確就有相當大的差異。有的評論就認為：對於程朱「性即理」和陸王「心即理」的區別，朱熹的主張是客觀唯心主義，認為世界的本源是「理」，人們對它的認識，必須經由「格物」的途徑。而陸九淵「心即理」的主張，是主觀唯心主義，世界的本源就是「吾心」，人們對於它的體認，便是對「吾心」的自省。這種主觀唯心主義的認識論，其根源在於無限誇大「心」的思維作用和人的道德意識，以致否定了客觀世界和客觀規律的存

---

50. 陳來，《朱子哲學研究》（上海：華東師範大學出版社，2000），頁426。

51. 唐君毅，《中國哲學原論·原教篇》（臺北：臺灣學生書局，1990），頁258。

在。這樣兩者的分別就很明顯而具體了 52 。

如果更為擴大一點的推論，則朱子與陸王之間，就有更為基本的不同。像是張君勱就認為：程朱與陸王之爭，相當於歐洲思想史上，經驗主義與理性主義之爭。西方經驗主義者認為人類本是一張白板，知識是感覺和印象形成的。同樣，程朱學派也強調自外獲取知識的重要性。西方理性主義者則認為人天生賦有某些固有的觀念 ， 同樣陸王學派也主張人類悟性的先天性 53 。

當代新儒學的興起

清末民初，國家處於危急存亡之秋，到了民國時期，學者們的主張大致可以分為三派，就是主張自由主義的西化派，主張激進主義的馬克思主義派，以及主張保守主義的儒家傳統派，這三派鼎足而立。自由主義派以胡適、丁文江、吳稚暉為代表。馬克思主義派以陳獨秀、李大釗為代表。儒家傳統派則以梁漱溟、熊十力、張君勱為代表 54 。

在儒學的發展史上，牟宗三先生提出三期說 55 ，就是先秦

---

52. 北京大學哲學系中國哲學教研室，《中國哲學史》（北京：北京大學出版社，2001），頁 377。

53. 張君勱，《新儒家思想史》（臺北：弘文館出版社，1986），頁 233。

54. 方克立，《現代新儒學與中國現代化》（長春：長春出版社，2008），頁 14。

55. (1)劉述先，《當代中國哲學論 —— 人物篇》（新北 ： 八方文化，

儒學、宋明儒學和近代的新儒家。先秦時期是儒學的開創時期，以孔子、孟子、荀子為代表。到了公元前後，佛教傳入中國，中國本土儒家思想受到外來佛教和本土道家的雙重挑戰。魏晉南北朝，甚至到唐朝，都是儒學相對衰落的時期。一直要到北宋，儒學才開始復興，從北宋開始的宋明儒學因此是儒家思想的第二期。到了清末民初以後，一方面國家處境艱難，遭受到帝國主義的入侵，成了李鴻章所說的「三千年未有之大變局」。另一方面海運大開，儒學受到新一波西方思想的挑戰。因為面臨的環境和挑戰的來源都與以前不同，民初以後所發展出來的儒家思想因而也有了新的內容。受到西方哲學的衝擊，當代儒家思想中也呈現出西方哲學的影響。當代新儒家因而被稱為是儒家思想發展的第三期。不過也有些學者，像是李澤厚就把儒學的歷史分為四期。他反對三期說最基本的理由有二：一是以心性論的道德理論來概括儒學失之片面，二是三期說抹殺荀學，特別是抹殺以董仲舒為代表的漢代儒學[56]。他把漢代儒學也列為一期，因此把儒家的歷史分為四期。孔孟荀的先秦儒學是第一期，漢儒為第二期，宋明儒學為第三期，現在或將來的儒學為第四期。

　　民國以後，面臨當時的國家處境，儒家學者內部也有不同

1996），頁 192；⑵石永之，《中國文化的再展開──儒學三期之回顧與展望》（安徽：安徽人民出版社，2011），頁 3。

56. ⑴石永之，《中國文化的再展開──儒學三期之回顧與展望》（安徽：安徽人民出版社，2011），頁 8；⑵陳鵬，《現代新儒學研究》（福建：福建人民出版社，2006），頁 24。

的反應。在思想方向上有近程朱者，有近陸王者。其中由梁漱溟、熊十力開其端，而以熊門弟子唐君毅、牟宗三、徐復觀為代表的學者，強烈認同陸王心學的主張。而胡適、馮友蘭、傅斯年、方東美、錢穆等人的主張則比較傾向於程朱理學。1949年中共建政後，唐君毅、牟宗三、徐復觀都離開了大陸，寓於港臺，他們的主張因而有港臺新儒家之稱。但是這個名稱有廣義狹義的區別，不是很準確，因為熊、唐、牟、徐諸位先生的主張不能代表全部當代儒家學者的思想，也不是所有現代儒家學者都贊同熊十力及其弟子們的主張。

現代新儒家這個名稱因而有些歧義，由於應用範圍的不同，現代新儒家的名稱現在至少有三種不同的用法。第一種主要在中國大陸，其涵義最寬廣，幾乎任何 20 世紀的中國學人，只要對儒學不存偏見，認真研究儒學的，都可以被稱為新儒家。第二種比較具體，只有在哲學上對儒家有新的闡述和發展的學者，才可以被稱為新儒家。第三種是在海外比較流行的意義，就是專門指熊十力所開創的學派中人為新儒家[57]。也有人把熊、唐、牟、徐稱為狹義的當代新儒家，也就是前面所說的第三種新儒家。不過就其主張而論，其實稱之為「當代心學」或許更為恰當。

民國初年，中國國際處境惡劣，隨時有亡國滅種的危險，當代新儒家在這個時候挺身而出，盡力發掘儒家思想的優勝之處，提振國人的信心。雖然他們的主張不一定每個人都贊同，但是他們愛國家愛民族的用心可佩，他們研究的成果也令人敬

---

57. 余英時，《現代儒學論》（新北：八方文化，1996），頁 125。

仰。如我們前面所討論的，儒家思想的確應該是中華傳統文化的核心，因此在這個大方向上，我們贊同當代新儒家的觀點。只是有些當代新儒家的主張，由於受到愛國激情的影響，持論或有過度，一些主張是否能夠完全成立，還需要檢討，本文在下面會繼續討論。我們做這些檢討的目的完全是希望能夠有助於儒學的現代化，以便能夠發揚中華傳統文化。在下文的這些討論中，如果有些批評的話，希望這些批評能夠是建設性的。

民初以後的新儒家學者，根據劉述先先生的論述，可以分為三代四群[58]，其代表人物的情況如下：

第一代第一群：梁漱溟(1893-1988)、熊十力(1885-1968)、馬一浮(1883-1967)、張君勱(1887-1969)

第一代第二群：馮友蘭(1895-1990)、賀麟(1902-1992)、錢穆(1895-1990)、方東美(1899-1977)

第二代第三群：唐君毅(1909-1978)、牟宗三(1909-1995)、徐復觀(1903-1982)

第三代第四群：余英時(1930-)、劉述先(1934-2016)、成中英(1935-)、杜維明(1940-)

其中第二代第三群的學者當中，牟宗三和徐復觀都曾在臺灣的大學任教。牟宗三先生著作豐富，享年也高，因此在新儒學中影響也較大。後面討論的一些概念，很多都與牟宗三先生的主張有關。本書有些討論雖然觀點與狹義的新儒家不完全一

58. (1)吳汝鈞，《當代新儒學的深層反思與對話詮釋》(臺北：臺灣學生書局，2009)，頁394；(2)陳鵬，《現代新儒學研究》(福建：福建人民出版社，2006)，頁4。

致，但對他們的用心和努力都是抱著高度敬意的。

中共在大陸建政之後，嚴厲的批判儒學，儒學研究也就不存在了。到了 1980 年中期，大陸在改革開放之後，終於重新開始以比較開放的態度來探討儒家思想，在大陸也興起了儒學研究的風氣，成就了一批儒家學者。海峽兩岸終於能夠有比較一致的語言，這實在是值得慶幸的發展。

儒學的分期問題

儒學源遠流長，有幾千年的歷史，也有不同的發展階段。學者們對於儒學的分期有各種不同的主張。最早胡適把中國哲學史分為三個階段：⑴古代哲學，從老子到韓非，這是諸子哲學。⑵中世哲學，從漢代到北宋初，中間又分兩期，前期從漢代到東晉初，是子學的延續。後期從東晉初到北宋初，印度哲學盛行於中國。⑶近世哲學，宋元明及以後都屬於這個階段[59]。馮友蘭在他的《中國哲學史》中把儒學分為「子學時代」和「經學時代」。他把從春秋開始到漢朝的董仲舒稱為子學時代，到了董仲舒獨尊儒術的主張得以實行後，子學時代就告終。自此以後，儒學進入經學時代。這就是馮友蘭的儒學二期說[60]。

前面提到牟宗三提出的儒學三期說。他認為儒學的第一期是從先秦儒家的孔子、孟子、荀子開始，發展到東漢末年。第

---

59. 胡適，《中國古代哲學史》（臺北：臺灣商務印書館，1960），詳見〈導言〉，頁 1-9。

60. 馮友蘭，《中國哲學史》（臺北：臺灣商務印書館，1993），頁 40。

二期是宋明理學。第三期則是現在[61]。牟宗三認為孔子的文化理想為後世立下了典範，孟子和荀子繼承了這個典範。漢朝興起後，董仲舒倡議「罷黜百家，獨尊儒術」，以儒家為正統。中國文化在漢朝時期開始定型。此後，魏晉南北朝是中華歷史上文化生命和文化理想最為衰微的時期。社會上雖然仍號稱以儒學為尊，但實際上有主要影響的是佛教。唐代雖然有儒學的復興，但是還未能達到一個文化運動的層次。到了宋代，宋儒經由深刻反省，直探孔孟的內聖之學，振興了儒學的文化理想，從而開創了儒學史上的第二期。牟宗三認為，清朝因為是少數民族統治，大興文字獄，學者們因而多從事考證方面的工作，而未能發展思想，宋明儒學已經隨著明朝的滅亡而俱亡。到了清末民初，儒學又受到西方文化的挑戰，因此現在是儒學的第三期[62]。方克立也表示，儒學三期的意義是：第一時期是先秦儒學，以孔孟荀為代表。第二期是宋明理學，宋儒排拒佛老，回到先秦儒學本源，以《論語》、《孟子》、《中庸》、《大學》、《易經》來講宇宙論和心性論。第三期則指西學東漸、傳統儒學受到衝擊而顯著衰落之後，為了重建儒學的努力[63]。

　　但是李澤厚不贊成三期的說法。他認為三期說存在著「表

---

61. 牟宗三主講，蔡仁厚輯錄，《人文講習錄》（臺北：臺灣學生書局，1996），頁86。

62. 程志華，《牟宗三哲學研究——道德的形上學之可能》（北京：人民出版社，2009），頁487。

63. 方克立，《現代新儒學與中國現代化》（長春：長春出版社，2008），頁21。

層偏失」和「深層理論困難」，以及在實踐方面的不足等許多問題。首先，三期說在表層上有兩大偏誤，一是以心性儒學來概括儒學失之片面，因為心性儒學並不是儒學的唯一脈絡，除了心性儒學之外，儒學還有其他的派別和系統。二是三期說抹殺了荀學，特別是抹殺了以董仲舒為代表的漢代儒學。其次，三期說還有更為重要的 「深層理論困難」。這種困難也表現為兩點：一是「內聖開新外王」，二是「超越而內在」。這兩點是第三期儒學發揚的重要原創性義理。然而，這些原創性義理引發了很多爭論，表示這些主張還存在著「深層的理論困難」。李澤厚認為，對於儒學進行階段劃分的意義不單純在於「分期」的問題，而是一個如何理解儒學傳統，從而下一步如何發展這個傳統的根本問題，更是關乎儒學僅僅是心性道德的形上學，從而只能發展成為某種相當狹隘的宗教性教義，還是有著更為豐富的資源，在吸取消化某些思想後，可以有一個更為廣闊前景的大問題。李澤厚因而提出，就儒學的歷史來看，可以分為四期：孔、孟、荀為第一期，漢儒為第二期，宋明理學為第三期，現在或未來為第四期[64]。

　　林安梧也表示過類似的意見，說他不贊成「儒學三期說」。三期說的講法認為孔孟儒學就是先秦儒學，再就是宋明儒學，再來就是當代儒學。這樣的說法是陷溺在宋明理學以道德本心論為主的一個說法。這種主張認為道德本心論是整個儒學的核心。先秦是以孔子、孟子為代表；而宋明理學則是繼承孔孟而

---

64. 程志華，《牟宗三哲學研究——道德的形上學之可能》（北京：人民出版社，2009），頁 495。

發展的，它以陸王心學為正宗，而程朱理學代表了一個歧出的發展，許多當代新儒家都自認為繼承了陸王而直承孔孟[65]。

成中英對於牟宗三的儒學三期說也持有異議。他提出儒學發展的五期說。他將儒學的發展分為五個階段，先秦是儒學發展的原初階段（公元前 6- 前 4 世紀），這是第一階段。從古典儒學到漢代儒學（公元前 2－公元 3 世紀）為第二階段。宋明新儒家（公元 10-17 世紀）為第三階段。清代為儒學發展的第四階段，現代新儒家則為第五階段。成中英對儒學階段的劃分具有兩個明顯的特徵：第一，成中英之所以要對儒學發展階段進行重新劃分，與李澤厚的四期說一樣，都是為了要打破牟宗三等學者以心性儒學之「道統」為依據對儒學發展分期的劃分。第二，在理論脈絡上，他重視孟子和陸王心學以外的儒家流派，這在本質上與李澤厚的觀點是一致的。因此，必須超越熊十力或牟宗三的體系，建構一個整合性更強，更能圓融一致的儒學道統[66]。

除此以外，還有錢穆的儒學六期說。他大體上以朝代為標識將儒學史分為六期。這六期是：先秦自孔子至孟、荀及其他同時的儒學為「創始期」，這是第一期。第二期是兩漢儒學之「奠定期」。第三期為魏晉南北朝儒學之「擴大期」。第四期為唐代儒學之「轉進期」。第五期為宋元明儒學之「綜匯期與別出

---

65. 林安梧，《儒學革命——從新儒學到後新儒學》（北京：商務印書館，2011），頁 282。

66. 程志華，《牟宗三哲學研究——道德的形上學之可能》（北京：人民出版社，2009），頁 498。

期」。第六期清代仍為「儒學之綜匯期與別出期」。第五期與第六期名稱雖然取名相同，但內容卻不同[67]。

以上各種關於儒學史分期的主張都具有其各自的意義。相比而言，目前以牟宗三的三期說影響比較大。不過，其他學者的反對理由也非常值得重視。基於演化倫理學和科學的儒家人性論，孟子所說的性善論有其侷限，人性其實是「善惡並存」的，如果只以心性論來概括儒學，確實過於狹隘，也侷限了儒學的內容。未來中國思想必須面臨西方文明的挑戰，如果限制了儒學內容，等於限制了儒學未來在世界上發展的空間，對儒學的發展將是非常不利的。

儒學的分系問題

儒學歷史悠久，歷代的儒者也有很多不同的主張。因此，儒學如何分系也是一個重要的問題。過去由於宋明理學的儒者，大多把孟子當作孔子之後儒學的正宗，而視荀子為偏，因此幾乎都把荀子之學排除在外，沒有列入儒學分系的考慮。

對於宋明儒學的分系問題，最常見的有二系說，就是把宋明儒學分為程朱理學和陸王心學兩系。也有不少學者，像是張岱年，把宋明儒學分為三個主要潮流，一是理本論，即程朱之學；二是心本論，即陸王之學；三是氣本論，即張載、王廷相、王夫之以及顏元、戴震的學說，這種說法得到許多學者的認

---

67. 程志華，《牟宗三哲學研究──道德的形上學之可能》（北京：人民出版社，2009），頁492。

同 [68]。過去多把理本論稱為唯理論、把心本論稱為唯心論。張岱年認為「唯」字應該改為「本」字，可以避免很多誤解 [69]。張立文（1935- ）的主張也很類似，他把宋明理學分為三系：程朱道學派，陸王心學派，張載、王夫之的氣學派 [70]。

牟宗三的看法有些不同，他認為宋明儒學可以分為三系：㈠五峰、蕺山系：此系客觀地講性體，以《中庸》、《易傳》為主；主觀地講心性，以《論》、《孟》為主。特別提出「以心著性」。㈡象山、陽明系：此系以《論》、《孟》攝《易》、《庸》，而以《論》、《孟》為主者。㈢伊川、朱子系：此系以《中庸》、《易傳》與《大學》合，而以《大學》為主 [71]。與人不同的是，他以為伊川、朱子繼承的不是孟子的思想，因而認為程朱系是「別子為宗」 [72]。這在學界引起了很大的爭議。

除此以外，勞思光主張宋明儒學的一系說。他認為宋明儒學雖然各家學說殊異，但就其大處著眼，宋明儒學有一個基本目的，就是要歸向先秦儒學的本來方向，一方面排除漢儒傳統，一方面反對外來的佛教，直到明代陽明之學興起，此一基本方

---

68. 陳來，《孔夫子與現代世界》（北京：北京大學出版社，2011），頁241。

69. 程志華，《中國近現代儒學史》（北京：人民出版社，2010），頁219。

70. 樂愛國，《朱子格物致知論研究》（湖南：岳麓書社，2010），頁102。

71. 程志華，《牟宗三哲學研究：道德的形上學之可能》（北京：人民出版社，2009），頁516。

72. ⑴牟宗三，《心體與性體》，第1冊（臺北：正中書局，1968），頁45；⑵牟宗三，《中國哲學十九講》（臺北：學生書局，1983），頁415。

向並無改變，因此有一客觀標準，籠罩整個運動[73]。

以上有關宋明儒學的分系論述，都是把荀子排除在外的。因為到了宋明儒學之後，大多儒者都認為孟子是繼承孔子的正統，而以荀子為偏。在討論儒學的分系時，根本把荀子排除在外。但是到了今天，演化倫理學已經證明荀子的人性論說法其實比孟子更有科學根據。孟子的性善論和荀子的性惡論，都只指出了人性的一部份。真正的人性其實是「善惡並存」的。因此宋明理學單單以孟子性善論作為基礎所建立起來的心性論，需要大幅修改。如果以「科學的儒家人性論」重新檢討儒家思想的傳統，應該會有不同的觀點。除去了對於荀子性惡論的顧忌，後代儒家學者像是張載、朱子、王廷相、王夫之等人，他們的思想都有經驗論的傾向，與荀子有很多相似之處。如果把荀學重新納入儒學主流之中，儒學的分系將必須重新檢討，面貌也會與僅僅只是把孟子當作正宗的宋明理學加以分系大不相同。

許多學者也都有類似的評論，像方克立就說：他不贊成一講儒學傳統，就是孔孟程朱陸王。一講到內在資源，就是宋明理學的心性之學，這是片面的看法。儒家學者中，除了孔孟程朱陸王之外，像荀子，王充，柳宗元，明清思想家到戴東原等，都是儒家傳統。如果把這些人也歸入儒家傳統，那麼儒家內在資源就不只是心性之學了[74]。甚至連牟宗三的弟子蔡仁厚也認

---

73. 勞思光，《新編中國哲學史（三上）》（臺北：三民書局，1983），頁45。

74. 杜維明主編，《儒學發展的宏觀透視——新加坡 1988 年儒學群英會

為：荀子的思路，與西方重智系統接近。居今日而談中國文化
之新開展，首要之事即在調整民族文化心靈的表現形式，荀子
正可提供這一思想的線索。在中國儒家重仁的系統中，要使知
性主體充分透顯獨立出來，荀子的思路是必須正視的[75]。

如果把一般傳統上有經驗論傾向，與荀子的主張比較接近，
因而在過去也比較受到忽視的儒家學者，也納入到儒學的正統
主流當中，儒家傳統哲學的範圍就可以大幅度的擴展，讓儒學
更符合歷史實際狀況，更切入人心，也更有拓展的空間。這樣
擴大化了的儒學，由於跟以前把荀學排除在外的面貌大為不同，
其分系的問題也將會跟以前非常有異。

既使單就宋明理學而言，許多學者都注意到：程頤和朱子
都有經驗論的傾向，朱子的經驗論傾向尤其明顯[76]。在這些方
面，都有與荀子相近的傾向。朱子之所以沒有繼承荀子，而仍
然隨著其他宋明理學家把孟子當作是儒學的正宗，荀子的性惡
論應該是主要的原因。就如程頤所說的：「荀子以人性為惡，則

紀實》（臺北：正中書局，1997），詳參〈導言〉部份，頁 15。

75. 蔡仁厚，《孔孟荀哲學》（臺北：臺灣學生書局，1990），頁 530。

76. 關於荀子的經驗論，可見：⑴陳榮捷，《中國哲學文獻選編》（臺北：
巨流圖書，1993），頁 203；⑵徐復觀，《中國人性論史——先秦篇》
（臺北：臺灣商務印書館，2010），頁 225；⑶韋政通，《中國思想
史》（臺北：水牛出版社，2001），頁 319。關於朱子的經驗論，可
見：⑴張君勱，《新儒家思想史》（臺北：弘文館出版社，1986），頁
233；⑵韋政通，《中國思想史》（臺北：水牛出版社，2001），頁
1166；⑶張岱年主編，《中華的智慧》（臺北：貫雅文化，1991），頁
381。

是誣天下萬世之人皆為惡也，其昧於理如是之甚」[77]、「荀子極偏駁，只一句性惡，大本已失」[78]，朱子也說：「不須理會荀卿，且理會孟子性善」[79]。他們反對荀子的主要原因就是因為荀子的性惡論。如果去除掉後世儒者對於荀子性惡論的顧忌，那麼荀子和朱子的思想傾向是非常接近的，而與陸王心學有著明顯的差異[80]。如果我們把荀子和朱子歸類到一起，那麼荀子加上程朱的理學系統，對應於孟子和陸王的心學系統。這就會把孔子開創的儒學，從先秦開始就有了兩道主流，也就是孟陸王的心學和荀程朱的理學，這樣的區分可以讓儒學的傳承比較完整，也比較合理，同時也將改變儒家思想體系的歷史面貌。

這樣的分類與西方哲學史上，唯理論 (rationalism) 和經驗論 (empiricism) 的區分也很類似[81]。因為孟子和陸王都是主張以心為本的，而荀子和朱子則是從經驗出發，主張格物致知、即物窮理。這樣的分類可以把中國哲學的發展過程，與西方哲學的發展比照對應，展現出中國哲學更為豐富的內容。

---

77. 引自：田富美，《清代荀子學研究》（新北：花木蘭文化，2011），頁27。

78. 《近思錄‧聖賢》，卷 14。

79. 《朱子語類》，卷 8。

80. ⑴牟宗三，《從陸象山到劉蕺山》（上海：上海古籍出版社，2001），頁 62；⑵韋政通，《中國思想史》（臺北：水牛出版社，2001），頁1169。

81. ⑴張君勱，《新儒家思想史》（臺北：弘文館出版社，1986），頁233；⑵牟宗三，《心體與性體》，下冊（上海：上海古籍出版社，1999），頁 49。

　　牟宗三把孔子和孟子連在一起，把孟子當作是儒學的正統，而不列荀子。因為他認為朱子沒有遵循孟子的路線，所以提出朱子是孔孟儒學的「別子為宗」。但是如果我們把孔子當作儒學的開創者，在孔子之後就已經有孟子和荀子兩條路線的話，那麼孟子就不是整個儒學的正宗，而只是儒學中一系的開創者，同時荀子也是儒學另一系的開創者。到了宋明時期，有程朱與陸王兩系，程朱繼承的是荀子的理路，朱子和孟子本來就不屬於儒學傳承的同一系統，那就不會有什麼「別子為宗」的問題了。把荀子重新納入儒學的主流，可以讓傳統儒學有更豐富的內容，可以讓儒學在面臨世界其他文明的挑戰時，有更多的交流，也會有更多對話的空間。

「良知」是「呈現」還是「假設」？

　　一件很有意義的事情，就是牟宗三先生記述：當年他在北大讀書時，一日熊十力與馮友蘭談話，牟宗三在旁靜聽。牟宗三回憶說：「有一次，馮友蘭往訪熊先生於二道橋。那時馮氏的《中國哲學史》已出版。熊先生和他談這談那，並隨時指點說：『這當然是你所不贊成的』。最後又提到『你說良知是個假定。這怎麼可以說是假定。良知是真真實實的，而且是個呈現，這須要直下自覺，直下肯定。』馮氏木然，不置可否。」[82] 牟宗三聞熊十力言，大為震動，耳目一新。「良知是呈現」之義，則

---

82. 傅偉勳，《從西方哲學到禪佛教》（臺北：東大圖書，1985），頁226-227。

牢記心中，從未忘也 [83]。

牟宗三親耳聽到熊十力與馮友蘭的爭論，良知究竟是呈現還是假設。熊十力認為當然是呈現，而馮友蘭則認為是假設。後來牟宗三的學術歷程和在他發表的著作中，都把良知當作是一種呈現，這種主張在他的學術論述中扮演了重要的角色。

但是良知究竟是一種呈現還是一種假設呢？首先，我們得看究竟有沒有良知。《孟子·盡心上》說：「孟子曰：人之所不學而能者，其良能也；所不慮而知者，其良知也。孩提之童，無不知愛其親者；及其長也，無不知敬其兄也。親親，仁也；敬長，義也。無他，達之天下也。」所以按照孟子的定義，生下來「不慮而知」的就是「良知」。

如果像熊十力一樣，把孟子所說的孩提都會的愛親敬兄都當作是人生下來就會的，因此這些都是「良知」，那麼他認為「良知」是一種「呈現」，自然是成立的。但是，如果像馮友蘭一樣，在哲學方面，採取比較實在論的觀點，那麼他認為人生下來像一張白紙，人的行為都是後天學會的，那麼他懷疑「良知」的存在，認為「良知」只是一種「假設」應該也是很合理的。所以，這兩種觀點其實都基於各人的基本哲學主張，談不上誰對誰錯。

傅偉勳對此評論說：「對馮友蘭以及世界上（尤其是西方）百分之九十九停留在經驗知識層次的學者，光說『良知是真實，是呈現』，在哲理上未免太過簡易，不夠充分。馮氏當然可以反駁說，『就算我的心思僵化，沒有直下自覺的體認吧。但是，如

---

83. 牟宗三，《心體與性體》（臺北：正中書局，1968），頁 178。

果良知不祇是超驗層次上空空洞洞的口號，它總得呈現在經驗層次才對。如果你拿不出足以說服眾人的論辯強而有力的證立「良知是事實，是呈現」，而不是假定，你能怪我們停留在經驗知識層次的一大半學者不了解你嗎？光說「良知是真實，是呈現」，與證明不出上帝存在而又強迫他人信仰上帝的真實，究竟有何差別？』」[84]

韋政通談到這件事時，說熊十力在傳統的意義上，講良知是一種「呈現」是合乎本義的。但是馮友蘭是一個受過西洋哲學訓練的哲學家，他用西洋的方法講中國哲學史，從抽象的層次上瞭解良知，說良知是一個假設，也對。因為馮友蘭是西方哲學的講法，良知不過是一個抽象的概念。講哲學總要有假設和論證，不能講個「呈現」就完了，總要有論證[85]。

余英時評論道：新儒家強調的證悟在西方人看來毋寧是宗教體驗的一種，例如熊十力所說的「良知是呈現」，如果真是一種實感，則與西方人所說的「上帝的呈現」屬於同一境界。如果我們細察新儒家重建道統的根據，便不難發現他們在最關鍵的地方是假途於超理性的證悟，而不是哲學論證[86]。

也有學者評論說：熊十力與馮友蘭關於良知是「呈現」還是「假定」之爭，正好說明熊十力並沒有意識到「客觀知識」

---

84. 傅偉勳，《從西方哲學到禪佛教》（臺北：東大圖書，1985），頁227。

85. 韋政通，《八十前後演講錄》（湖北：華中師範大學出版社，2009），頁129。

86. 余英時，《現代儒學論》（臺北：八方文化，1996），頁137。

與「主觀信念」的差異[87]。

　　現在我們如果用演化倫理學的觀點，來重新探討這個問題。人在出生的時候，究竟有沒有什麼東西是「不慮而知」的？我們如果留意一下嬰兒的舉動，嬰兒大概除了知道會吃奶之外，什麼別的都不會。在動物界，越是高等的動物，嬰兒期越長。像牛馬羊的幼雛，一生下來就會走路，不久就能自己活動。昆蟲類的幼蟲從卵孵出以後，根本就完全要靠自己了。但是人類的嬰兒大概要到五、六歲，甚至十幾歲以後，才能夠勉強自己求生存。所以依照這樣的觀點，人生下來的確沒有什麼可以說是天生就會的，所以也就沒有什麼「良知」、「良能」可言。

　　如果我們放寬一點標準，從演化倫理學的觀點來看，因為人有「自私的基因」，所以人至少會有愛護親人的傾向。在適當的情況下，人與人之間也可以有互惠利他的行為，就是彼此利益交換。因此，如果把這種愛親傾向和互惠利他行為當作是人的「良知」，那麼熊十力說「良知」是一種呈現，也不是完全沒有成立的理由。但是，這種人類擁有的所謂「良知」並不是「不慮而知」的，可能也沒有熊十力等人所想像的那種道德的高度。因為我們前面討論過，按照演化倫理學的觀點，人性是「善惡並存」的。對於親人的感情，我們可以說是「善」的。對於人類互惠利他的行為，我們也可以說大體是「善」的，至少不是惡的。但是在這些利他行為的背後，實際上都是人類「自私的基因」所起到的作用。而這種「自私的基因」在更多的情況下，卻都會因為自私，表現出像荀子所說的：「今人之性，生而有好

---

[87]. 陳鵬，《現代新儒學研究》（福建：福建人民出版社，2006），頁95。

利焉，順是，故爭奪生而辭讓亡焉；生而有疾惡焉，順是，故
殘賊生而忠信亡焉；生而有耳目之欲，有好聲色焉，順是，故
淫亂生而禮義文理亡焉。」會出現那種好利爭奪、疾惡殘賊、
聲色淫亂的情形。因此，如果「不慮而知」的都叫做「良知」，
那麼人的這種「良知」只有在有限的情況下，像是對於親人，
才會是「良」的，而在很多其他情形，則實在不是那麼「良」
的。如果完全依賴所謂「天性」和所謂「良知」，到最後是會有
很大問題的。

　　這與前面我們談到有關人性善還是性惡的問題相關。如果
人完全性善，那麼自然可以憑著「良知」引伸出道德法則。但
是如果人只有部份的善性，那麼這種推論就必須是有限度的。

　　按照演化倫理學的說法，人類社會有五項基本準則，這五
項是：⑴基因決定論或基因影響論、⑵父母投資理論、⑶近親
選擇理論、⑷互惠利他主義、和⑸演化賽局論[88]。除了第五項
是學者發展出來的解釋之外，其他四項如果比較寬鬆一點來解
釋的話，或許可以稱為是人的基本特性。

　　自私的基因本身並沒有什麼善惡可言，但是呈現於社會上
的，卻會像荀子所說的一樣，有其性惡的一面。如果像熊十力
等人把「良知」都當成是善的，那麼這種說法的起點，的確像
馮友蘭所說的，只是一種「假設」，是沒有必然成立道理的。熊
十力主張的，實際上是一種「主觀信念」，而不是「客觀知識」。
在熊十力和馮友蘭爭論的年代，演化倫理學還沒有出現。現在

---

88. 舒遠招，《西方進化倫理學——進化論運用於倫理學的嘗試》（湖南：
　　湖南師範大學出版社，2006），頁 226。

我們討論這個問題，資料就豐富得多了，立論也比較有科學的基礎。

「良知的自我坎陷」說

「良知的自我坎陷」是牟宗三先生提出來有關解釋知識起源的說法，引起不少爭論。

按照牟氏弟子蔡仁厚對「良知自我坎陷」的解釋：良知本身是道德主體，是絕對體，有絕對的地位，可以成就道德，不過不能進行認知活動來求知識。但是良知也肯定一切的價值、肯定知識的價值。所以良知必須自覺地作自我的一步坎陷，坎陷不是說良知坎落或良知陷溺，而是要從絕對的起立，降低一層處於相對的地位，它是要自覺地坎陷一步轉而為了別心，就是認知心。認知心是心物相對的，有主客對立，它主動的先去進行認知活動，就有成就知識的可能 [89]。

余英時對於「良知的自我坎陷」的解釋，認為它的意思就是說：良知是絕對的道德心，它本身並不以物為對象。但良知在發用的過程中必然引起對有關客觀事物的認知要求，此時良知即須決定「坎陷」其自身以生出一「了別心」，而化事物為知識的對象。新儒家即據此而斷定一切知識（包括科學知識在內）都依於高一層次的良知決定「坎陷」其自己而生。故知識必統攝於良知之下，良知是本體界的事，知識則是現象界的事，兩

---

89. 杜維明主編，《儒學發展的宏觀透視》（臺北：正中書局，1997），頁564，特參蔡仁厚會議記錄部份。

者的高下判然 ⁹⁰。

劉述先也評論道：牟宗三由《大乘起信論》中「一心開二門」變化出來，分別「執的存有論」與「無執的存有論」的說法，然後以「認知心」為「道德心」的坎陷而生。但是這種說法容易引起人不當的聯想，好像科學是第二義的學問，哲學是第一義的學問 ⁹¹。

按照演化倫理學的說法，首先「良知」有沒有就是一個問題，我們在前一節已經討論過了。如果把人性中的近親選擇和互惠利他當作是良知，那麼這是人在社會中生活，在情感上歸納出來的一些人與人交往的準則。這些為人處世的規則跟人對於事物的認知根本是兩個領域的事情。這種「良知」也沒有高於客觀知識的理由。至於說良知是本體界的事，知識則是現象界的事。所以人要瞭解知識，必須要讓良知坎陷到現象界，然後人才能得到知識，這實在是無從說起的事情。我們現在都知道，人如果要獲得現象界的知識，必須要像朱子所說的一樣「即物窮理」，針對事物，用科學的方法，仔細的去觀察，歸納出條理，然後提出理論來解釋，並接受事實的檢驗。這就是現代科學的方法和態度，跟儒家所稱的「良知」，像是人對於親人的感情根本就完全是兩回事。

牟宗三提出這種「良知的自我坎陷」的說法，第一步就是人為的劃分了所謂本體界和現象界。然後認為本體界高於現象

---

90. 余英時，《現代儒學論》（臺北：八方文化，1996），頁 145。

91. 劉述先，《當代中國哲學論──問題篇》（臺北：八方文化，1997），頁 264。

界，抬高「良知」，認為所有的經驗知識，都必須由此而出。不少學者認為這種態度顯示出一種「良知的傲慢」，把人生下來的一些簡單的天性，變成了無所不能，無所不知的所謂「良知」，又把這種「良知」說成是具有無所不能的能力，可以發展出知識，成了與現實脫節的虛論。不但如此，這種無限抬高「良知」的說法，無視於經驗科學的獨立性，也無視於科學的方法，徒然讓儒學的理論添加了許多不切實際的虛構性。這種「良知的自我坎陷」說對於儒學的傳承和科學的發展來說，都是沒有好處的。從演化倫理學的觀點來看，「良知」本身有還是沒有，到底是什麼都還有問題，怎麼可能在坎陷之後，還能導出經驗科學呢？說經過「良知的自我坎陷」之後，就可以開出認知科學，這實在是難以想像的事情。這樣的理論自然是無法成立的。

良知的傲慢

以牟宗三為代表的狹義現代新儒家先是人為的劃分了本體界和現象界，然後認為本體高於現象，把代表本體的「良知」無限抬高，認為所有的東西，包括科學知識在內，都必須由此而開出。有些學者把這種無限抬高「良知」的態度，稱之為「良知的傲慢」。

這樣的批評，首先見於余英時在 1991 年發表的〈錢穆與新儒家〉一文[92]，文中表示錢穆雖然一生推崇儒學，但是卻與

---

[92] 收錄於余英時，《現代儒學論》（臺北：八方文化，1996），頁 103-158。

熊十力、唐君毅、牟宗三為代表的現代新儒家不是一道。他提到：在西方歷史上，在啟蒙運動之後，基督教的影響開始降低，也促成了政教的分離。像是美國開國元勳傑佛遜 (Thomas Jefferson, 1743-1826) 就有一句名言：「無論我的鄰人說有二十個上帝或根本沒有上帝，對我都毫無關係。」[93] 這就是說，對於個人很重要的終極信仰與民主政治是完全不相干的。但是跟西方歷史上啟蒙思想的傾向對比，有些新儒家卻走上了相反的方向，不但堅持中國的道統必須繼續佔有原有的中心位置，而且還賦予道統以更為積極的功能，要「開出」政統與學統。余英時認為，新儒家所表現的那種「君臨」姿態，顯示新儒家的心態是一種「良知的傲慢」。

余英時認為新儒家的「良知的傲慢」是受現代「知性的傲慢」的刺激而產生的反應。認為只要比較一下，就可以看出來新儒家的主張，其實是對科學主義的反模仿。科學主義者講「真理」，新儒家反之以「道體」；科學主義者講「客觀性」，新儒家反之以「主體性」；科學主義者講「事實」，新儒家反之以「價值」；科學主義者講「理性」，新儒家反之以「良知」或「道德理性」(moral reason)；科學主義者講「科學方法」，新儒家反之以「證悟」或「成德工夫」；科學主義者以「認知身份」決定各種學術專業的高下，新儒家反之以「道德身份」；科學主義者講「科學理性」，新儒家反之以「知識為良知之發用」。新儒家

---

93. "It does me no injury for my neighbor to say there are 20 gods or no God. It neither picks my pocket nor breaks my leg." 原文見余英時，《現代儒學論》（臺北：八方文化，1996），頁 149。

處處與科學主義者針鋒相對，一切反其道而行之。新儒家為了對抗科學主義，在有意無意之間，走上了反模仿的道路。而「良知的傲慢」更遠在「知性的傲慢」之上。我們在此姑且不論所謂科學主義是否真的有這些缺點，但是余英時認為新儒家有這種「良知的傲慢」，卻是無庸置疑的[94]。

劉述先對此評論說：他不像牟宗三一樣無保留的支持陸象山，因為陸象山的規模狹窄，開拓不去，無法與朱子抗衡，同時其流弊也的確可以引起像余英時指出「良知的傲慢」這樣的問題[95]。

成中英也認為，新儒家希望能夠重建中華民族的文化精神，這無疑是值得讚揚的。但是新儒家也有不足之處：(1)現代新儒家急切強調中國文化及中國哲學的精神優越性，而忘記了其盲點和病疾。宋明儒把重點放在形上學的精神建造上，對社會缺乏批判力，對文化缺乏創造力，這是其封閉和軟弱的一面。(2)如果過份地注重理性知識而忽略價值理想，會陷入西方實證主義所講的「知性的傲慢」，而過份地注重價值理想而輕視理性知識，就會陷入余英時所說的「良知的傲慢」。(3)新儒學從梁漱溟、熊十力到唐君毅、牟宗三，陷入一種困境，它對歷史本身的多元開展，缺乏一種開放性的認識，容易造成門戶之爭，他們的主張抑朱揚陸，說明了他們的哲學體系架構的狹隘性[96]。

---

94. 余英時，《現代儒學論》（臺北：八方文化，1996），頁155-156。

95. 劉述先，《儒家哲學的典範重構與詮釋》（臺北：萬卷樓，2010），頁320。

96. 奚劉琴，《第三代新儒家儒學詮釋與創新——以成中英、杜維明、劉

　　林安梧對此也評論說：當代新儒家背後是主體主義的，是道德中心主義的。正因為如此，良知成了不容置疑的頂點，是中國儒學中存在的存在，本質的本質，這麼一來，就難免被誣為「良知的傲慢」[97]。

　　從演化倫理學的觀點來看，所謂「良知」頂多就是人類經過幾百萬年的演化，對於自己的親人會有愛護的傾向，對於有可能與自己合作的其他人，可以發展出互惠利他的行為，如此而已。一些新儒家的學者把這些基於「自私的基因」發展出來的善意，當成了不但是所謂本體界的頂點，還成了所有經驗知識的根源，這實在是無法成立的，用「良知的傲慢」來形容，的確有它相當的正確性。

人有沒有「智的直覺」？

　　牟宗三先生提出的另外一個理論重點，就是認為人有「智的直覺」(intellectual intuition)。他認為：智心有兩層，一是邏輯思辨的，一是智的直覺的。前者為知性層，後者為超知性層。西方哲人所把握者，大體以知性層為主。在中國，由孟子以至宋明儒者以「以仁識心」為主流，屬於後者。而荀子則是與西方文化之主流同其路向。在西方，唯有康德 (Immanuel Kant, 1724-1804) 能善言「道德的心」。凡只以智識心者，對

述先、蔡仁厚為例》(北京：中國社會科學出版社，2011)，頁 161。

97. 林安梧，《儒學革命──從新儒學到後新儒學》(北京：商務印書館，2011)，頁 71。

於人性俱無善解，凡順此路者，在知識上，必止於經驗主義與實在論 98。他還認為，康德雖強調人的實踐理性，但未肯定人有智的直覺，不承認人具有《大乘起信論》所肯定的如來藏自性清淨心，也就是像陸象山根據孟子所說的「本心」，或王陽明所說的良知意義的心 99。

牟先生所翻譯的「智的直覺」，在德文中是 "intelleckuelle Anschuuang"，英文翻譯為 "intellectual intuition"。鄧曉芒評論說：德文中的 "Anschuuang" 翻譯作 "intuition" 有問題。因為 "Anschuuang" 有 「靠在上面觀看」 的意思。英文的 "intuition" 則有 "Anschuuang" 沒有的意思，就是指內心某種主動地突發的靈感。而 "Anschuuang" 有靜態的「旁觀」的意思，這是 "intuition" 沒有的。英文中沒有與 "Anschuuang" 完全相應的詞，他認為中文應該翻譯作 「直觀」 而非 「直覺」。鄧曉芒因而把這個詞翻譯為 「智性直觀」 100。李明輝也用「智性直觀」的翻譯 101。「智的直覺」與「智性直觀」兩者的意思顯然有相當大的差別。因為「智的直覺」含有內心可以出現某種主動靈感的意思，而「智性直觀」

---

98. 牟宗三，《名家與荀子》（臺北：臺灣學生書局，1979），頁 225。

99. 牟宗三，《中國哲學十九講》（臺北：臺灣學生書局，1983），頁 300。

100. 鄧曉芒，《儒家倫理新批判》（重慶：重慶大學出版社，2010），頁 194。

101. 李明輝，《儒學與現代意識》（臺北：臺大出版中心，2016），頁 140。

則沒有。牟宗三等於是把康德的意思擴大化了。牟宗三先生的弟子李明輝也同意：牟宗三是將康德僅取其消極意義的「智性直觀」賦予了更積極的意義[102]。

牟宗三在《智的直覺與中國哲學》、《現象與物自身》、《圓善論》等著作中，提出道德的形上學或實踐的形上學的構想。指出道德的形上學含有兩層存有論，即「無執的存有論」和「執的存有論」，或曰「本體界的存有論」和「現象界的存有論」。他認為「執的存有論」主要取自康德，而「無執的存有論」則主要取自中國傳統哲學。在他看來，道德的形上學成立和證成有賴於三個前提：一是道德的優先性原則，二是人有限而可無限的原則，三是人可以有智的直覺的原則。康德只承認人有感觸的直覺，而不承認人有智的直覺，認為人只能認識現象，而不能認識物自身，認為只有上帝有智的直覺，而人沒有智的直覺[103]。

劉述先評論說：牟宗三推論的第一步是由當前的西方自然主義回歸到康德的理想主義，以康德打通中西哲學的橋樑。第二步則指出康德的不足，康德把「現象」與「物自身」二分，認為只有上帝才有「智的直覺」，以致於與道體有所睽隔。最後一步要回歸中國傳統，認為儒家能體證「性理」、佛教能體證「空理」、道家能體證「玄理」，因此儒釋道三教都肯定人有「智

---

102. 李明輝，《儒學與現代意識》（臺北：臺大出版中心，2016），頁140。

103. 顏炳罡，《當代新儒學引論》（北京：北京圖書館出版社，1998），頁393-400。

的直覺」[104]。

但是，當代學者中有不少對於牟宗三有關「智的直覺」的說法持保留、甚至批判的態度。像是劉述先就評論說：他對於「智的直覺」的說法有疑問。就康德的「純理批判」的原意而言，人只能有感性直觀，不可能有智的直覺，只有在上帝的情況下，才有智的直覺。所以，牟宗三說中土三教都肯定有「智的直覺」，其實是說對於道有直接的體悟，並未遵守康德用這一詞的原意[105]。

成中英認為：牟宗三在借用康德模式時，不知不覺陷入一個矛盾，即如果他用康德的思維典範，他是不能把本體對象化而又聲稱有「智的直覺」的。在康德那裡，超越的不可能內在，而內在的不可能超越。牟宗三所說的不是康德所講的。牟宗三與康德對所謂「物自身」、「智」、「智的直覺」都有不同意義的界定與解說，因而得出了截然相反的結論，揭示牟宗三的道德形上學在科學理性方面的欠缺[106]。

林安梧認為：牟宗三強調的是心學，而他所說的「心」，是普遍意義的、超越意義的、帶有抽象性，它不夠落實，不夠具體，因為只有那樣才能夠談「智的直覺」。他講的「良知」、「智

---

104. 劉述先，《儒家哲學的典範重構與詮釋》（臺北：萬卷樓，2010），頁167。

105. 劉述先，《當代中國哲學論——問題篇》（臺北：八方文化，1997），頁255。

106. 奚劉琴，《第三代新儒家儒學詮釋與創新——以成中英、杜維明、劉述先、蔡仁厚為例》（北京：中國社會科學出版社，2011），頁135。

的直覺」，越來越絕對、越形式化，變成一個主智主義與形式主義的傾向[107]。

馮耀明認為牟宗三把康德的「智的直覺」概念移植到中國哲學上來，不但對中西哲學之會通無大助益，也使中國哲學裡面，儒釋道三家的義理扭曲，失去三教個別的特色與本義[108]。

李澤厚認為牟宗三講的「智的直覺」等玄之又玄，顯得蒼白無力。牟宗三硬要把它抬高到「心體」、「性體」，甚至「天命」、「天理」的「本體」高度。他以為牟宗三講的這些主張是矛盾的，是說不通的[109]。

鄧曉芒把康德有關「智的直覺」這一觀念翻譯為「智性直觀」。鄧曉芒認為：牟宗三對康德「智性直觀」這個概念的理解是不準確的，他從康德的這個概念過渡到中國哲學的立場是不合法的。在中國哲學的意義上，承認「智的直覺」，是從康德的批判高度退回到非批判的、獨斷論的陷阱[110]。

因此，我們可以看到批評牟宗三「智的直覺」這一觀念的學者相當的多，批評的理由也是多方面的。那麼人到底有沒有所謂「智的直覺」呢？如果我們從演化倫理學的觀點來看這個問題，首先牟宗三認為智心有兩層，一是邏輯思辨的，一是智

---

107. 林安梧，《儒學革命——從新儒學到後新儒學》（北京：商務印書館，2011），頁 211。

108. 馮耀明，《「超越內在」的迷思——從分析哲學觀點看當代新儒學》（香港：香港中文大學出版社，2003），頁 139。

109. 李澤厚，《哲學綱要》（北京：北京大學出版社，2011），頁 94。

110. 鄧曉芒，《儒家倫理新批判》（重慶：重慶大學出版社，2010），頁 189。

的直覺的。那麼真的有這兩層嗎？怎麼樣能證明有這兩層呢？說到底，這些無非都是一些形上學的假設和推論，實際上是無法證明的。

其次，什麼叫做「直覺」？直覺應該是人可以不需要外界資訊，也不需要其他任何知識，憑自己腦子的思索，就可以直接得到正確結論的東西。或者我們可以說，「智的直覺」應該是「不學而知」的東西。可是，我們從一般人類的表現就可以瞭解，實際上實在是沒有這樣的東西。牟宗三認為儒家有「性理」、佛家有「空理」、道家有「玄理」，因此儒釋道三教都肯定人有「智的直覺」。可是這三教所說的「理」真的是憑「直覺」就可以「不學而知」的嗎？如果我們把這種玄而又玄的理論引進到儒學當中來，對於儒學的發展和現代化又是否有益呢？如果一定要說人有什麼「不學而能」的事情，那麼前面我們提到人由於「自私的基因」，根據「近親選擇」理論，對於家人會有親情，但也僅此而已。人類其他的能力都是從經驗中學習得來的，即使是一個人的判斷，也是要從觀察學習中，經過歸納演繹才能逐漸得到的，與「智的直覺」實在不是同一回事。

自律道德與他律道德

牟宗三提出自律道德和他律道德的區分。他首先建構「兩層存有論」，借助於《大乘起信論》中「一心開二門」的說法，《大乘起信論》中有云：「依一心法有二種門。云何為二？一者心真如門，二者心生滅門。是二種門皆各總攝一切法。」牟宗

三認為我們的「一心」可以開出「心真如門」和「心生滅門」。牟宗三把「心真如門」和「心生滅門」聯繫到康德哲學當中的「物自身界」和「現象界」。「心真如門」指的是「物自身界的存有論」,認為這是「無執的存有論」。而「心生滅門」指的是「現象界的存有論」,認為這是「執的存有論」[111]。兩層存有論的關係,實質上是本末體用的關係,「無執的存有論」是本,是體;而「執的存有論」是末,是用[112]。也就是說,牟宗三認為人類的心靈可以開出兩層存有論:一是「本體界的存有論」,又名「無執的存有論」;一是「現象界的存有論」,又名「執的存有論」[113]。因此,牟宗三所謂的兩層存有論,指的就是康德所說的「物自身界」和「現象界」。

所謂自律道德和他律道德的分別則在於:是否承認孟子的「本心」義,接受「心即理」的義理架構?如果是的話,則屬於自律倫理學。不接受此義理架構,但有一個獨立意義的「道德主體」概念,仍不失為自律倫理學,此如康德所表現的形態。如果像朱子一樣,連「道德主體」的概念也不承認的話,便只能認為是他律倫理學[114]。因為在牟宗三的系統中,孟子的「心」

---

111. 林安梧,《儒學革命——從新儒學到後新儒學》(北京:商務印書館,2011),頁 294。

112. 顏炳罡,《整合與重鑄——牟宗三哲學思想研究》(北京:北京大學出版社,2012),頁 21。

113. 牟宗三等,《當代新儒學論文集——總論篇》(臺北:文津出版社,1991),頁 38。

114. 李明輝,《儒家與康德》(臺北:聯經出版,1990),頁 45。

猶如康德的「意志」，是能自定法則、自由自律的道德主體。在朱子的系統中，這種意義的道德主體不能成立，故朱子的倫理學就成為他律倫理學 [115]。

在這方面，一些其他學者也有不同意見。像是李澤厚，他認為朱熹的倫理學之所以還附有認識論，即由認識外在世界事物的「理」（秩序）以達到對作為倫理本體的「理」（道德）的自覺。這也就使得朱熹的哲學體系，比起陸象山、胡五峰、謝上蔡等人來，它所包含的現實內容遠為豐富飽滿，它的邏輯結構和分析層次也遠為細緻清晰。所以，李澤厚說他的看法與牟宗三的觀點正好相反 [116]。此外，杜保瑞也評論說：他不同意牟宗三認為朱熹是他律道德而非自律道德的說法。他認為，一切道德活動皆應是自律的活動，道德與自律是套套邏輯 (tautology) [117]。

依照演化倫理學的觀點來看，孟子所謂的「本心」，其實就是前面我們討論的「良知」和「良能」。人類即使有「良知」和「良能」，這些「良知」、「良能」頂多可以說就是演化倫理學所說的，人類經過幾百萬年的演化，所具有的愛護親人的傾向和在適當情況下人與人之間的互惠利他行為。除此以外，人的道德觀念都是從外界的經驗知識得來的。即使演化倫理學所說的

---

115. 李明輝，《儒家與道德》（臺北：聯經出版，1990），頁 142。

116. 李澤厚，《中國古代思想史論》（臺北：三民書局，2012），頁 270。

117. (1)杜保瑞，《南宋儒學》（臺北：臺灣商務印書館，2010），頁 258；
　　(2)杜保瑞，《牟宗三儒學平議》（臺北：臺灣商務印書館，2017），頁 380。

愛護親人和互惠利他，也是人類在幾百萬年的演化過程中，在群體生活中歸納出來的社會行為規則。因此所有的這一切，都是與經驗有關的。所謂自律與他律，即使有的話，其實也只是人類在演化過程中所繼承保留下來的，與人生下來以後在社會中學習得來的分別，其間的關係只是在時間累積上的先後，而不是有著絕然不同的性質。因此自律道德和他律道德，即使這兩者之間有一些不同，也都是人類從經驗中得到的。強調兩者的不同，其實並沒有太大的意義。

宋明儒學對於人性的分析不夠深入

孟子主張性善，荀子主張性惡，他們的理論至少在表面上看起來有相當大的出入。不過，在唐朝以前，孟子的地位與諸子並無分高下，與荀子、揚雄、董仲舒並稱[118]。在漢代，荀子的影響甚至還要高於孟子[119]。但是宋明理學家開始抬高孟子，貶抑荀子。孟子的性善說變成此後儒家不可辯駁的共識。像是《三字經》的第一句就是「人之初，性本善，性相近，習相遠。」《三字經》據傳是宋朝人王應麟 (1223-1296) 所作，所以在中國社會流傳已經有七百多年了。性善說的主張有其優點，卻也有它的缺點。其優點是假如一般人都能有這種性善的共識，可以達成社會上某種程度的和諧。但是其缺點就是這種主張與

---

[118]. 陳來，《宋明理學》（遼寧：遼寧教育出版社，1991），頁23。

[119]. 陳榮捷編著，《中國哲學文獻選編》（臺北：巨流圖書，1993），頁201。

實際情形不甚相符，因為這種主張對於真正的人性分析過淺，甚至有的時候變成自欺欺人，讓儒家性善論主張的影響力下降。

正如當代儒家學者韋政通所論：從人性論的角度看，儒家倫理對生命體會膚淺，對人性負面認識不夠深刻[120]。孟子主張性善，但是對於擴充工夫上的複雜性和艱難性所知太少，也就不免把工夫看得太容易[121]。孟子講性善，陸象山主張「發明本心」，王陽明主張「唯吾心之良知自知之」，都認為只要靠個人的良心就可以達到社會的平安，因而沒有充分注意到社會上外在法治的重要性，這會讓人類社會走上重人事、輕法律的偏差道路。余英時也認為：由於王陽明「良知」論的偏差，王門後學竟然有了「滿街都是聖人」的弊端[122]。對於社會上的惡，沒有提出合理的解釋，也沒有提出適當的對策。

如果我們跟西方社會比較，羅馬帝國的君士坦丁大帝（Constantine the Great，約公元 272－337 年，公元 306－337 年在位）改信了基督教。到了公元 380 年，羅馬皇帝狄奧多西一世（Theodosius I，約公元 346－395 年，公元 379－395 年在位）下令，除了基督教外，禁止其他各種教派活動，基督教因而變成了羅馬帝國的國教。西方國家在思想上因而多受猶太－基督教傳統的影響。而基督教對於人性，根據《舊約·

---

120. 尹文漢，《儒家倫理的創造性轉化——韋政通倫理思想研究》（安徽：安徽人民出版社，2008），頁 31。

121. 韋政通，《中國哲學思想批判》（臺北：水牛出版社，1976），頁 99 起。

122. 余英時，《現代儒學論》（臺北：八方文化，1996），頁 147。

創世記》伊甸園亞當夏娃的神話故事，聲稱人是有原罪的，形成人性有罪論。其故事雖然屬於神話而無足論，但是其效果卻等於是認為人性是本惡的，因而必須設立各種法律制度，來制約人的行為，因為沒有這些法律制度的話，人是必然會觸犯規律的。西方社會等於是誤打誤撞，以一個荒誕不經的理由，走上比較講求法治、而不是偏重人治的道路。

由於宋明理學堅持孟子的性善論，這種主張使得後世儒家學者對於人性的實際情況，沒有能夠深入探討。讓儒家過去對於人性的分析流於膚淺，也降低了儒學的實際效用。過去儒家在社會上的地位，主要是靠科舉制度的官學來支撐的。但是1905年廢除了科舉制度，尤其是1911年辛亥革命和1919年的五四運動之後，儒家思想失掉了支撐的樑柱，使得其影響力大減。就如近代學者所言，儒學因為無關實際，變得只剩一個軀殼，成為一個遊魂[123]。儒家思想是中華文化的核心，這種現象自然是我們所不樂見的，而其重要的解決方法之一，就是正視人性問題的真象，要讓儒家有關人性的思想能夠與實際切實相關。事實上，這對於傳統儒家思想來說，一點都不困難。因為我們在前面已經討論過，儒家本來就有孟子性善論和荀子性惡論的傳統，把兩者結合起來，就是一種「善惡並存」完整的人性論。而演化倫理學正好可以為這樣的結合提供堅實的科學基礎。

---

123. 余英時，《現代儒學論》（臺北：八方文化，1996），頁35。

未來的儒學應該強化經驗論的成分，孟荀並重

孔子是儒學的開創者，先秦時期儒學的兩大傳人是孟子和荀子。在唐朝以前，孟子的地位與諸子無分高下[124]。在漢代，荀子的影響甚至要大於孟子[125]。但是到了宋明理學之後，因為荀子主張性惡，受到宋明理學家的排斥，儒學變成了孔孟儒學。在隋唐以前，周孔並稱。唐宋以後，轉以孔孟並尊。孟子被尊為亞聖，孟子儼然成為在孔子以後，儒家學術唯一正統的繼承者[126]。

其實孟子代表了儒家中理想主義的一派，而荀子代表了儒家現實主義的另一派[127]。孔子在中國的地位，與蘇格拉底在西方哲學相似。孟子與柏拉圖相似，荀子與亞里士多德相似[128]。

從儒學奠基的時期開始，內部就實際存在著兩條不同的義理之路。其中之一以孟子為代表，強調道德的先驗性，以縱貫、內省為特徵。另一派則以荀子為代表，強調道德的後天人為，

---

124. 陳來，《宋明理學》（遼寧：遼寧教育出版社，1991），頁 23。

125. 陳榮捷編著，《中國哲學文獻選編》（臺北：巨流圖書，1993），頁 201。

126. 韋政通，《荀子與古代哲學》（臺北：臺灣商務印書館，1992），頁 4。

127. 馮友蘭，《中國哲學簡史》（天津：天津社會科學院出版社，2005），頁 60。

128. 馮友蘭，《中國哲學史》（臺北：臺灣商務印書館，1993），頁 140。

以橫貫、外觀為特徵。這一差別經過宋明理學的發展，最終形成了注重明心見性的陸王心學與強調格物窮理的程朱理學的分野。現代新儒學中也有兩種不同理路，分別與陸王心學和程朱理學有著一定的關聯。從熊十力、牟宗三到劉述先、杜維明保持了陸王心學的傳統，充分突顯了本心本性的價值意義。而馮友蘭、方東美、成中英、余英時等人則突顯了認知理性在儒家哲學現代重建中的重要性[129]。不過，這其中有一個重要的差別就是：熊十力、牟宗三、劉述先、杜維明等人明顯的繼承陸王，也都推重孟子，而馮友蘭、方東美、成中英、余英時等人雖然傾向程朱，卻沒有直接連繫到荀子。顯示一直到現在，荀學的重要性還是沒有受到足夠的重視。

　　荀子講性惡，是由實際經驗的觀察立論。他對天也採取自然主義的態度。荀子彰顯的是一種客觀的精神，這適與孟子之彰顯道德主體形成對比[130]。孟子重心性，荀子重經驗。因此，孟子與荀子之學，各有主張各有特色，應該都是不可或缺的，也是可以互補的。

　　孟子講性善，是指人先驗地具有善的道德理性。荀子說性惡，是說人必須自覺地用現實社會的秩序規範來改造自己，所以說「其善者，偽也」，「偽」是「人為」的意思，善是人為做出來的，是控制、節制、改變自己內在自然性的結果。可見性

129. 魏彩霞，《全球化時代中的儒學創新——杜維明的現代新儒學思想》（北京：中國社會科學出版社，2004），頁17。

130. 劉述先，《儒家哲學的典範重構與詮釋》（臺北：萬卷樓，2010），頁99。

善性惡之爭，來源於對社會秩序規範根源的不同理解：孟子歸結於心理的先驗，荀子歸結於現實的歷史；從而前者著重於主觀意識的內省修養，後者著重客觀現實的人為改造[131]。這兩者都有一定的道理，都是不可或缺的。

荀子對於漢朝儒學影響很大，但宋朝以後卻受忽視，直到19世紀才有些轉變。但他的自然主義、實在主義、對於邏輯的重視，對進步的信仰、對法律的強調，對於現代中國人都有吸引力。在中國思想史上，宰制自然的觀念，再也沒有像荀子說的如此明確的了[132]。宋明之後，荀子受到排斥，中國人沒有能夠根據荀子經驗主義的精神發展出科學來，實在是中國歷史上的大不幸。

荀子強調文化的累積，以及人的改造，所以其論學的具體主張，強調對自然的改造。荀子在知識論方面的主張接近西方經驗主義的觀點，荀子重知覺，所以他的基本立場是接近西方哲學中經驗主義和實證論這一條路線的[133]。

荀子的理智主義與孟子的道德主義相對立，孟荀所爭的，是一個德性與理智究竟那個優先的問題，這是一個影響到道德精神基礎的根本問題[134]。

---

131. 李澤厚，《中國古代思想史論》（臺北：三民書局，2012），頁 113。

132. 陳榮捷編著，《中國哲學文獻選編》（臺北：巨流圖書，1993），頁 202-207。

133. 勞思光，《新編中國哲學史㈠》（臺北：三民書局，1981），頁 330-335。

134. 韋政通，《中國思想史》（臺北：水牛出版社，2005），頁 305。

　　近代儒家學者中，對於荀子比較推重的，韋政通是其中一位。他認為：程朱系統重知識的路向，從荀子即已發端，朱子講道統，「而荀子不與焉」，在朱子自己的思想上實有一個不小的矛盾[135]。孟子道德意識太強，只管義不管利，也不管這利究竟是公利還是私利，在他的影響下，後世儒者多有貴義賤利之說[136]，諱言富強，這流弊是很大的。反觀荀子則不然，標禮義而不諱言富強[137]。排斥荀子之學，對於後來中國科技與經濟的發展都有不良的影響，實在是非常令人遺憾的。

　　朱子的心態同於荀子，討論的心性問題卻又是孟子的。等於是在荀子的根基上消融了孟子。如果這個看法能成立，那麼朱子的理學，明的雖是在尊孟子，暗地裡卻復活了荀子的理路。孔子之學涵蓋性甚廣，可以發展成孟子的形態，也可以發展成荀子的形態，合之則兩美。王陽明則是朱子最有力的反對者[138]。朱子對人的道德心性和道德行為可由窮理而獲致深信不疑，與荀子「知明而行無過」所抱的實是同一信念[139]。

　　朱子的心態，基本上不能發展孟子的傳統，但是在他的時代，在專制與佛教的雙重壓力下，不得不重建道統與之對抗，這使他的思想不得不湊合孟子，因而也造成他系統內部的不

---

135. 韋政通，《中國思想史》（臺北：水牛出版社，2005），頁927。

136. 韋政通，《中國思想史》（臺北：水牛出版社，2005），頁988。

137. 韋政通，《荀子與古代哲學》（臺北：臺灣商務印書館，1992），頁120。

138. 韋政通，《中國思想史》（臺北：水牛出版社，2005），頁1169。

139. 韋政通，《中國思想史》（臺北：水牛出版社，2005），頁1172。

協調[140]。

中國傳統哲學的精神，不免偏限於主體的一面。今天的新哲學精神，重點在如何開出客觀的精神，而這正是荀子的思路。荀子在兩千多年前，就有了自然法則的概念，不能不說是人類文化的奇蹟。假如荀子的思想能發展開來，中國文化除了孔孟的道統以外，必將有一類似西方的科學傳統[141]。孟子心性之學含藏的一個問題，是他沒有注意到經驗知識在道德實踐工夫中應該佔怎樣一個地位，這個問題嚴重影響到後世儒學的發展，也伏下宋代以後儒家內部長期爭論的因子。荀子則重視經驗知識，探討知行問題、人性問題時都採取經驗的觀點。他主張「知明而行無過」，這是知識優先的成德論，與孟子主張人之成德必須發於道德的心性根本不同[142]。

在宋明理學階段，儒學越來越偏於理想化、內聖化、心性化。現代新儒家的代表人物，更是正面以宋明理學的所謂道德理想主義作為儒學判教的依據，對荀子乃至朱熹或多或少地表現出現實主義或經驗主義傾向的思想家，拼命貶抑[143]。

但是，這些對於荀子和朱子的批評是不公正的。因為首先，孟子與荀子的義理都有其各自的理由，不可偏廢。中國歷史到了後期，沒有注重荀子的經驗主義和實證論的觀點，沒有能發

---

140. 韋政通，《中國思想史》（臺北：水牛出版社，2005），頁1239。

141. 韋政通，《傳統與現代之間》（北京：中華書局，2011），頁61-64。

142. 韋政通，《傳統與現代之間》（北京：中華書局，2011），頁182。

143. 韓德民，《荀子與儒家的社會理想》（山東：齊魯書社，2001），頁22。

展出自然科學，是中華民族的大不幸。19 世紀以後，開始有學者注重荀子思想在中國哲學上的重要性，像是胡適、蕭公權、楊筠如等都是如此[144]。到了 21 世紀的今天，我們都已經瞭解科學的重要性，再不注重荀子的主張，就更為不智了。

近代有些學者開始強烈推崇荀子。傅斯年認為：「荀子之論學，雖與孟子相違……而實為孔子之正傳，蓋孟子別走新路，荀子又返其本源也。」[145]又曰：「在人論上，遵孔子之道路以演進者，是荀卿而非孟子。」王恩洋 (1897-1964) 在 1945 年出版的《荀子學案》中稱荀子是「中國二千年前之經驗派哲學大師」，說：「荀子之學說思想，一言以蔽之曰經驗派是也……自英倫霍布斯、培根、洛克、休謨等，次第出現，乃造成海洋派之經驗學派，破除上帝之信仰，天國之夢想，而事事求實於事……謂歐洲近代文明均導源於經驗學派而長養完成之，亦不為過也……然而孰謂有荀子者，乃於二千年前，竟成立最完整而宏博之經驗學說於中土。其光輝炳煥，其魄力滂沛，上同於蘇格拉底、柏拉圖、雅里士多德，而下合於霍布斯、培根、邊沁、休謨而無愧，且又過之，不亦偉乎！」[146]

有些基本上主張陸王心學的學者，也注意到荀學在今天的重要性。像蔡仁厚就表示：從中國文化心靈中透顯知性主體，

144. 韋政通，《中國思想史》（臺北：水牛出版社，2005），頁 337。

145. 康香閣、梁濤主編，《荀子思想研究》（北京：人民出版社，2014），頁 66。

146. 康香閣、梁濤主編，《荀子思想研究》（北京：人民出版社，2014），頁 66。

仍當求之於儒家，而荀子即其選也。荀子的思路，與西方重智
系統相接近。居今日而談中國文化之新開展，首要之事即在調
整民族文化心靈的表現形式，荀子正可提供這一思想的線索。
在中國儒家重仁的系統中，要使知性主體充分透顯獨立出來，
荀子的思路是必須正視的 [147]。

　　甚至連嚴厲批評朱子，思想上走陸王心學之路的牟宗三也
認為，後儒尊孟抑荀，不能將荀子所表現的知性形態充分拓展
與開發，是中國文化的大不幸。他說：「荀子所開出之『知性主
體』與『自然』之關係，即理解形態之表現於科學知識一面，
則後來無能承之者。荀子之學一直無人講，其精神一直無人解。
此中國歷史之大不幸。」 [148]

　　許多學者都注意到：荀子、程頤和朱子都有經驗論的傾向，
而荀子與朱子的經驗論傾向尤其明顯 [149]。朱子之所以沒有繼承

---

147. 蔡仁厚，《孔孟荀哲學》（臺北：臺灣學生書局，1990），頁 529-
　　530。

148. 顏炳罡，《整合與重鑄——牟宗三哲學思想研究》（北京：北京大學出
　　版社，2012），頁 58。

149. 關於荀子的經驗論，可見：(1)陳榮捷，《中國哲學文獻選編》（臺北：
　　巨流圖書，1993），頁 203；(2)徐復觀，《中國人性論史——先秦篇》
　　（臺北：臺灣商務印書館，2010），頁 225；(3)韋政通，《中國思想
　　史》（臺北：水牛出版社，2001），頁 319。關於朱子的經驗論，可
　　見：(1)張君勱，《新儒家思想史》（臺北：弘文館出版社，1986），頁
　　233；(2)韋政通，《中國思想史》（臺北：水牛出版社，2001），頁
　　1166；(3)張岱年主編，《中華的智慧》（臺北：貫雅文化，1991），頁
　　381。

荀子，而仍然隨著其他宋明理學家把孟子當作是儒學的正宗，荀子的性惡論應該是主要的原因。就如程頤所說的：「荀子極偏駁，只一句性惡，大本已失」[150]，朱子也說：「不須理會荀卿，且理會孟子性善。」[151]如果去除掉後世儒者對於荀子性惡論的顧忌，那麼荀子和朱子的思想傾向是非常接近的，而與陸王心學有著明顯的差異[152]。

到了 21 世紀的今天，演化論已經成了生物學界的共識，由基因理論而來的「近親選擇理論」也受到大多數生物學者的認可，由此演發出來的演化倫理學讓荀子的人性論主張得到自然科學的支持。荀子的經驗主義和實證論的態度，更是自然科學發展的基石。歷史上從韓愈開始的尊孟抑荀風氣，到宋明理學的強烈排斥荀子，已經讓中國人在科學發展上浪費了至少一千年的時光，今後再不能這樣耽誤下去了。孟荀之學各有主張，也各有其長。國人今後繼承發揚儒學，應該要孟荀並重，在談到儒家先哲時，應該孔孟荀並列。再不要以孔孟自限，辜負儒學的大好傳承了。

---

150. 《近思錄‧聖賢》，卷 14。

151. 《朱子語類》，卷 8。

152. ⑴牟宗三，《從陸象山到劉蕺山》（上海：上海古籍出版社，2001），頁 62；⑵韋政通，《中國思想史》（臺北：水牛出版社，2001），頁 1169。

傳統儒學中過去被忽略的經驗論者應該受到尊重，同列主流

我們在上節提到儒學今後應該重視荀子，講到儒學先師應該孔孟荀並列。孔子是開創者，他的思想帶動後來的發展，可以總括儒學。孟子代表了儒家理想主義的一派，而荀子代表了儒家現實主義的一派[153]。美國哲學家和心理學家威廉‧詹姆士 (William James, 1842-1910) 認為：依哲學家之性情氣質，可將其分為二類：一為軟心的哲學家，其心既軟，不忍將宇宙兼有價值的事物歸納於無價值者，故其哲學是唯心的、宗教的、自由意志論的、一元論的。一為硬心的哲學家，其心既硬，不惜下一狠手，將宇宙間有價值的事物概歸納於無價值者，故其哲學是唯物的、非宗教的、定命論的、多元論的[154]。詹姆士的看法，可見其所著《多重宇宙》(*Pluralistic Universe*, 1909)。在西洋哲學中，柏拉圖為軟心派之代表，亞里士多德是硬心派的代表。而在儒家傳統中，孟子為軟心的哲學家，其哲學有唯心論的傾向。荀子為硬心的哲學家，其哲學有唯物論的傾向[155]。不過，英文的 "idealism" 和 "materialism" 翻譯成中文的「唯心論」和「唯物論」，意思趨於絕對有些過強，應該像張岱年所

---

153. 馮友蘭，《中國哲學簡史》（天津：天津社會科學院出版社，2005），頁 60。

154. 馮友蘭，《中國哲學史》（臺北：臺灣商務印書館，1993），頁 15。

155. 馮友蘭，《中國哲學史》（臺北：臺灣商務印書館，1993），頁 352。

主張的，把哲學中的「唯」字都改為「本」，唯心論和唯物論應該改稱為「心本論」和「物本論」，可以避免許多誤解[156]。

如果我們這樣來理解的話，在中國哲學史上，就遠不止只有荀子一位強調經驗論的學者。像是東漢的王充 (27-99)、南北朝的范縝（約 450-515 年）、北宋的李覯 (1009-1059)、南宋的朱熹 (1130-1200)、陳亮 (1143-1194)、葉適 (1150-1223)、明代的羅欽順 (1466-1547)、王廷相 (1474-1544)、明末的方以智 (1611-1671)、王夫之 (1619-1692)，和清代的戴震 (1723-1777) 等人，都與荀子一樣，有著經驗主義的傾向。但是除了朱子以外，在宋明理學的影響下，在傳統儒學中他們大多沒有受到足夠的重視。他們的思想一般也沒有能夠系統化，成為中國哲學上的主流，或者兩個主流之一。

過去傳統上把宋明儒學分為程朱理學和陸王心學兩個系統，都歸宗於孟子之下，而撇開了荀子。這樣的分法其實是不全面的。如果我們把荀子放進來，並且把儒學分為孟陸王與荀程朱兩系，則不但可以更完整的表現歷史上的儒學傳承，而且可以與西方的唯理論 (idealism) 和經驗論 (empiricism) 相對應。如此，中國傳統儒學包含的領域可以大幅擴展，不但可以與西方哲學有對應的關係，也不會像黑格爾所說的那樣，中國沒有真正的哲學。有些當代新儒家的講法，僅僅只以孔孟為正統，而把荀子排除在外，只會把儒學弄得愈來愈狹隘，無法與現代科學相結合，實在是不利於儒學未來發展的。

---

[156]. 程志華，《中國近現代儒學史》（北京：人民出版社，2010），頁 219。

　　如果我們把上述這些有經驗論主張的學者包括進來，那麼從荀子開始，到王充、范縝、李覯，然後到朱子，繼之以陳亮、葉適、羅欽順、王廷相、方以智、王夫之和戴震，這將是一個有著非常堅實基礎的儒家經驗論學派，也將是儒學歷史上兩個主流之一。

對於儒家泛道德主義的批評

　　當代新儒家常被人批評為泛道德主義。所謂泛道德主義，就是指偏重道德而輕視其他文化活動，因而使這些活動不能均衡發展的哲學態度或意識型態[157]。也就是說，將道德意識越位擴張，侵犯到其他文化領域[158]。

　　批評當代新儒家為泛道德主義的學者當中，以韋政通和傅偉勳的觀點特別顯著。韋政通認為「泛道德主義」就是將道德意識越位擴張，侵犯到其他文化領域，去作他們的主人，而強迫其他文化領域的本性，降於次要的地位。最終極的目的是要把各種文化的表現，都變為服役於道德，和表達道德的工具[159]，因而在道德與文化的關係中，有著泛道德主義的流弊。

　　按照韋政通的說法，他認為傳統儒家經濟思想中所表現出

---

157. 吳汝鈞，《當代新儒學的深層反思與對話詮釋》（臺北：臺灣學生書局，2009），頁 36。

158. 韋政通，《儒家與現代化》（臺北：水牛出版社，1997），頁 85。

159. 尹文漢，《儒家倫理的創造性轉化——韋政通倫理思想研究》（安徽：安徽人民出版社，2008），頁 38。

來的泛道德主義有下面這幾項：⑴輕視勞力；⑵重分配而不重生產；⑶反富強；⑷輕視商人；⑸謀道不謀食[160]。

　　韋政通指責儒家思想的泛道德化，嚴重影響了儒家對其他問題的客觀研究。他指責儒家對人性問題認識膚淺，就是孟子設定人天生性善這個基點不斷發展出來的[161]。王陽明的一些觀點更是極端的泛道德主義的講法，其結果就是以道德的規律代替了自然和物理世界的規律，在這樣一個道德的世界裡，經驗知識怎能佔有一個適當的地位？科學知識怎麼才能發展得出來？[162]

　　傅偉勳認為，新儒家「泛道德主義」的立場，使他們以德行之知為優先於聞見之知，不承認這兩種知識的平等地位[163]。他認為儒家知識論的基本特徵是標榜泛道德主義，以德性之知，優於聞見之知。由是產生嚴密科學研究態度的奇缺，邏輯思考能力的薄弱，哲學論辯過於簡易化[164]。

　　傅偉勳認為：新儒家的這種封閉性和盲目自大，導致了新

---

160. ⑴韋政通，《儒家與現代化》（臺北：水牛出版社，1997），頁 100-106；⑵李明輝，《儒學與現代意識》（臺北：臺大出版中心，2016），頁 101。

161. 王立新、何卓恩主編，《思想的感染與生命的感動——獻給韋政通先生九十華誕》（湖南：岳麓書社，2018），頁 48。

162. 韋政通，《中國思想史》（臺北：水牛出版社，2005），頁 1253。

163. 見陳來〈傳統儒學的評價與反思〉一文中引用傅偉勳的話，見杜維明主編，《儒學發展的宏觀透視》（臺北：正中書局，1997），頁 790。

164. 見陳來〈傳統儒學的評價與反思〉一文中引用傅偉勳的話，見杜維明主編，《儒學發展的宏觀透視》（臺北：正中書局，1997），頁 837。

儒家學者創造力的匱乏，和理論建構的失敗。當代新儒家唯我
獨尊的心態是由於一種道德優位性的誤判，常落入泛道德的化
約主義（panmoral reductionism）。他認為，牟宗三的說法如
果不去掉泛道德主義的色彩，就很難真正應付尊重知性、探求
獨立自主性的西方科學與哲學的強烈挑戰，也就根本不可能具
有說服力[165]。

　　傅偉勳說：「一向以單元簡易的思維方式建立一種泛道德主
義傳統的中國儒家，已經無法適應政治日益民主自由化、思想
上日益多元化開放化的當前世界潮流。」[166]傅偉勳的批評認為：
傳統儒學一直重視道德，輕視知識，把道德主體放在最優的位
置，而視知性主體為道德主體的附屬品，沒有獨立的性格，因
此，知識的發展或知性的作用不能獨立進行，只能依附在道德
主體的脈絡下進行，這樣知識便缺乏獨立的領域，只能隨順道
德踐履的腳跟轉，難免導致科學知識的發展貧乏，追不上西方
在這方面有興旺發展的國家，最後在現實上吃虧，擋不住西方
國家的洋槍大砲。他認為儒學的確有這種重德輕知的問題，到
了明代大儒王陽明，更是如此。這是德性之知與聞見之知的融
合問題。他還進一步表示，儒家的「泛道德主義」的立場，使
他們以德行之知為優先於聞見之知，不承認這兩種知識的平等
地位。「知」從泛道德主義立場看，本身並沒有獨立的價值，只

165. 景海峰，《新儒學與二十世紀中國思想》（河南：中州古籍出版社，
　　　2005），頁307-308。

166. 吳汝鈞，《當代新儒學的深層反思與對話詮釋》（臺北：臺灣學生書
　　　局，2009），頁36。

是為了「行」的目的而存在。這種泛道德主義的偏愛，混淆了人倫道德和知性探求[167]。

方克立也評論說：「泛道德主義的傾向曾經限制了儒家哲學在自然觀、認識論、邏輯學等方面的開拓發展。……現代新儒家仍然把樹立人的道德主體放在第一位，然後由此道德主體轉出知性主體、政治主體、審美主體，……把人的一切活動的價值取向倫理化。在要求人的個性特徵和創造精神全面發展的時代，這顯然是一種缺乏『現代化』精神的落後的思想學說。現代新儒家如果不能克服『中體西用』的態度和泛道德主義的傾向，它的作用和影響就會受到極大的限制。」[168]

牟宗三先生的弟子李明輝在反駁韋政通和傅偉勳時，舉出他們兩位在批評儒家泛道德主義時，所引用的《論語》和《孟子》的辭句。像是《論語·子路》「樊遲請學稼」，孔子批評他「小人哉」，並且說了「焉用稼」的話。李明輝認為「小人」指的是以位言，而非以德言，並無輕視之意。另外，就是在《孟子·滕文公上》所說的：「勞心者治人，勞力者治於人；治於人者食人，治人者食於人，天下之通義也」也是以位言，而非以德言，都是基於社會分工的必要，原無價值高下之分，因此並沒有輕視勞工的意思。不過這樣的反駁，似乎仍然難以避免泛道德主義的批評。

---

167. 吳汝鈞，《當代新儒學的深層反思與對話詮釋》（臺北：臺灣學生書局，2009），頁36-39。

168. 吳汝鈞，《當代新儒學的深層反思與對話詮釋》（臺北：臺灣學生書局，2009），頁64。

儒學應該恢復內聖與外王並重

「內聖外王」一詞雖出自《莊子‧天下》，然而以之表現儒家之心願最為恰當。中國哲學家多講所謂內聖外王之道，內聖即「立德」，外王即「立功」[169]。

牟宗三說：「內聖」就是內而治己，作聖賢的工夫，以挺立我們自己的道德人品。「外王」就是外而從政，以行王道[170]。「內聖」與「外王」之間的關係，牟宗三認為是：依儒者之教，內聖必然含蘊著外王，因無隔絕人世獨立高山之頂之內聖。然外王之事必以內聖中之德為條件[171]。

對於內聖與外王的關係，現代儒學主要表現在三方面。一是梁漱溟、熊十力思想中內聖與外王相統一的傳統型態。二是馮友蘭思想中內聖與外王既統一又分離的過渡型態。三是以牟宗三的「良知坎陷」說為代表的「內聖開出新外王」的理路[172]。

李澤厚認為：孟子對孔學的發揚主要在「內聖」，荀子則主要是「外王」[173]。孔子讚管仲，如其仁。孟子則抨擊管仲，把重心放在內聖上。因此內聖與外王之間似有矛盾。由於強調必須先「修身治家」，知「禮」識「仁」，然後才能「治國平天

169. 馮友蘭，《中國哲學史》（臺北：臺灣商務印書館，1993），頁 9。

170. 牟宗三，《中國哲學十九講》（臺北：臺灣學生書局，1983），頁 398。

171. 牟宗三，《圓善論》（臺北：臺灣學生書局，1985），頁 167。

172. 李明輝主編，《當代新儒家人物論》（臺北：文津出版社，1994），頁 356。

173. 李澤厚，《中國古代思想史論》（臺北：三民書局，2012），頁 116。

下」。問題的重心就落到「內聖」這一方面。從孔子到孟子，儒
學「內聖」這一方面的優勢地位大為突出。以繼承孟子自許的
宋明理學更是如此。這種內聖之學，成了某種準宗教性的修養
與體驗，把人生意義的追求指向內在的完善和超越。一切外王
都只是為了內聖，於是外王本身就成為次要的了 [174]。

這種強調「內聖」先於「外王」的說法，受到一些批評。
傅偉勳認為：在倫理學方面，儒家必須瞭解到，內聖與外王並
沒有必然的關連 [175]。傳統儒家依此內聖外王之道，提倡德治理
治，在政治上只合乎人治理想，與源自近代西方的法治觀念格
格不入，儒家有見於內聖之道，無見於外王之道，混淆家庭道
德與公共道德之嫌，造成無謂的道德禍害 [176]。

對於新儒家由內聖開出外王的說法，有些新儒家學者本身
也有不同的意見。劉述先認為新儒家在當代之所以缺乏真正的
影響，就在於沒有能真正建立起合適的外王理論 [177]。蔡仁厚也
認為：宋明儒的成就偏重於內聖一面，外王事工則缺少表現，
此即所謂「內聖強而外王弱」 [178]。劉述先認為，現代新儒家所

---

174. 李澤厚，《中國古代思想史論》（臺北：三民書局，2012），頁116及
頁280-284。

175. 引自傅偉勳〈試論儒家思想的自我轉折與未來發展〉一文，見杜維
明，《儒學發展的宏觀透視》（臺北：正中書局，1997），頁650。

176. 引自陳來〈傳統儒學的評價與反思〉一文，見杜維明，《儒學發展的
宏觀透視》（臺北：正中書局，1997），頁795。

177. 方克立、鄭家棟主編，《現代新儒家人物與著作》（天津：南開大學出
版社，1995），頁356。

178. 方克立、鄭家棟主編，《現代新儒家人物與著作》（天津：南開大學出

面臨的困境之最大癥結，就在於不能落實「新外王」[179]。王邦雄也認為：科學與民主的內在主體是知識理性而不是道德理性，所以根據傳統儒學的價值是不對應的，社會政治問題不能僅由道德修養求得解決，內聖不一定能開出外王[180]。

湯一介認為，當代新儒學要求在吸收西方文化時，更好地保持發揚儒學，特別是如何使宋明心性之學得到發展，並改善社會。這裡有兩個要求，一是從內聖之學能否開出適應現代化民主政治的外王之道，另一個是能否從心性之學開出一個科學認識系統。湯一介認為這兩個要求都不可能實現[181]。

中國文化要面對的問題仍然是五四運動的主題：科學與民主。但目前中國哲學研究的主流仍然是宋明理學。整個宋明理學內聖強而外王弱，顧此失彼[182]。

余英時批評牟宗三提出的「內聖開出新外王」這種認為儒學的傳統可以充足地開出科學與民主的主張[183]。他認為：儒學

版社，1995），頁 364。

[179]. 景海峰，《新儒學與二十世紀中國思想》（河南：中州古籍出版社，2005），頁 296。

[180]. 見陳來〈傳統儒學的評價與反思〉一文中引用王邦雄的話，見杜維明，《儒學發展的宏觀透視》（臺北：正中書局，1997），頁 794。

[181]. 湯一介，見杜維明，《儒學發展的宏觀透視》（臺北：正中書局，1997），頁 830。

[182]. 石永之，《中國文化的再展開——儒學三期之回顧與展望》（安徽：安徽人民出版社，2011），頁 16。

[183]. 魏彩霞，《全球化時代中的儒學創新——杜維明的現代新儒學思想》（北京：中國社會科學出版社，2004），頁 19。

在私領域仍然可以發揮效用，就是「修身、齊家」。至於「治國、平天下」，則屬於公領域，已非儒家所能獨擅，其影響只能是間接的[184]。

李澤厚批評說，他對牟宗三過度強調「道德形上學」不滿意。認為儒家思想的精華只在於「心性論」方面，只有「內聖」方面值得保留，其「外王」思想必須拋棄，理由是儒家的「德治觀」，只會導致當政者走上自封聖人之途[185]。

林安梧也從原先「由內聖而外王」的思考，改而強調「由外王而調適內聖」；一反原先以「心性修養論」為核心，轉而強調以「社會正義論」為核心的哲學思考[186]。林安梧覺得，現在一個新的社會，儒學必須重新調整，而有一個新的內聖問題。就是不是從內聖怎麼開出外王，其實是從外王重新調節出一個新的內聖[187]。

新儒家認為要從「內聖」到「外王」。但是有些人認為，在現代「外王」與「內聖」的次序可能要調整一下。劉述先評論余英時的觀點時說：余英時大概是想把重心由內聖轉向外王，由政治文化的視域把外王的秩序重建變成了第一序，而把經典

---

184. 余英時，《宋明理學與政治文化》，頁 390，見李明輝，《儒學與現代意識》（臺北：臺大出版中心，2016），頁 308，註 87。

185. 陳榮灼，《現代與後現代之間》（臺北：時報文化，1992），頁 51。

186. 林安梧，《牟宗三前後──當代新儒家哲學思想史論》（臺北：臺灣學生書局，2011），頁 182。

187. 林安梧，《牟宗三前後──當代新儒家哲學思想史論》（臺北：臺灣學生書局，2011），頁 222。

詮釋與形上建構變成第二序[188]。林安梧也表示：他近年來想把
「內聖」與「外王」的次序調一下，強調由外王而內聖[189]。這
些評論都反映了儒學應該恢復內聖與外王並重的迫切性。

科學與民主的引進

　　五四運動與新文化運動中，對於儒學最大的批評，就是作
為中國傳統思想核心的儒家思想沒有能發展出民主與科學。而
這兩樣是現代國家立國的根基。五四運動因而提出了德先生與
賽先生的口號。新儒家為了要回答這個問題，也提出了一些解
釋。1958 年元旦，由唐君毅先生起草，以牟宗三、徐復觀、張
君勱、唐君毅四人名義發表的 〈為中國文化敬告世界人士宣
言〉，以下簡稱〈宣言〉，揭櫫新儒家的立場。其中有關民主與
科學的部份，雖然承認「中國文化歷史中，缺乏西方之近代民
主制度之建立，與西方之近代的科學，及各種實用技術，致使
中國未能真正的現代化工業化。」但是也說：「我們不能承認中
國之文化思想，沒有民主思想之種子，其政治發展之內在要求，
不傾向於民主制度之建立。亦不能承認中國文化是反科學的，
自古即輕視科學實用技術的。」認為民主與科學本來在中國也
有其種子。在民主制度方面的種子有：以民意代表天命的政治

---

[188]. 劉述先，《儒家哲學的典範重構與詮釋》（臺北：萬卷樓，2010），頁
270。

[189]. 林安梧，《儒學革命——從新儒學到後新儒學》（北京：商務印書館，
2011），頁 238。

共識、以諡法褒貶君主的史官制度，代表知識份子力量的宰相制度，以及提拔知識分子從政的徵辟制度、選舉制度，科舉制度等[190]。而在科學方面，〈宣言〉認為：「西方科學精神，實導源於希臘人之為求知而求知」[191]，也承認「此種科學之精神，畢竟為中國先哲之所缺」、「中國人之缺乏此種科學精神，其根本上之癥結所在，則中國思想之過重道德的實踐」。不過，〈宣言〉也指出：「關於科學與實用技術一層，我們須先承認中國古代之文化，分明是注重實用技術的，故傳說中之聖王，都是器物的發明者。」

〈宣言〉認為「西方科學精神，實導源於希臘人為求知而求知」這是正確的，但是新儒家提出的解決方法，卻有一些問題。〈宣言〉中說：要得到這種為求知而求知的態度，要先置定一客觀對象世界，道德主體要建立其自身兼為一認識主體，「即須暫忘其為道德主體，及實用活動之主體」、「須暫退歸於此認識之主體之後，成為認識主體的支持者。」[192]此種歷程唐君毅稱為「暫忘」，牟宗三稱為道德主體的「自我坎陷」(self-negation)[193]。關於「良知自我坎陷」的說法，前文已經有所討論。這種「自我坎陷」開出科學與民主的理論，受到不少其他

190. 李明輝，《儒學與現代意識》（臺北：臺大出版中心，2016），頁4。

191. 林安梧，《牟宗三前後——當代新儒家哲學思想史論》（臺北：臺灣學生書局，2011），頁381。

192. 林安梧，《牟宗三前後——當代新儒家哲學思想史論》（臺北：臺灣學生書局，2011），頁383。

193. 李明輝，《儒學與現代意識》（臺北：臺大出版中心，2016），頁11。

學者的反對。像是林毓生在 1988 年寫了〈新儒家在中國推展民主與科學的理論面臨的困境〉一文，牟宗三先生的弟子李明輝在林毓生的文章發表之後，也寫了一篇〈儒學如何開出民主與科學？——與林毓生先生商榷〉的文章，提出反駁的不同意見。

余英時在 1991 年發表的〈錢穆與新儒家〉一文，其中批評「良知自我坎陷」之說，認為：「不難看出新儒家其實是科學主義的反模仿。科學主義者講『真理』，新儒家反之以『道體』；科學主義者講『客觀性』，新儒家反之以『主體性』；科學主義者講『事實』，新儒家反之以『價值』；科學主義者講『理性』，新儒家反之以『良知』或『道德理性』；科學主義者講『科學方法』，新儒家反之以『證悟』或『成德工夫』；科學主義者以『認知身份』決定各種學術專業的高下，新儒家反之以『道德身份』；科學主義者講『科學理性』體現德性，新儒家反之以『知識為良知之發用』……新儒家如此處處與科學主義者針鋒相對，一切反其道而行之。」[194]

新儒家上承「內聖外王」的舊統，還提出了以道統開出政統和學統的說法。余英時對此有兩個觀察，第一，開出說事實上，是為了安頓「民主」與「科學」而特別構想出來的。第二，開出說必然涵蘊內聖是一切價值的本源所在。他們對於內聖和外王的劃分，大體上是採取了康德關於本體界和現象界的劃分，而又加以變化。在開出說方面，他們更參用了黑格爾的「精神」客觀化而實現其自己的說法。而上文提到的「良知自我坎陷」

---

[194]. 余英時，《現代儒學論》（新北：八方文化，1996），頁 155。

之說是「內聖開出外王」的主要論據 [195]。

　　其實，科學與儒學沒有衝突，是可以互利互補的，新儒家完全沒有必要以這樣反對科學主義的態度，來看待科學的發展。科學是以觀察到的事實和驗證過的自然規律為基礎，有系統、有條理組織起來的知識。發展科學需要有向外求知的精神、需要有事實經驗的基礎、正確的歸納方法。這些都不是道德的形上學所能解決的。新儒家在 1958 年的〈宣言〉中也承認：西方科學的發展導源於希臘人為求知而求知的精神，也瞭解中國先哲缺少這樣的精神。中國在歷史上雖然發展出一些技術，但是卻沒有發展出真正的科學。不過，這種嚴格意義的科學，在西方也是從哥白尼、加利略 (Galileo Galilei, 1564-1642)、和牛頓等人發展出來的天文學和物理學才能算起，這些都是 17 世紀以後才發展出來的，也不過是過去三百多年的事情。儒家思想雖然沒有發展出科學，但是卻也沒有先天上妨礙科學發展的思想。不像西方國家的猶太－基督教傳統，本身就有跟科學對立的內在因素。只要我們用實事求是的態度，在科學方面努力趕上西方國家即可。根據最新有關科學研究論文發表的資料 [196]，在國際學術期刊上各國論文發表的數目，到了 2019 年，大陸在物理／天文、工程、數學、化學、材料科學、電腦、能源、生化／分子生物方面，均已超過美國，居世界第一位，美國為第二位。不過美國在醫學、社會科學方面，仍然是世界第

195. 余英時，《現代儒學論》（新北：八方文化，1996），頁 145。

196. 詳見 Scimago Journal&Country Rank 網站，
https://www.scimagojr.com/countryrank.php。

一位，大幅領先中國大陸。下表列出最近 2017、2018、2019
這三個年度的一些數據，可以作為參考。

中國大陸與美國科學論文發表數量表：

	大陸	美國	大陸	美國	大陸	美國
年度	2017	2017	2018	2018	2019	2019
物理／天文	89941	63672	104259	65395	114122	62738
工程	170783	95562	191768	99256	215489	94009
數學	55701	39059	63550	41405	71436	42864
化學	73953	39439	88481	40222	96465	42066
材料科學	102327	49497	118729	50697	135567	49140
電腦	87330	70696	106177	74192	124439	76333
能源	37008	23341	43990	23501	53546	22172
醫學	108195	235136	116886	244004	137507	253165
生化／分子生物	65143	83092	75746	85281	86746	86303
社會科學	13611	69814	17854	74325	22140	78720

另外根據 2020 年 8 月份，日本《日經亞洲評論》(*Nikkei
Asian Review*) 的報導[197]：2016 年到 2018 年的三年間，在全
世界經過專家評審發表的科學論文中，大陸有 305,927 篇，占
19.9%；美國有 281,487 篇，占 18.3%。居第三位的德國有
67,041 篇，占 4.4%；日本為第四位，占 4.2%。大陸已經超過
美國。在為人引用最多的頂級 10%的論文中，美國占 24.7%，
大陸占 22%，也已經相距不遠。至於科學家的數目，大陸有一
百八十七萬人，美國有一百四十三萬人。

---

[197]. Fabienne Lang, "China Overtakes US as World's Top Scientific
Paper Provider", *Interesting Engineering*, 12 August, 2020,
https://interestingengineering.com/china-overtakes-us-as-
worlds-top-scientific-paper-provider.

這些數據都顯示經過改革開放四十多年的努力，中國大陸在科學方面已經趕上世界水平，可以與美國並駕齊驅。而這些與「良知自我坎陷」實在沒有什麼關係。關於所謂「科學主義」，我們會在下一章做進一步的討論。

至於在引進民主方面，新儒家是支持民主制度的。新儒家認為傳統儒學中有民主制度的種子，例如：以民意代表天命的政治共識、以諡法褒貶君主的史官制度，代表知識份子力量的宰相制度，以及提拔知識分子從政的徵辟制度、選舉制度，科舉制度等[198]。胡適也認為，中國歷史上有三個因素可以成為民主的基礎，就是社會上沒有森嚴的階級，有科舉制度和諫官制度[199]。但是新儒家主張性善，強調「德治」，對於人性的負面認識不足。傅偉勳認為儒家的心性論由於採取了道德的理想主義立場，忽略了負面人性及人的社會性[200]。韋政通也認為儒家泛道德主義是中國民主過程困難的重要原因[201]。林毓生認為統治階級如果講「親親」，就很容易滑落到官場上的公私不分，家族特權盛行，不容易產生民主政治[202]。因此，中國文化偏重道德

---

[198]. 李明輝，《儒學與現代意識》（臺北：臺大出版中心，2016），頁 4。

[199]. 余英時，《現代儒學論》（新北：八方文化，1996），頁 119。

[200]. 見陳來〈傳統儒學的評價與反思〉一文中引用傅偉勳的話，見杜維明主編，《儒學發展的宏觀透視》（臺北：正中書局，1997），頁 838。

[201]. 見陳來〈傳統儒學的評價與反思〉一文中引用韋政通的話，見杜維明主編，《儒學發展的宏觀透視》（臺北：正中書局，1997），頁 800。

[202]. 引自林毓生〈新儒家在中國推展民主與科學的理論所面臨的困境〉一文，見杜維明主編，《儒學發展的宏觀透視》（臺北：正中書局，1997），頁 408。

人格，不重視政治人格；偏重家庭倫理，不重視社會倫理，因此造成歷史上民主制度不容易興起[203]。

因此總的說來，儒家思想的確有一些隱含的民主種子，但也有些主張會對發展民主政治不利。不過新儒家學者多是贊成民主政治的。只有梁漱溟根據當時的情況，認為中國不太可能實現民主政治。因為民主政治的設計精神，在於牽制平衡，彼此監督，這是基於不信任人，亦即基於性惡論而來[204]。他提出中國文化的精神與民主政體不協調。其理由有四：(1)中國人缺乏主動積極地爭取權利的精神。(2)中國人尚禮讓，因而難以進行選舉競爭。(3)民主政治制度的設計精神，在於牽制平衡，彼此監督，這是基於不信任人，亦即性惡論而來。但中國人講性善。(4)民主政治是以個人私欲或物欲出發，是物欲本位的政治。中國人的人生態度，卻不是放在欲望的滿足上。總之，梁漱溟因而認為中國民主化是不可能成功的，主要在於精神條件不合[205]。這些理由現在當然有許多已經不成立了。

更基本一層的理由，就像余英時指出的，與西方相對照，新儒家對於中國現代化的設想，剛好是一個反命題。西方的舊道統基督教退位了，但新儒家不但堅持中國的道統必須繼續佔據原有的中心位置，而且還賦予道統以更積極的功能，要「開

---

203. 程志華，《中國近現代儒學史》（北京：人民出版社，2010），頁 77。

204. 石永之，《中國文化的再展開——儒學三期之回顧與展望》（安徽：安徽人民出版社，2011），頁 233。

205. 吳汝鈞，《當代新儒學的深層反思與對話詮釋》（臺北：臺灣學生書局，2009），頁 151。

出」政統與學統。這個理論等於預設一個金字塔式的社會結構，金字塔的最高一層自然是掌握在證悟道體的新儒家手上，為經驗界的一切創造活動提供價值標準，學者和政治家最多只能佔據第二層，因為他們所處理的都是經驗界的世界[206]。這就會造成新的問題。

　　總之，儒家思想中固然有些有利於科學和民主發展的種子，卻也有一些不利於科學和民主的因素。其實西方的文明傳統也不都是有利於民主政治的。很多人以為是西方民主傳統來自於古代希臘，像雅典只是一個人口很少的城邦，本來是有條件實行民主的，但是實際上卻是一個奴隸制的社會，真正實行民主的時期也極為短暫。有希臘哲人之首稱譽的蘇格拉底，就是在雅典被判了死刑。柏拉圖所主張的哲人王思想，主張的更是獨裁政治。亞里士多德也維護奴隸制度。公元前 5 世紀，根據一些歷史資料，雅典奴隸總人數至少在七萬到九萬人之間，也就是和公民及其家屬總數幾近相等[207]。在羅馬帝國時期，羅馬人口約一百六十萬，其中奴隸有九十萬。義大利半島四百萬人中，三分之一以上是奴隸[208]。雅典大概只有在伯里克利斯（Pericles，約公元前 495-429 年）執政時期，也就是在公元前 461 年到公元前 429 年的階段，可以算是古代希臘民主政治

206. 余英時，《現代儒學論》（新北：八方文化，1996），頁 150。

207. 故宮歷史網，〈古典時代奴隸制繁榮原因〉，2017 年 9 月 22 日，http://m.gugong.net/view.php?aid=6662。

208. 胡秋原，《哲學與思想——胡秋原選集第二卷》（臺北：東大圖書，1994），頁 63。

的黃金時期。歐洲中世紀更是基督教控制一切思想的黑暗時代，哲學都變成了神學的婢女。馬基亞維利 (Niccolò Machiavelli, 1469-1527) 所寫的《君王論》(*The Prince*, 1532) 政治理論，就是為君主專制張目。即使是到了宗教革命之後，英國哲學家霍布士 (Thomas Hobbes, 1588-1679) 主張的仍然是絕對君主制。19 世紀的黑格爾 (Georg Wilhelm Friedrich Hegel, 1770-1831)，有人認為他主張的國家主義、民族主義為法西斯主義提供了思想基礎。英國雖然號稱是發展民主政治的先進國家，可是到現在仍然實行君主制，社會上的階級區分依然分明。法國大革命雖然號稱開啟了現代的民主革命時代，可是不但產生了拿破崙帝制，而且法國的波旁 (Bourbon) 王朝三度復辟，就連拿破崙的姪子拿破崙三世都又當了十八年的法國皇帝。所以，西方國家古代的民主大多虛幻不實，而近代的民主政治實行起來也是相當晚近的事情。要求公元前的儒家先哲孔子、孟子、荀子，在全世界都是實行君權政治的時候就能主張近代的民主政治，實在是一件強人所難、與時代脫節的事情。所以公平的說，當年的儒家思想中能有一些民主政治的種子，已經很不容易。今後盡量排除不利於民主的因素即是，也沒有非要到儒家形上學去找尋實行民主政治源頭的道理。

科學的起源與發展問題

在我國歷史上，雖然有許多實用的技術發展，但是在純粹科學方面一直進展有限。與西方國家比較起來，古代希臘人在

純粹科學方面，無疑有著相當領先的地位。像是畢達哥拉斯的數學，阿里斯塔克斯、喜帕恰斯的天文學，歐幾里得的幾何學，阿基米德的力學等[209]，都是古代科學極高的成就。雖然因為基督教的影響，在歐洲造成了中世紀長達千年的黑暗時代，但是在啟蒙運動和工業革命之後，西方國家在科學方面的進展可謂迅速。這中間有一個很大的原因就是西方人在文藝復興之後繼承了古希臘人向外求知的經驗論精神。荀子的思想有很強的經驗論傾向，如果能夠繼續發展下去，應該可以帶動科學的發展。可惜因為他主張性惡論的關係，未能獲得宋明理學之後大多數儒家學者的支持。連朱子這樣一位與荀子心向非常接近的人，都因為人性論的關係，沒有能發揮荀子的傳承。這實在是由於宋明理學家沒有現代演化論的知識，沒有能仔細瞭解人性論的真相，錯誤的排斥荀學，而造成的巨大歷史性失誤。在中國歷來的儒家學者中，朱子無疑是最具有科學精神的一位。他主張「性即理」，對《大學》「格物致知」做出了「即物窮理」的解釋，為經驗科學的發展鋪平了哲理的道路。程頤、朱熹的說法，遭到陸九淵的反對，陸九淵認為「理即在心中」，堅決反對向外求理，王守仁更強調「心外無物」、「心外無理」。首先把演化論介紹到國內、翻譯了赫胥黎《天演論》的嚴復，批評陸王時說：「夫陸王之學，質而言之，則直師心自用而已。……王氏窗前

---

[209]. ⑴ W. C. Dampier, *A History of Science* (Cambridge: Cambridge University Press, 1952), Ch. 1: Science in the Ancient World. ⑵鮑耀三、張純成主編，《簡明自然科學史》（河南：河南大學出版社，1988），第 1 章〈古代世界的科學〉。

格竹，七日病生之事，若與西洋植物家言之，當不知幾許軒渠，幾人齒冷！」[210]，軒渠是說笑的樣子。張岱年認為：陸王學派反對「即物窮理」，表現了反科學的傾向[211]。方東美批評王陽明的「致良知」說阻礙了中國科學的發展[212]。韋政通也認為：「宋明儒者講學，以心性問題為主。陸王一系主張『心外無物』、『心外無理』，把經驗知識的根苗，剷除的最為徹底。順著這一思路發展下去，永遠不會發生科學知識的問題。同時限於這一思路的心靈，也永不能認取科學知識的價值。……理學家中，程朱一系較有注重知識的趨向，這可從大學『致知』『格物』的解釋看出來。」[213]物理學家楊振寧[214]和丁肇中[215]也都批評王陽明的學說有礙於科學發展。如果循著陸王心學「心外無物」、「心外無理」的思想方向，中國將永遠無法在科學上有任何重大的進展。我們現在根據演化倫理學，知道宋明理學家對於荀子性惡論的批評，是由於當時沒有演化論的科學知識，造成誤解的緣故，這實在是中國思想史上一件非常可惜的事情。

210. 程志華，《中國近現代儒學史》（北京：人民出版社，2010），頁6-9；按：「軒渠」是笑的樣子。

211. 張岱年主編，《中華的智慧》（臺北：貫雅文化，1991），頁13。

212. 傅偉勳，《從西方哲學到禪佛教》（臺北：東大圖書，1986），頁8。

213. 韋政通，《儒家與現代化》（臺北：水牛出版社，1997），頁149。

214. (1)楊振寧，〈中國文化與科學〉，演講稿，1999年12月3日於香港中文大學新亞書院發表；(2)劉述先，《當代中國哲學論——問題篇》（臺北：八方文化，1997），頁4。

215. 丁肇中，〈應有「格物致知」精神〉，演講稿，1991年10月18日於人民大會堂發表。

在漢唐時期，荀子在儒家的影響力比孟子為大[216]。但是到了宋明理學之後，孟子成為正統，而以荀子為偏。從上面的討論看起來，這種強調道德至上的思考方式，讓中國在科學方面的發展停滯不前。西方在文藝復興之後，發揚了希臘哲學中向外求知的經驗論傳統，使得西方科學在 17 世紀之後，有重大的發展。這導致了中西國力的大幅差距，影響了之後世局的發展。就像長期研究中國科技發展史的李約瑟所說的，在科學發展方面，儒家有兩種矛盾的傾向，儒家的理性思想反對迷信，有助於科學的發展，但是儒家思想過於關心人事，過於強調倫理道德至上，比較不關心自然事物，則不利於科學的進步。他高度評價朱熹思想，認為理學的世界觀和自然科學的觀點極其一致[217]。因此，在李約瑟看來，儒學中這有利於科學發展的一面，主要是與荀子和朱子觀點比較接近者的貢獻，而孟陸王這一系則過於強調倫理道德至上，比較不關心自然事物，不利於科學進步。鴉片戰爭之後，中國經歷過一百多年帝國主義侵略的歷史，國家民族瀕臨於亡國滅種的危機，其最主要的原因就是我們科學不發達，技術不夠先進。讓儒家思想重新振興向外求知的精神，是中國未來在科學技術上走入先進國家行列的重要條件。這是有關國家民族興亡的大事，為過去這一百多年國難感到創巨痛深的中國人，應該要牢記這個教訓。

216. 陳榮捷編著，《中國哲學文獻選編》（臺北：巨流圖書，1993），頁 201。

217. 祝瑞升主編，《儒學與二十一世紀中國——構建、發展「當代新儒學」》（上海：學林出版社，2000），頁 217 與頁 482。

—— 第 10 章 ——
儒家思想的現代化

　　中國因為在地理上距離世界其他文明比較遠，中華民族的文明大多都是我們自己發展出來的。除了漢代從西域傳入的佛教以外，在近代以前，中國的哲學思想也都是中國人自己發展出來的。鴉片戰爭之後跟西方文明的接觸，可以說是中國歷史上第二次有大量外來思想傳入。但是與佛教的傳入不同，這次外來思想的傳入，卻是與西方帝國主義的侵略同步。現在的地球成了一個世界村，中國不可能避免與世界其他文明交流，自然也需要接受新時代的考驗。儒家思想的現代化因而是迫不及待的事情。

　　演化論是 19 世紀人類思想的重大突破。由此而來的演化倫理學也是哲學思想的重要發展，對於中國的傳統儒學也會有重大的影響。首先這會使得荀子之學不再是傳統儒學思想的禁忌，而是一種非常符合現代科學、符合現實人生的哲學思想。把荀子之學與程朱理學結合起來，將會在中國儒家思想中，成為突顯經驗論傾向的理路，與孟子之學和陸王心學傾向唯理論的流派並肩而立，成為兩道主流之一，這樣的理解會改變整個儒學的傳統面貌。在孔子之下，應該有荀程朱和孟陸王兩條主線，而不是像過去一樣，只以孔孟為尊，而把荀子晾在一旁。這樣來理解儒學的歷史，可以解決牟宗三先生提出朱子是儒家「別子為宗」的問題。因為朱子繼承的其實是荀子的思路，與孟子根本不是同一系，所以也就無所謂是不是「別子為宗」。跟荀子一樣，傾向經驗論的儒家學者，其實在歷史上還很多，只是因為宋明以後的儒學都以孟子為「亞聖」，是繼承孔子的正統，因而沒有受到足夠的重視。引進了有演化倫理學為根據的

「科學的儒家人性論」之後，這些傾向經驗論的儒者，可以重新整合起來，讓傳統儒學可以從頭開始就有經驗論與唯理論兩條思想主流，這兩條思想路線同樣的豐富。這樣重整後的儒學，可以與西方哲學中類似的經驗論和唯理論互相對應，完成中國儒家思想的世界化。

　　對於中國哲學的現代化，成中英曾經表示：重建中國哲學，應該要先吸收、理解西方哲學，藉以解析、批評中國哲學。再用以現代化的中國哲學對西方哲學進行批評及解釋。近代以來，中國哲學可以分為三個階段：第一階段表現為中國哲學不遺餘力的辯解。以梁漱溟、熊十力為代表。梁漱溟的重點在中西文化及哲學的比較。熊十力則致力於佛學的批判及儒家形上學的反省。但他們對於西方的瞭解比較欠缺，一切往往只憑感覺，不曾真實理解。第二階段的代表人物，如方東美、唐君毅、牟宗三、徐復觀等人。他們對西方的瞭解較深，但是他們是傳統的維護者，他們與西方之間仍然缺乏完整的溝通及往還。他們也並沒有與西方面對面親身纏鬥奮戰的持久經驗。第三階段就是現在，這個階段的特徵在於中國哲學已融入西方哲學的格局中開始流衍，現代的中國哲學家因而可以超越前輩，得以陶冶於中西方哲學的思考之中 [1]。

　　本章中，我們將回顧中國與西方的哲學，看雙方有什麼地方可以互相對照，互相參考。西方國家因為自公元 4 世紀起，有長達一千六、七百年都是以基督教為國教，基督教神學思想

---

1. 成中英，《中國哲學的現代化與世界化》（臺北：聯經出版，1985），見〈序〉頁 7 以及正文頁 13。

無形中貫穿於西方哲學，大多數的西方哲學家都受到基督教思想的影響，甚至在很大程度上，左右了許多西方哲學家的思想走向。這代表西方哲學的一個內在傾向。下面我們將討論一些在中西哲學的對照中，與演化倫理學比較有關的議題，提出一些看法，謹供未來儒家思想現代化之路的參考。

藉助「科學的儒家人性論」，發展創新性的儒家思想

儒學在宋明理學之後，均以孟子為正宗，因此大都接受性善論。性善論固然有其優點，但也有與社會實際狀況不甚符合的缺點。這使得儒家思想對於人性的闡述，受到限制，甚至產生「自欺欺人」的不良後果，降低了儒學的影響力。到了近代，儒學往往只剩下了「軀殼」，成了社會上的「遊魂」[2]。近代演化論科學的出現，特別是 1960 年代以後演化倫理學的興起，讓我們知道人類在演化的過程中，由於生存競爭，「自私的基因」成了人類基本的天賦，人性因而是「善惡並存」的。這讓荀子的主張有了科學的基礎，荀子之學也應該被重新納入儒家思想的主流。這種有科學證據支持的「科學的儒家人性論」不但會豐富儒家的人性論，讓儒家人性論能夠充分符合實際狀況。而且荀子的經驗論主張，可以用於重新組合儒家的經驗論思想，大幅度的豐富儒學的內容，讓儒家可以有孟陸王的心學和荀程朱的理學這兩條主流，與西方哲學的唯理論和經驗論有了互相

---

2. 余英時，《現代儒學論》（臺北：八方文化，1996），頁 35。

對應的關係，有利於雙方的對話與交流。過去西方哲學家大多只看到儒學心性論的這一面，以為中國哲學只有這些內容，從而認為中國哲學過於狹窄，甚至認為中國沒有真正的哲學。這裡面有很大一部份的原因就是因為過去沒有充分重視儒家思想中經驗論這一傳承的關係。

深入瞭解人性的正負面，確認法治的重要性

孟子主張性善，荀子主張性惡，雖然有些學者認為兩者所說的範圍不同，方法有異，並不是完全矛盾的。然而兩者的差異畢竟難以忽視。宋明理學家多以孟子為正宗，排斥荀子，性善說在宋明以後成了儒學的正統。但是我們在前面已經討論過，孟子與宋明理學家對於人性的認識過於狹隘，對於人性的負面也估量不足。近代學者韋政通就認為，孔子說性，在《論語》中只提到「性相近也，習相遠也。」宋明以後的儒者，只把握孟子性善說的層面，對氣質之性的複雜性，很少肯作深入的探討。孟子對擴充工夫上的複雜性和艱難性所知太少，也就不免把工夫看得太容易[3]。從人性論的角度看，宋明之後的儒家倫理對生命的體會有些膚淺，對人性負面認識不夠深刻[4]。從演

---

3. 韋政通，《中國哲學思想批判》（臺北：水牛出版社，1976），頁 99 起。

4. 尹文漢，《儒家倫理的創造性轉化——韋政通倫理思想研究》（安徽：安徽人民出版社，2008），頁 31。

化倫理學的觀點看，在「物競天擇，適者生存」的原則下，人
不免是自私的，會優先考慮本身和親屬的利益。這本身並無善
惡可言，但是到了社會上就會形成人與人的衝突，造成人際之
間的矛盾，因而形成惡的來源。

在這種有社會衝突的情形下，荀子提出人的社會必須要有
禮治。荀子說：「禮起於何也？曰：人生而有欲，欲而不得，則
不能無求。求而無度量分界，則不能不爭。爭則亂，亂則窮，
先王惡其亂也，故制禮義以分之，以養人之欲，給人之求。使
欲必不窮於物，物必不屈於欲。兩者相持而長，是禮之所起
也。」[5] 所以荀子很瞭解，人生而有欲，有欲就會有爭，所以
要社會安寧，就必須要有禮治。

荀子認為國家一定要有禮治，也就是要有法治，否則國家
就會亂。荀子說：「禮者，治辨之極也，彊國之本也，威行之道
也，功名之總也，王公由之所以得天下也，不由所以隕社稷
也」[6]，他又說：「隆禮貴義者其國治，簡禮賤義者其國
亂」[7]、「故人無禮則不生，事無禮則不成，國家無禮則不
寧」。[8]

對於個人而言，禮義也是很重要的。荀子說：「故人莫貴乎
生，莫樂乎安；所以養生安樂者，莫大乎禮義」[9]、「故聖人化

---

5. 《荀子·禮論》。

6. 《荀子·議兵》。

7. 《荀子·議兵》。

8. 《荀子·修身》。

9. 《荀子·彊國》。

性而起偽，偽起而生禮義，禮義生而制法度。」[10]

　　儒家宗師中，道德主義者如孟子，是從內向外講究德治。禮治主義者如荀子，是由外出發，以外攝內[11]。如果人性只有善，那麼從理論上說，每個人都是好人，都能夠循規蹈矩，那只需要講求德治，就沒有法治的必要。這也是我國歷史上，大多都是靠人治，而沒有強調法治的主要原因所在。明瞭了這個道理，儒家思想今後必須孟荀並重，性善與性惡都要一起考慮，實行法治，每個人都要依法而行，無論上下都要遵守一定的規矩，國家才能走上正確的道路。

補充傳統儒學在知識論方面的不足

　　西方哲學一般可以分為認識論、本體論（或稱形上學）、倫理學三部份[12]。

　　中國傳統儒家思想在知識論這方面，的確是比較缺乏的。中國古代的思想家，大概認為得來的知識就已經是知識，沒有必要去刨根問底的問知識究竟是怎麼來的。特別是宋明理學之後，儒家思想更有偏重心性論的趨勢，把哲學的探索窄化了。這種情形沒有諱言的必要[13]。全世界諸多文明古國之中，只有

10.　《荀子・性惡》。

11.　韋政通，《中國思想史》（臺北：水牛出版社，2005），頁 995。

12.　Manuel Velasquez, *Philosophy* (New York, NY: Wadsworth Publishing Company, 1999), p. 11 起。

13.　馮友蘭，《中國哲學史》（臺北：臺灣商務印書館，1993），頁 8 起。

中國、印度、希臘發展出一般意義上的哲學，而且這三個民族的哲學都是在大致相同的歷史時期產生的[14]。這已經是非常難得的了。西方哲學的發展，除了最初希臘人的貢獻之外，其實是後來羅馬、猶太、以及入侵羅馬帝國的現代歐洲各個民族共同發展的結果。甚至更早之前的埃及、巴比倫等文明，也有一定的貢獻。西方國家在歷史上，與中東、南亞各民族也都有相當的接觸。不像我國由於地理隔絕的關係，除了佛教以外，在19世紀以前，幾乎所有的學術和思想成果都是我們自己發展出來的。如果有什麼地方有些缺失，只要補上即可，也沒有諱言的必要。就像中國過去缺乏自然科學，現在加緊趕超即是，而且現在也的確大多追趕上了，所以不必諱言。當代新儒家有意無意之間，強調儒學的道德心性論由於有所謂「智的直覺」，有「無執的存有論」，因而高出於西方哲學，其實是沒有必要的。這其中有一個主要原因是因為19世紀鴉片戰爭之後有很長一段時間，中國處於危急存亡之秋，甚至有亡國滅種的危險，需要救亡圖存。新儒家的學者基於愛國之心，提出儒家思想如何優勝的說法，其心可佩、其情可解。但是到了21世紀的現在，中華民族已經重新崛起，這樣的講法就沒有必要了。

認識西方哲學的重要偏差

相比於中國哲學過去缺乏知識論，其實西方哲學也有一些傳統偏差。宗教對西方民族的思想影響一向很大。希臘人的神

---

14. 趙敦華，《西方哲學簡史》（臺北：五南圖書，2002），頁1。

話無處不在，猶太人根本以宗教立國，羅馬人本來就有自己的神話，後來又加上希臘的神話。西方國家自從以基督教為國教之後，基督教的影響更是鋪天蓋地。西方思想家在討論哲學問題的時候，基督教神學的影響始終揮之不去，甚至常常把上帝的存在當作是既定的假設，這在相當程度上影響了他們的思想傾向，讓他們的哲學從一開始就走上了帶有一些偏差的道路。

這是因為在歷史上，中國與西方民族對於宗教，有著很不相同的傳統。在古代科學不發達的時候，其實每個民族都有自己的神靈，而且早期都是信仰多神的。像是古代埃及人有太陽神拉 (Ra)，神祕的神阿蒙 (Amun)，女神伊西斯 (Isis)，她的丈夫歐西瑞斯 (Osiris)，他們的兒子何魯斯 (Horus) 等。

猶太人早期也是信仰多神的，後來改成專信單一神雅威 (YHWH, Yahweh)。基督教早期是猶太教的一個小派別，信仰的神跟猶太教是一樣的，但是後來基督教把雅威誤譯為耶和華 (Jehovah)[15]。

印度教中的神很多，多得連印度人自己都數不清。有資料說，印度的神大約有三千三百萬個[16]。在四吠陀的神話中有很多神。主要的神靈大體上可以分為天地空三界，天界為日月星辰之神，地界為山川草木之神，空界為風雨雷電之神。最主要

---

15. 李雅明，《我看基督教——一個知識份子的省思》(臺北：桂冠圖書，2006)，頁 7。

16. P. Dasa, "The 33 million Gods of Hinduism", *Hoffpost*, Aug. 6, 2012. https://www.huffpost.com/entry/the-33-million-demigods-o_b_1737207

的天神是天父特由斯 (Dyaus Pitar)，這與希臘人的主神宙斯 (Zeus Pater)，和羅馬人的主神朱庇特 (Jupiter) 是屬於同一個源流的。空界的神以因陀羅 (Indra) 為首，是雷霆之神。地界的神靈以火神阿耆尼 (Agni) 為首。到了後來，婆羅門教為了宣傳他們的信仰，用通俗的形式，編輯了兩大史詩《磨訶婆羅多》(Mahabharata) 和《羅摩衍那》(Ramayana)，以及具有神話內容的《普羅那》(Puranas，意思是「古事記」) [17]。在這些史詩中，把梵天 (Brahma)、毗濕奴 (Vishnu) 和濕婆 (Shiva)抬高為三個最高級的神。後來梵天的重要性下降，現代印度教最主要的神因而是毗濕奴和濕婆 [18]。

希臘人的神也是五花八門。最主要的神是奧林帕斯的十二位主神，他們是：眾神之王宙斯、天后希拉 (Hera)、豐收女神狄蜜特 (Demeter)、海神波賽冬 (Poseidon)、智慧女神雅典娜 (Athena)、光明之神阿波羅 (Apollo)、狩獵女神阿蒂蜜絲 (Artemis)、愛神阿芙羅黛蒂 (Aphrodite)、戰爭之神阿瑞斯 (Ares)、火神赫菲斯托斯 (Hephaestus)、神使荷米斯 (Hermes) 及爐火女神荷絲提雅 (Hestia)。在某些版本中，酒神戴歐尼修斯 (Dionysus) 取代了荷絲提雅的位置。除了這十

---

[17] G. Parrinder, *World Religions from Ancient History to the Present* (New York, NY: Facts and File, 1985), p. 215. 中文譯名見：任繼愈，《宗教大辭典》(上海：上海辭書出版社，1998)，詞條 "Purana"。

[18] 李雅明，《科學與宗教——400 年來的衝突、挑戰和展望》(臺北：五南圖書，2008)，頁 70-76。

二位主神以外，還有許多其他比較次要的神[19]。

羅馬人最早有自己的神祇，後來則引進了希臘的神話人物，不過把他們換上了羅馬名字。相應於宙斯的是朱庇特，相應於希拉的是朱諾 (Juno)，相應於海神波賽冬的是尼普頓 (Neptune)，相應於女神雅典娜的是密涅瓦 (Minerva)，也是種類繁多[20]。古代北歐的日耳曼人在被基督教同化之前，也有他們自己的神。最重要的神有主神奧丁 (Odin)，他的妻子弗麗嘉 (Frigga)，他們的兒子雷電之神、負責戰事與農業的索爾 (Thor)。負責其他事物的神也非常的多[21]。

中國在夏商之前，也是一個很相信神祇的社會。特別是商民族，商人是很迷信的，很多事情都要占卜。他們最高的神靈就是「上帝」。到了周代，周人就已經開始使用不具人格神性質的「天道」來取代有人格性的「上帝」了。孔子說「子不語怪力亂神」[22]，在宗教方面，孔子的思想類似於現代哲學的不可知論，繼起的荀子更強烈的主張無神論。在此之後，特別是在宋明理學之後，儒家思想就根本排除了宗教思維，在儒學中沒有鬼神的痕跡了。因此，我們可以知道：世界上各個民族在早期文化未開的時候，都有自己的神祇，各有其代表的意義，是不能混為一談的。

---

[19]. 維基百科：「奧林帕斯十二神」。

[20]. ⑴ Wikipedia: "List of Roman deities". ⑵ 百度百科：「羅馬十二主神」。

[21]. ⑴ Wikipedia: "Norse mythology". ⑵ 維基百科：「北歐神話」。

[22]. 《論語‧述而》，第 21 章。

　　明代天主教傳入中國，西方傳教士像是利瑪竇，有意借用中國商代古籍中的「上帝」來代表基督宗教中的神耶和華，讓天主教能更容易的為中國人所接受，這中間難免有一些矇混的成分。利瑪竇為了要使中國人容易接受天主教，他改著儒服，研習儒家經典。他所著的《天主實義》，盡可能引用中國古代先哲的言論，想要證明基督宗教的天主就是《六經》所說的上帝。正如利瑪竇自己所說的：「他們擁護孔夫子，所以孔夫子著作中遺留下來的這種或那種不肯定的東西，做出有利於我們的解釋。這樣一來，我們的人就可以博得儒士們極大的好感。」利瑪竇在表面上雖然推崇孔子，崇尚先秦之學，但是卻極力貶抑宋明理學，並且猛烈抨擊佛教。為了尊重中國的禮俗，他對於中國人祭祖和祭孔，認為並不違反天主教的信條[23]。這一點為後來的傳教士所否定，終於導致了禮儀之爭。所謂基督教的天主乃《六經》中所言的上帝，當然是不正確的，這是一種掩護的說法，用中國的古籍來包裝基督教。猶太教和基督教的神，就是《舊約》中的雅威，也就是基督教中的耶和華。雅威是以色列人的民族神，與中國經典中的上帝，當然不是一回事[24]。現在

---

23. (1)顧衛民，《基督教與近代中國社會》（上海：上海人民出版社，1996），頁 42 起；(2)朱維錚主編，《利瑪竇中文著譯集》（上海：復旦大學出版社，2001），頁 21。所引《天主實義》中〈湯誓〉的最後三句：「惟皇上帝，降衷于下民，若有恆性，克綏厥猷惟后。」，利瑪竇說是出自〈湯誓〉，其實是出自古文《尚書·湯誥》。

24. 李雅明，《我看基督教——一個知識份子的省思》（臺北：桂冠圖書，2006），頁 178-179。

一般人一提到上帝，好像講的都是同一回事，甚至以為「上帝」就是基督教的神耶和華，這種聯繫是非常錯誤的。每個民族都有自己的神話，也都有神話中的神，代表了這個民族的歷史傳統。基督教的神是猶太教傳下來的雅威，也就是耶和華，這跟中國古代商民族的「上帝」自然是兩回事，不能也不應該混為一談，否則會混淆中西文明，也會否定了中華傳統文化的獨特性。

　　公元 4 世紀，由於羅馬皇帝君士坦丁改信了基督教，基督教成為羅馬帝國最主要的宗教。到了公元 380 年，羅馬皇帝狄奧多西一世更把基督教定為羅馬帝國的國教。從此以後，基督教在西方國家具有統攝一切的地位。在中世紀，哲學甚至變成了基督教神學的婢女。西方的哲學家因此往往會不自覺的假定有神的存在，中世紀的經院哲學固不待言，既使到了近代，連大哲學家康德都逃不出這個影響。他在《純粹理性批判》(*Critique of Pure Reason*, 1781/1787) 中批判了阿奎那證明神存在的五路論證，認為這些都無法成立，但是他還是要千方百計為基督教的神找存在的理由，在《實踐理性批判》(*Critique of Practical Reason*, 1788) 提出他的道德論證 (the moral argument)，說道德規律需要有正義，因為只有神靈 (Providence) 才能保證正義，所以會有一個上帝 25。其實大家都可以看出來，這種道德論證只不過是一種主觀願望而已，根

---

25. (1)李雅明，《科學與宗教──400 年來的衝突、挑戰和展望》（臺北：五南圖書，2008），頁 246；(2) Bertrand Russell, *A History of Western Philosophy* (New York, NY: Simon and Schuster, 1945), pp. 709-710.

本不能算是一個證明。另外，康德假定有「現象」與「物自身」的區別，人只能知道現象界，只有上帝才能知道「物自身」。他為了保證「最高善」，也就是「德福一致」的概念，提出三個設准：意志自由、靈魂不朽、上帝存在[26]。其中，靈魂不朽和上帝存在是「最高善」真實的根本保障。如果把上帝的觀念從康德哲學中移除，那麼他假設的「現象」與「物自身」的區分還能不能講的通？他主張的「最高善」和「德福一致」還能不能成立？康德哲學是西方哲學的重要基礎，如果這些都不能成立，那麼西方哲學是否需要做重大修改？

西方的哲學家一直到現代，還經常在他們的論述中，假定有一個至上神，然後再去推論別的。像是康德之後的柏格森 (Henri Bergson, 1859-1941)、詹姆士、懷德海 (Alfred N. Whitehead, 1861-1947) 這樣的大哲學家都是如此，雖然他們所說的神或許是比較抽象的，不完全等同於基督教所說的神，但是他們的主張還是要朝著有那麼一個最高神的方向去推論。這種取向與中國孔子、荀子以及後來的儒家思想不講人格神的傳統完全不同，也與近代的科學思想不合。

在西方哲學的歷史上，許多大哲學家都不出此範圍。像是存在主義的開創者齊克果 (Soren Kierkegaard, 1813-1855) 被認為是 20 世紀存在主義的先鋒和開創者，如果在他的思想中，去掉與有神論相關的論述，那我們實在不知道還能剩下什麼。只有少數一些特立獨行的哲學家，像是法國百科全書派的

---

26. 程志華，《牟宗三哲學研究──道德的形上學之可能》（北京：人民出版社，2009），頁 348。

狄德羅 (Denis Diderot, 1713-1784)、德國的費爾巴哈 (Ludwig Feuerbach, 1804-1872)、尼采 (Friedrich Nietzsche, 1844-1900)、英國的羅素、法國的沙特 (Jean-Paul Sartre, 1905-1980) 等極少數人才能從不談人格神的立場出發。西方大多數的哲學家在無形中默認神存在的立場，代表其思想仍存有人類早期文明未啟、迷信思想的殘餘。這種先天的有神論思想傾向，在很大程度上影響了西方哲學的內容，無疑是西方哲學的一大偏差。

像是黑格爾，在他的《歷史哲學》(*The Philosophy of History*, 1837) 一書中，把世界歷史的發展，分為四個階段。一是兒童時代，以東方世界代表。二為青年時代，以希臘世界為代表。三為壯年時代，以羅馬時代為代表。四是老年時代，以日耳曼為代表 [27]，總之要以自己所屬的民族為最成熟。他又把宗教的發展分為三大階段，首先就是東方的「自然宗教」。其次是「精神的個體性宗教」，代表有猶太教、希臘宗教、和羅馬宗教。最後是基督教的階段，神與世界獲得積極的調和 [28]。黑格爾自然以他自己所屬的、以基督教為主的日耳曼民族，作為最成熟的民族。但是如果我們以人類社會從迷信神祇，到科學逐漸發達，宗教勢力逐漸消退的過程看來，黑格爾這樣推崇基督教的有神論論述，完全違反了人類文明進步的歷史程序，根

---

27. (1) Georg W. F. Hegel, *The Philosophy of History*, trans. by J. Sibree (Amherst, NY: Prometheus Books, 1991), pp. 105-108. (2) 傅偉勳，《西洋哲學史》(臺北：三民書局，1965)，頁 481。

28. 傅偉勳，《西洋哲學史》(臺北：三民書局，1965)，頁 483。

本是不足論的。

避免唯心論與唯物論爭議的絕對化

西方哲學史上，有所謂唯心論和唯物論的爭議。唯心論是主張唯有精神才是世界萬物本原的世界觀。唯心論在哲學基本問題上主張意識、精神是第一位的。自然界的物質、外部世界是第二性的，由意識或精神所產生。唯心論認為世界上萬事萬物都是精神的產物或表現。唯物論則是主張唯有物質才是世界本原的世界觀。在哲學基本問題上堅持物質為第一性，精神為第二性。認為客觀物質世界是離開意識而獨立存在著的，意識和思維不過是物質世界發展到一定階段的產物，世界上千差萬別的事物和現象都是物質的不同表現形態。[29] 但是這些爭議辯到最後，其實都是一個雞生蛋、還是蛋生雞的問題。實在不值得為這種爭議花太多時間。特別是不要把這種爭議，弄得過於絕對。近代以來，由於政治因素，有很長一段時間唯心或者唯物的辯論幾乎變成一種有你無我的狀況，這實在是很不幸的。其實就正如張岱年先生所倡議的，所有的「唯」字都應該改成「本」，唯心論應該翻譯為「心本論」，唯物論應該翻譯為「物本論」。這樣的譯名表示這只是一個主張先後的問題，而不是一個有你無我的狀況[30]。

29. 參見馮契、徐孝通主編，《外國哲學大辭典》（上海：上海辭書出版社，2000），頁 768–769。

30. 程志華，《中國近現代儒學史》（北京：人民出版社，2010），頁 219。

北京大學哲學系教授趙敦華在他所寫的《西方哲學簡史》的〈序言〉中就說，大陸改革開放之後，1980 年代思想解放的首個重要成果就是摒棄了蘇聯意識形態主管日丹諾夫 (Andrei Zhdanov, 1896-1948) 關於「哲學史是唯物主義和唯心主義兩軍對陣」的定義[31]。希望這種開放的精神能夠延伸到其他相關的領域。

中國未來應該攝取各家各派之長

民國以後，中國思想界有三種主張在互相競爭、鼎足而立，這就是主張西化的自由主義，主張重建儒家思想的保守主義，以及主張走馬克思主義道路的激進主義[32]。1949 年激進派在中國大陸獲得了政權。但是自由主義和新儒學仍然在港臺繼續堅持其主張。其實，這三種主張各有其利弊，最正確的方法應該是仔細檢討這三派的真正內容及其利害得失，然後看有沒有辦法予以取捨，實在沒有一定要絕對互相排斥的道理。這三派的鬥爭，最後演變成國共內戰，實在是我們民族的悲劇。近年來，美國社會學家貝爾 (Daniel Bell, 1919-2011) 提出「文化上的保守主義，政治上的自由主義，經濟上的社會主義」三結合的

---

31. 趙敦華，《西方哲學簡史》（臺北：五南圖書，2002），見〈序言〉，頁 3。

32. (1)方克立，《現代新儒學與中國現代化》（吉林：長春出版社，2008），頁 40；(2)李明輝，《儒學與現代意識》（臺北：臺大出版中心，2016），頁 1。

模式 33，就是一種新的說法。嚴格一點的說，儒家思想是中國傳統思想的核心，儒家思想不是不能批評，其中的確也有一部份與近代社會發展不是很契合，在歷史上也沒有能開發出科學和民主。但是儒家思想的大部分，對於人民的修養、社會的和諧，以及國家的進步都是有益的。中國能夠成為世界上唯一連續不斷的文明，歷經少數民族的入主中原，都沒有破壞以儒學為核心思想的華夏文明，儒家思想是有決定性貢獻的。近年來，東亞凡是有儒家思想影響的地區，包括中國大陸、臺灣、香港、新加坡、日本、韓國、越南等地區，在經濟發展上都有傑出的表現可為明證。儒家思想中與近代社會不符之處，在現代化的社會也都是非常容易排除的。儒家不講人格神的主張，避免了有神論宗教的迷信和造成的戰亂，對於中國成為全世界唯一不以宗教為主的文明，尤其有舉世無匹的貢獻。

至於自由主義，在政治上主張民主政治、堅持個人自由，也是符合世界潮流和人民利益的。雖然民主政治今天也出現了許多困難，實行起來也發生了許多問題，但是我們今天很難想像還有什麼理由，要支持獨裁政治。尤其是自由主義堅持的個人自由、思想開放、更與每個人都切身相關，這些屬於人類社會的普世價值，值得我們全力維護。但是五四年代有些自由主義者高倡的「全盤西化」則實在沒有成立的理由。西方文明重要來源之一的猶太－基督教傳統有著明顯的迷信成分，其內含的猶太民族傳統傾向也與中華文化有極大的衝突。至於馬克思

33. 方克立，《現代新儒學與中國現代化》（吉林：長春出版社，2008），頁 153。

主義，馬克思和恩格斯 (Friedrich Engels, 1820-1895) 在 19 世紀提出他們主張的時候，是為了替社會上受到壓迫剝削的工人階級發聲，出發點也是值得稱許的。但是馬克思的剩餘價值理論與實際市場經濟中，基於供給與需求的價格理論不合，只能說是書齋中的空想理論。馬克思由歐洲歷史推導出來的階級鬥爭理論也與中國歷史情況不合。中國從秦漢時代起，就逐漸廢除了封建諸侯、實行郡縣制度，傳統社會並不是一個嚴格的階級社會，民間實行的也不是長子繼承制，財產每代都會重新分配，如果經營不善，就會富不過三代。中國也有其他國家大多不具備、而在歷史上長期執行的科舉制度，一個人只要努力向學，雖貧無立錐之地也可能有朝一日大魁天下。因此，中國傳統社會與西方國家比起來，是比較有流動性的，並不是一個階級分明的社會。馬克思主義的主張本來認為只有在資本主義已經發達的國家才能進行社會主義革命，但是列寧 （Lenin，本名 Vladimir Ulyanov， 1870-1924 年） 和史達林 (Joseph Stalin, 1878-1953) 在資本主義還不發達， 而且傳統上很是專制的俄國進行革命，利用無產階級專政的說法，讓馬克思主義走上了一黨專政的道路，這樣形成的馬克思列寧主義，或者說共產主義，和原來的馬克思主義是有很大區別的。馬列主義在蘇聯實行了七十多年後，終於在 1989 年開始的東歐巨變中崩潰，蘇聯也在 1991 年解體。中共在建政之初前三十年中所推行的各種運動，像是反右派、大躍進、全民大煉鋼、人民公社等也都造成社會動盪，文化大革命不但造成了中國歷史上少見的大災難，經濟也瀕臨到崩潰的邊緣。20 世紀共產主義運動的

失敗已經非常明顯。大陸近四十年來改革開放的成功，主要在於引進了市場經濟，這等於大幅修正了原來的共產主義。而在另一方面，馬克思、恩格斯在第一國際 (1864-1876) 和第二國際 (1889-1916) 時期的主張，以及伯恩斯坦 (Eduard Bernstein, 1850-1932)、考茨基 (Karl Kautsky, 1854-1938) 等人所堅持的民主社會主義仍然是許多歐洲國家當今的主流思想。我們應該分清楚馬克思主義與馬克思列寧主義的區別，原始馬克思主義對於低層民眾福利的關懷仍然是值得尊重的，而馬克思列寧主義則已經走進了歷史的墳墓。歷經數十年社會動盪的大陸學者李澤厚，多次表達馬克思主義並沒有完全過時，但是馬克思主義應該不再是馬克思列寧主義，而應該是馬克思伯恩斯坦主義 [34]。親身經歷過這些歷史過程的李澤厚，很清楚的瞭解中國以後如果要繼續實行馬克思主義，需要的不是一黨專政的馬克思列寧主義，而是實行民主的、第一國際和第二國際時期的馬克思主義，甚至更重要的是修正過後、堅持民主的馬克思伯恩斯坦主義。

從這些分析看來，由於對這些政治主張認識不夠清楚，對於這些激進主張隱藏的誤區缺乏認識，民國時期思想衝突造成的國共內戰成了我們民族的悲劇，國共雙方都有無數愛國家愛民族的中國人，在國共兩黨的自相殘殺中無端受害，這其中有很大的原因就是當時人們沒有仔細認清這些政治思想背後的含義，以及其可能造成的不良效應，過急的訴諸於極端主義，造

---

34. 李澤厚、劉緒源，《中國哲學如何登場？》（上海：上海譯文出版社，2012），頁 159。

成了慘痛的後果。李澤厚也發表了「告別革命」的主張[35]。希
望這種由於認識不清而導致的民族內部衝突,今後再也不要重
演。從以上的分析看來,無論是自由主義、保守主義、社會主
義都各有其一得之見,如果應用得當,並不是不能協調統一的。
以中國人民的智慧,我們應該有辦法,攝取各家之長,為中國
創造一個美好的未來。

科學主義的爭議

「科學主義」這個名詞有些混淆,使用的時候往往有兩種
不同的含義,一種是正面的,一種是負面的。正面的含義是:
「科學主義」代表一種思想,認為科學是最權威的世界觀,也
是最客觀的方法,科學是人類最重要的知識,在知識的探討上,
科學方法優於其他方法。而「科學主義」負面的含義則是認為
這些主張科學方法的論述不恰當的使用了科學,或者在不適當
的地方應用了科學,從而妨礙到其他學科的應用。在一般情況
下,往往是帶貶義使用的情況比較多。

這種對於科學主義的負面批評可以分為兩方面[36]:

1.科學主義常被用來批評一種科學的整體觀,這種觀點認
為科學可以描述所有的現象和知識,或者說科學是獲得所有關
於現實和事物性質這些知識的唯一正確方法。

---

35. 李澤厚、劉再復,《告別革命——李澤厚劉再復對話錄》(香港:天地
圖書,2011)。

36. Wikipedia: "Scientism".

2.科學主義也常常被認為是表示,科學跨越了它的界線,把科學的理論和方法不正確的用到其他學門和領域。

在這種情形下,對於科學主義的批評,往往會說科學主義是把科學稱為是人類價值唯一或者主要的來源,而在傳統上這是屬於倫理的範圍,也會說科學是意義和目的的來源,而傳統上這是屬於宗教或者其他世界觀的領域。

經濟學家海耶克 (Friedrich August von Hayek, 1899-1992) 把「科學主義」這個名詞普及化了,他把「科學主義」定義為「奴隸式的模仿科學的方法和語言」。哲學家波柏 (Karl Popper, 1902-1994) 把「科學主義」定義為「錯誤的模仿科學方法」。瑞典神學教授史丹馬克 (Mikael Stenmark, 1962-) 把「科學擴張主義」當作「科學主義」的同義詞。他認為,最強烈的科學主義會主張認為科學是沒有邊界的,所有人類的問題和人類的行為,只要有足夠的時間,都可以用科學方法來面對和解決。

不過,也有學者支持科學主義的觀點。阿根廷裔的物理學家和哲學家彭格 (Mario Bunge, 1919-2020) ,用正面的意義來描述科學主義。他寫了許多像是以「保衛科學主義」為題的文章,批評反對科學主義的海耶克和哈伯瑪斯 (Jurgen Habermas, 1929-) ,說他們是教條主義者和含混主義者。他認為要啟發新的科學必須要採納科學主義。在方法學上,最能夠探索現實的就是採用科學方法。這些不同型態的教條主義者和含混主義者千方百計的要反對科學主義,像是教條主義的海耶克,和寫那些冗長沉悶文章的哈伯瑪斯,他們總是把黑格爾、

馬克思、弗洛伊德的東西混合在一起，宣稱「科學是資本主義晚期的意識形態」。

2018 年，比利時的哲學教授玻德利 (Maarten Boudry, 1984-) 和美國哲學教授皮格留 (Massimo Pigliucc, 1964-) 合編了一本書，書名是《科學是否無限？科學主義的挑戰》(*Science Unlimited? The Challenges of Scientism*, 2018)，其中收集了許多支持科學主義的學者們所寫的文章，土耳其裔美國物理學者愛迪斯 (Taner Edis, 1967-) 寫的一篇文章，題目是〈為科學主義喊讚〉。他寫道：「認為科學、哲學和人文的知識是聯繫在一起的主張應該是合理的，用一種基於自然科學的泛自然主義來描述我們的世界，也應該是正確的。如果有人說這是科學主義，就讓他們去說好了。」[37]

在中國，常常也會有人以批評「科學主義」為名，實際上反對科學的主張。他們把「科學主義」帶有貶意的稱為是不恰當的使用了科學，或者在不適當的地方應用了科學，認為這些主張超越了科學的範圍。由於科學是需要以事實來驗證的，而驗證的過程總會有一定的限制。但是，這並不代表在科學還沒有達到確定的結論之前，就可以任由其他沒有根據的主張胡亂宣示，然後說這是科學管不到的。科學方法其實並不限於自然科學，在其他領域中照樣可以應用科學方法。譬如對於歷史的研究，也是先決定課題，然後收集文獻和證據，提出假說，最後予以驗證。這種研究方法與自然科學是完全一致的。歷史的研究如此，其他人文社會領域的研究也都類似，只不過不同的

---

37. Wikipedia: "Scientism".

學門驗證的精確程度有些差別而已。因為歷史是不能做實驗的，其研究成果的精確度當然不如自然科學。所以，科學得到的知識固然不能無限，但是科學方法的應用範圍卻是沒有限制的。這跟大陸在經過文革浩劫之後，提出「實踐是檢驗真理的唯一標準」的思想趨向相當一致。

常有人提出反對意見，認為有些領域，像是倫理、藝術、美學或者宗教，都牽涉到人的心靈作用，不是用科學方法可以決定的。但是我們只要進一步的深入分析，就可以知道這樣的反對意見是不能成立的。因為從演化倫理學的觀點看來，即使是倫理方面的主張，也是人類在幾百萬年的演化過程中，從人與人相處累積的社會經驗得出的。這些都是經過科學方法研究得到的結論。至於藝術的成功與否，也是根據人的感覺而決定的，而人的感覺與思想，也都是根據事實和經驗而得來的，不會違反科學原則。

仔細分析起來，所有人類的認知和思考活動，歸根結底，都與人的認知有關，而人的認知最可靠的方法就是科學方法。所以，這些批評科學主義的主張，其實分析起來，都是不能成立的。在中西哲學界中，都有許多人對科學主義持負面的態度，這是我們需要注意的。

關於「自然主義的謬誤」──實然與應然的問題

所謂「自然主義的謬誤」（naturalistic fallacy）是指用一些

自然的、或者描述性的性質，來定義什麼是「好」這樣的企圖。這一概念由摩爾 (George E. Moore, 1873-1958) 在他 1903 年出版的《倫理學原理》(*Principia Ethica*, 1903) 一書中首次提出。摩爾的論點與休姆 (David Hume, 1711-1776) 在《人性論》(*A Treatise of Human Nature*, 1740) 一書中所提出的「實然與應然」(is-ought problem) 的問題類似。也就是說，從有關「實然」的描述，是無法得到「應然」這類主張的。

這樣的講法雖然有它的道理，但是問題是：應然的論述究竟要以什麼為根據？因為應然也是根據過去累積的事實和結論而得來的。就像是：如果我們假設讓一個小孩快樂是一件好事，而要使一個小孩快樂，帶他去玩是一個辦法。這個「應然」的好事仍然是基於一個「實然」的經驗而來的。所以，雖然「應然」和「實然」也許不屬於同一種命題，但是一個「應然」的命題，卻是需要由「實然」的經驗才能得知的。「實然」雖然無法直接導出「應然」，但是「實然」卻是跟「應然」有聯繫關係的。這樣看來，說這個「實然」與「應然」有關，又有什麼不對嗎？所以「自然主義謬誤」雖然可以說是一種主張，但卻是一個不甚必要的主張。

因此「自然主義謬誤」的論點雖然說「實然」不能推出「應然」。但是如果要推出「應然」，最可靠的還是要用「實然」的資料。所以說「自然主義謬誤」，在邏輯上或許沒有錯，但是在實際上卻實在沒有必要做出這樣的結論。有許多人也批評「自然主義謬誤」這種說法造成的錯誤。美國哲學家馬克因尼 (Ralph McInerny, 1929-2010) 認為其實「應然」的問題已經

與「實然」綁在一起了。就像鐘錶是顯示時間的,所以鐘錶應該顯示時間已經隱含在鐘錶的定義敘述之中了。對一個鐘錶的實然描述,就已經表示它應該顯示時間。如果一個人不能分辨好鐘或壞鐘,那他根本就不知道鐘錶是什麼。同樣的,如果一個人不能決定人的行為是好是壞,那他就不是真的知道一個人是什麼。

生物學者威爾森,在《知識大融通》一書中,也認為摩爾有關實然不能轉為應然的論述是不正確的[38]。威爾森說:「因為把自然主義視為謬誤本身就是謬誤,如果『該不該』不等於『是不是』,那還會是什麼?因為我們能夠專心研究倫理規範的客觀含意,把『是不是』翻譯成『該不該』就變得很合理。倫理規範極不可能是人類之外的一些行跡飄渺、等人揭發的信息,也極不可能是在心靈的非物質空間中振盪的獨立真理,它們比較可能是大腦和文化的具體產物。從自然科學的融通觀點來看,它們只是社會契約中的原則在強化後所形成的規定和命令,是社會成員熱烈希望其他成員能夠遵守,而自己也願意為了大眾利益而遵守的行為規範。」[39]

---

38. E. O. Wilson, *Consilience: The Unity of Knowledge* (New York, NY: Alfred A. Knoff, 1998), p. 249.

39. 威爾森著,梁錦鋆譯,《知識大融通》,英文書名:*Concilience: The Unity of Knowledge*(臺北:天下遠見,2001),頁353。

邏輯實證論的興衰與定位

20 世紀 2、30 年代，在奧地利的維也納聚集了一批學者，他們很多原來都是物理學家、數學家和邏輯學家。他們關注於當時自然科學，像是相對論、量子力學、數學基礎論的發展，嘗試在此基礎上去探討哲學和科學方法論等問題。這些學者包括：維也納大學的科學哲學教授石里克 (Moritz Schlick, 1882-1936)，他是這群人當中的領袖，還有數學家韓恩 (Hans Hahn, 1879-1934)、社會學家紐拉特 (Otto Neurath, 1882-1945)、哲學家克拉夫特 (Victor Kraft, 1880-1975)、法學家考夫曼 (Felix Kaufmann, 1895-1949)、物理學家弗蘭克 (Philipp Frank, 1884-1966)、邏輯學者葛來陵 (Kurt Grelling, 1886-1942)；以及一些有科學背景的年輕學者，如：卡納普 (Rudolf Carnap, 1891-1970)、衛斯曼 (Friedrich Waismann, 1896-1959)、費格爾 (Herbert Feigl, 1902-1988)、哥德爾 (Kurt Godel, 1906-1978) 等人。這些人自稱為維也納學圈 (德文 *Wiener Kreis*，英譯 Vienna Circle)，後來也稱為維也納學派。維根斯坦 (Ludwig Wittgenstein, 1889-1951) 雖然沒有正式加入，但也與他們常有過從。他 1921 年出版的《邏輯哲學論》(*Tractatus Logico-Philosophicus*, 1921) 深深影響了維也納學派的思想。這些人當中，石里克和卡納普是德國人，其他是奧國人，很多是猶太裔的。除了德、奧兩國的學者以外，還有一些國外的訪問學者，像是英國的艾

爾 (Alfred Jules Ayer, 1910-1989)、 美國的蒯因 (Willard V. O. Quine, 1908-2000)、以及當時在奧地利留學的中國人洪謙 (1909-1992) 等。艾爾所寫的《語言、真理與邏輯》 (*Language, Truth and Logic*, 1936)[40]為邏輯實證論在英語國家的推廣，扮演了一個重要的角色。

他們受到兩種思想來源的影響：一是 19 世紀法國哲學家孔德 (Auguste Comte, 1798-1857) 的實證主義，二是邏輯分析哲學。他們也深受奧地利物理學家、哲學家馬赫 (Ernst Mach, 1838-1916) 實證主義傳統的影響。維也納學派提出了一系列有別於傳統的見解。他們的中心主張有兩個：第一，拒絕形上學，認為經驗是知識唯一可靠的來源；第二，只有通過邏輯分析的方法，才可能最終解決傳統哲學的問題。所有的哲學主張，需要通過證實原則 (verification principle)，否則沒有認知的意義 (cognitive meaning)，只有感情的意義 (emotive meaning)[41]。但是要在經驗上證實所有的事例，在實際上是不大可能的。比如說，「天鵝都是白色的」這個命題，如果要通過證實原則，需要去普查天下所有的天鵝，這在事實上是不可能的。所以後來波柏把這個證實原則，改為「否證原則」(falsification principle)。只要看到有一隻天鵝是黑的，就可以否定「天鵝都是白的」這個命題。所以，只要一個命題

---

40. Alfred Jules Ayer, *Language, Truth and Logic* (London: Victor Gollancz Ltd., 1936).

41. ⑴劉述先，《儒家哲學的典範重構與詮釋》(臺北：萬卷樓，2010)，頁 78；⑵維基百科：「維也納學派」。

可以用經驗予以否定，這類的命題就是有認知意義的。反過來說，許多形上學的命題，像是「神是存在的」，這種命題既無法用經驗予以證實，也無法用經驗予以完全否定，所以是沒有認知意義的。

當時在歐洲，還有另外兩處地方的學人，也有與維也納學派類似的主張。這就是德國的柏林學派和波蘭的華沙學派。德國的柏林學派以萊辛巴赫 (Hans Reichenbach, 1891-1953) 為代表，還有他的學生亨佩爾 (Carl Hempel, 1905-1997) 等人。波蘭的華沙學派在 19 世紀末就由札多夫斯基 (Kazimierz Twardowski, 1866-1938) 開始，到了 20 世紀 30 年代以盧克西維茲 (Jan Lukasiewicz, 1878-1956)、塔斯基 (Alfred Tarski, 1901-1983) 等人為代表。他們的主張都很類似，不過柏林學派的人喜歡用邏輯經驗論 (logical empiricism) 作為他們主張的名稱，因為他們覺得邏輯實證論的主張有些過於強烈 [42]。

1920 年代末開始，維也納學派通過組織一系列國際會議和發行叢書，逐漸發展成為聲勢浩大的邏輯實證主義運動。然而，隨著 1930 年代中期納粹德國的興起，學派中許多猶太裔的學者不得不逃亡到海外，特別是去英美兩國。到了 1934 年韓恩病逝，1936 年石里克被一個神智錯亂的學生刺殺身亡，維也納學派終於走向解散。但是，邏輯實證主義思想卻因為學者流亡

---

[42]. (1) Wikipedia: "The Berlin Circle". (2) Stanford Encyclopedia of Philosophy: "Lvov-Warsaw School". (3) Wikipedia: "Lwów-Warsaw School".

他國，反而得以在英、美等國家廣泛傳播，並促成了二戰後分析哲學成為英語國家的哲學學術主流之一。

像是紐拉特後來去了英國。哲學家克拉夫特受到迫害，失去教職，但沒有離開奧地利，戰後恢復他的教職。法學家考夫曼去了美國，在紐約任教。物理學家弗蘭克去了美國哈佛大學。卡納普去了美國，在加州大學洛杉磯分校任教。衛斯曼去了英國，在劍橋與牛津大學任教。費格爾去了美國，在愛荷華、明尼蘇達大學任教。哥德爾去了美國的普林斯頓大學。德國的萊辛巴赫先去了土耳其五年，然後去美國在加州大學洛杉磯分校任教。亨佩爾去了美國，在多所大學任教。波柏先去了紐西蘭，1946 年二戰後，他去了英國。葛來陵比較不幸，他在比利時被捕、先關在維琪法國兩年，他的美國有職證明和赴美簽證沒有能及時得到處理，後來被送回德國，死於集中營。塔斯基搭上了德國入侵波蘭前，最後離開的一艘船，後來得以去美國任教。

但是邏輯實證論也引起了不少反對的聲浪。這些反對的哲學家認為邏輯實證論的證實原則本身就不能以證實原則來證明它的成立，而且邏輯實證論把太多的哲學主張排除在哲學領域之外。到了 1970 年代以後，隨著邏輯實證論第一代開創者的逐漸凋零，邏輯實證論也趨向沒落了。反對者的主要論點有二：一個是證實原則本身不能自我證明。另一個論點是部份哲學家不願意接受科學單獨就能對現實提供信息的主張。這些思想家相信他們能對真實的世界提出主張，這些主張不是科學的，但是這些主張不但有意義，而且他們認為也是屬於真正哲學的 [43]。

---

43. Richard Popkin (ed.), *The Columbia History of Western*

第一種反對的意見或許有一定的道理，因為要嚴格定義如何能夠驗證，的確是不容易的。第二種反對意見，其實只是一部份人基於其他原因的主張而已。

不過，原來傾向於邏輯實證論的學者，像是艾爾，到了晚年也認為當初的論斷有些瑕疵。蒯因後來一直在哈佛大學任教，他也一直主張科學主義。但是他對於邏輯實證論的強烈證實原則有意見。他的主張後來有人稱之為「邏輯實用主義」（logical pragmatism）。亨佩爾認為如果嚴格證實的話，雖然「神是存在的」這樣的命題沒有認知意義，但是像科學上的地心引力和電磁波之類的觀念，因為不能直接觀察到，也會變得不容易確定[44]。

雖然這個學派現在有些衰落了，但是他們對於形上學問題所做的分析性批評，使得人們現在再也不能像過去一樣，隨意建構形上學的體系了。他們提倡要澄清問題及其意義的邏輯方法，也成為一種普遍的哲學批判方法，這些歷史貢獻都是值得肯定的[45]。其實只要用「否證原則」來判定命題的種類，把具有認知意義的經驗性命題，跟其他沒有認知意義的命題分成不同的種類，就已經在認知的路徑上邁進了一大步。前者有科學性的認知意義，而形上學等學門的命題雖然沒有認知意義，卻可能有感性的意義。另外，有認知意義的命題，其可證實性的

Philosophy (New York, NY: Columbia University Press, 1999), p. 624.

44. Stanford Encyclopedia of Philosophy: "Carl Hempel".

45. 趙敦華，《現代西方哲學新編》（臺北：五南圖書，2002），頁 125。

程度也有高下之分，比如像物理學的知識，因為可以做實驗來證實，所以可證實性高。而有些社會科學，像是歷史學不能做實驗，因此可驗證性的程度較低，不過這並沒有否定歷史學的重要性。所以只要把不同種類的命題以不同的態度來看待，邏輯實證論的主張不但仍然是正確的，而且在應用上還會有很大的功效。像是有些儒家形上學的爭論，如果我們知道這些論述其實只有感性意義，各家學者無妨各抒其見。因為其實並沒有認知意義，所以也就不必一定要分出對錯。這樣說不定可以有助於我們對於儒家形上學的瞭解。

對於康德哲學有關「絕對命令」和自律與他律道德的檢討

康德認為，道德實踐的基礎是純粹理性，而不是經驗論者所說的感覺或情感。對於康德而言，理性是一種自發的能動力量。純粹理性的意義就是自由。從本體論的意義上說，自由就是不受任何外在東西決定的存在。康德又闡明自由的倫理意義，就是「善良意志」（good will）。自由是無條件性的一個意義就是沒有外在的目的，否則的話，自由便成了追求目的的手段，不得不為目的所服務，為目的所制約，這樣就不成其為自由了。換言之，自由就是以自身為目的的活動。康德把「善良意志」的自律稱為「絕對命令」（categorical imperative），或譯「定言令式」 46 。「絕對命令」 是相對於 「假言命令」

46. (1)趙敦華，《西方哲學簡史》（臺北：五南圖書，2002），頁435-

(hypothetical imperative)⁴⁷而言的。兩者的區分在於，假言命令以「如果……那麼……」的句式表達，前面的條件分句表示目的，後面的結論分句表示手段。假言命令要求人們按照目的與手段的關係來行事。假言命令是以經驗為基礎的。這種行動不是意志的自由選擇，而是受感性條件所束縛，因此不是出於善良意志的道德行為⁴⁸。

　　絕對命令則不同，以直言句式表達，它沒有條件，只是命令「應該如此做」或「不應該如此做」。絕對命令是無條件的，或者說，是以自身的目的之合理要求。但是，康德所謂的絕對命令，其實就是完全主觀的命令，並沒有什麼根據可言。這其實是與西方哲學受到的神學影響有關。

　　至於自律與他律道德，根據康德的說法，道德法則的強制性如果來源於我們自己的理性意志，這就是自律道德。如果一個人的行為是由外在權威所推動，則他的行為就是意志他律，他所遵從的道德就是他律道德⁴⁹。康德的道德理論很複雜，不但因為他的倫理學主張和其知識論、形上學的觀點相關，而且

438；⑵徐英瑾、Melville Stewart 主編，《西方哲學詞彙手冊》（北京：北京大學出版社，2010）；⑶「絕對命令」或譯「定言令式」，林火旺，《基本倫理學》（臺北：三民書局，2009），頁 121。

47. ⑴趙敦華，《西方哲學簡史》（臺北：五南圖書，2002），頁 437；⑵徐英瑾、Melville Stewart 主編，《西方哲學詞彙手冊》（北京：北京大學出版社，2010）；⑶或譯「假言令式」，林火旺，《基本倫理學》（臺北：三民書局，2009），頁 122。

48. 趙敦華，《西方哲學簡史》（臺北：五南圖書，2002），頁 435-437。

49. 林火旺，《基本倫理學》（臺北：三民書局，2009），頁 135。

他的論點有許多地方艱澀難懂或模糊不清 [50]。

　　根據演化倫理學，就像我們在前幾節所討論的，人的良知基本上就是由於在千萬年的演化過程中，所吸收歸納的社會行為規則的結晶。康德以為這與經驗無關，其實不然。這只是跟一個人在此生的經驗沒有直接的關係，但是跟人類過去演化過程中的經驗卻是有關的。人的先天理解，如果有的話，就是從人類過去累積的經驗得來的。所以依此而言，所謂自律與他律道德，其分別也就沒有那麼明顯絕對了。自律道德是由於演化過程的經驗、累積成為人類行為的傾向而來。而他律道德則是人類在自身成長經驗中所累積的法則而來。其最終的來源都是人類社會中，人與人相處所歸納出來的行為規則。康德所稱的「絕對命令」因而也就沒有那麼「絕對」，還是要受到經驗累積的影響。總之，無論是康德所說的自律還是他律，這些都是人類基於經驗所歸納出來的道德規律。

　　所以，所謂自律道德是純粹由自己理性所決定，不受制於外部權威。而他律道德則是受制於外部權威而不是由自己理性自身所決定。這樣的說法需要做一些澄清。根據演化倫理學，其實前者是根據人類在演化過程中，過去歷代所累積出來的準則。後者則是個人自己累積出來的準則，都是通過經驗累積歸納出來的，其性質並沒有原則上的不同。當代新儒學對於自律道德和他律道德頗有爭議，演化倫理學對於這個問題可以從另外的角度，提出一些基於演化論的科學觀點。

50. 林火旺，《基本倫理學》（臺北：三民書局，2009），頁 140。

共產主義經濟政策失敗原因的檢討

演化倫理學認為人由於有「自私的基因」，所有的人都會首先維護自己的生存和利益，其次會照顧家人的利益。然後才會由於「互惠利他」的動機，推己及人，有層次的照顧其他人的利益。這就是孔子所說的「己欲立而立人，己欲達而達人」[51]，這是一種有層次的仁愛之心。如果不依照這樣自然規律，則行事往往會失敗。

一個非常顯著的例子，就是 19 世紀以後馬克思主義經濟政策實行的歷史。馬克思主義認為在資本主義社會之下，工人階級受到剝削壓迫，因此須要進行革命，要建立一個「各盡所能，各取所需」的社會。1917 年俄國舊曆 2 月（新曆 3 月），俄羅斯發生民主革命，推翻了帝俄統治，俄皇尼古拉二世（Nicholas II，1868-1918，1894-1917 年在位）下臺。到了當年俄曆 10 月 （新曆 11 月），俄國社會民主工黨 (Russian Social Democratic Labor Party) 中的多數派布爾什維克派 (Bolshevik)，在列寧的領導下，推翻了當時執政的克倫斯基 (Alexander Kerensky, 1881-1970) 政府，建立了蘇維埃社會主義共和國聯盟，也就是蘇聯。1918 年 3 月，在列寧的建議

---

51. 參見《論語‧雍也》，第 30 章：子貢曰：「如有博施於民，而能濟眾，何如？可謂仁乎？」子曰：「何事於仁，必也聖乎！堯舜其猶病諸！夫仁者，己欲立而立人，己欲達而達人。能近取譬，可謂仁之方也已。」

下，布爾什維克改名為俄國共產黨，以馬克思和恩格斯發展出來的共產主義為綱領。

二戰以後，由蘇聯佔領或在蘇聯勢力下的東歐國家都建立了以共產主義為目標的人民共和國，由各國的共產黨執政，包括：波蘭、捷克、匈牙利、保加利亞、羅馬尼亞、阿爾巴尼亞、南斯拉夫、東德等國。但是由於政治封閉，經濟發展落後，從1989年起發生了東歐劇變，導致這些國家的共黨政府一個個的倒臺。最後蘇聯也在1991年12月25日解體了，分裂成了15個國家。

中國共產黨從1949年起在大陸建政，前三十年的各種運動，像是大躍進，人民公社、土法煉鋼等也都一一失敗。尤其是文化大革命更是造成了中國歷史上少見的重大災難。只有在1978年改革開放以後，才逐漸挽回頹勢，發展經濟，現在成了世界上的第二大經濟體。雖然人均國民生產總值仍然處於世界中等收入的水平，不過已經比以前進步得多了。20世紀這一段共產主義運動的歷史是驚心動魄的，它們成功和失敗的理由為何，背後又是什麼原因造成的呢？

馬克思主義原本認為在資本主義社會之下，工人階級受到剝削，因此須要進行革命，要建立一個「各盡所能，各取所需」的社會，其原意不能不說是基於維護大多數民眾利益，為社會謀福利的立場。但是後來的失敗則無疑顯示，共產主義的理論和實際有失誤之處。馬克思在《哥達綱領批判》中，描述共產主義社會時說：「在共產主義的高級階段，在迫使人們奴隸般地服從分工的情形已經消失之後，當腦力勞動和體力勞動的對立

也隨之消失的時候；當勞動不僅僅是謀生的手段，而且成為生活的第一需要時候；當隨著個人的全面發展生產力也隨著增長起來，而社會財富的一切源泉都充分涌流的時候──只有在這個時候，才能完全超出資本主義法權的狹隘眼界，社會才能在自己的旗幟上寫上：各盡所能，按需分配。」[52] 不過，現在寫成「各盡所能，按需分配」的這句話，原來的德文是："Jeder nach seinen Fähigkeiten, jedem nach seinen Bedürfnissen!" 英文翻譯是 ："From each according to his ability, to each according to his need." 所以中文的翻譯應該是：「各盡所能，各取所需」。在 1958 年之前，中國共產黨的文獻中，這句話也的確都譯為「各盡所能，各取所需」。但是到了 1958 年之後，就改成了「各盡所能，按需分配」。前面一種翻譯反映的是由個人自己決定需要什麼和需要多少。而後者反映的則是，個人需要什麼和需要多少不能由自己說了算，而要由公眾或者領導者來決定你需要什麼和需要多少。這當中的分別自然是很大的。

即使如此解釋，在實際歷史的過程中，共產主義的運動也無法獲得成功。因為按照演化倫理學的理論，人性有很大程度是自私的，「各盡所能，各取所需」或許是一個美好的理想，但是這只會對非常有道德心的極少數人才能產生作用，而且這種作用實際上也不會維持很久。對於一般人就更不用說了。如果真的實行起來，只會是毫無效率的一片虛偽。1957 年中國大陸

---

52. (1)馬克思，《哥達綱領批判》（北京：人民出版社，1965），頁 14；(2)
　　列寧，《國家與革命》（北京：人民出版社，1949），頁 82。

推行人民公社的失敗教訓，無疑說明了這一點。而且把所有的行政權力都交給管理分配的黨政機構和行政幹部，這中間造成的獨裁專制問題，就更不在話下。

　　歸根結底，一個經濟體制如果不能給人民以積極上進的原動力和預期的收穫，則人民就會沒有了自發努力的動機，無論怎麼樣的政治宣傳和壓力，也只會有表面暫時的功效，這個社會的經濟也就好不起來。這就是共產主義的經濟無法成功的主要原因。東歐各國的巨變和蘇聯解體、以及中共前三十年的失敗，都直接與此有關。中國大陸在改革開放之後，從大躍進和文革的歷史學到了教訓，把計畫經濟改成為公私營並存的市場經濟，把現在的路線稱為「有中國特色的社會主義」。在過去的四十多年中，在經濟發展上的確取得了巨大的成功。西方國家有些人把現在大陸的經濟政策稱為國家資本主義。不論名稱如何，根據演化倫理學我們就可以知道：一個國家的經濟政策必須要符合人性，要讓人民有進取的原動力，否則經濟發展是不可能成功的。

　　共產主義運動不成功的另外一個主要原因是列寧所主張的一黨專政。在十月革命之前，所有以馬克思主義為綱領的歐洲社會民主黨，都認為民主和社會主義根本是一物之兩面，他們甚至認為只有社會民主黨爭取的民主才是真正的民主。然而，列寧在革命成功之後，1918 年所寫的《國家與革命》卻認為「無產階級專政」才是馬克思學說的實質。他說：「誰要是僅僅承認階級鬥爭，那他還不是馬克思主義者，他可能還沒有走出資產階級思想和資產階級政治的圈子。用階級鬥爭學說來限制

馬克思主義，就是割裂和歪曲馬克思主義，把馬克思主義變為資產階級可以接受的東西。只有把承認階級鬥爭擴展到承認無產階級專政的人，才是馬克思主義者。馬克思主義同庸俗小資產者（以及大資產者）之間的區別就在這裏。必須用這塊試金石來測驗是否真正了解和承認馬克思主義。」[53]

在列寧宣佈了他的主張之後，立刻引起西歐勞工領袖們的反對，特別是德國社會民主黨的領袖考茨基反對尤烈。考茨基寫了一本小冊子《論無產階級專政》反駁列寧，這本小冊子1918 年在維也納出版，強調民主的重要性。列寧立刻於 1918年 11 月 10 日出版了他的《無產階級革命和叛徒考茨基》，攻擊考茨基，指他是勞工運動的叛徒。這一場論戰有很大的重要性，因為這代表社會主義的主流從此一分為二，以列寧解釋的馬克思主義為基礎，以布爾什維克的策略為方針，經過第三國際產生了世界各國的共產黨，而堅持民主的西歐各國社會民主黨則逐漸放棄了暴力革命，走上溫和改良的道路。歷史走到今天，已經很明顯證明列寧的道路是錯誤的。

儒家思想在世界哲學中的地位及其優勝之處

世界上各民族都有自己的傳統文化，但不是每個民族都發展出哲學思想體系。在世界諸多古代文明中，只有中國、印度和希臘發展出一般所說的哲學，而且這三個民族的哲學都是在

---

53. 列寧，《國家與革命》（北京：人民出版社，1967），頁 28。

大致相同的時間出現的[54]。20 世紀的德國哲學家雅斯培 (Karl Jaspers, 1883-1969) 把人類精神的這一突破時期稱之為 「軸心時代」(Axial Age)，約在公元前 800 年至公元前 200 年間。軸心時代在中國是先秦諸子百家爭鳴的時期，其間產生了以儒家和道家為代表的中國傳統哲學。

儒學在世界思想史上的地位，首先就是儒家思想是中華民族的傳統核心思想，也是中華民族獨立發展出來的，具有獨特的地位。中國與世界其他主要文明在地理上相距的都很遠。在近代以前，歷史上外來文明對中國思想有重大影響唯一的一次就是漢代從西域傳入的佛教。這與西方國家的情形很不相同，西方哲學固然源於希臘，但是除了希臘和羅馬以外，還有更早期的埃及、巴比倫、波斯文明的影響，以及後來通過基督教所吸收的猶太宗教思想和後來入侵羅馬帝國日耳曼民族的貢獻。所以西方哲學應該說是多民族、多文明的產物。這與儒家思想是中國獨立發展出來很不相同。

儒家思想特立獨出，與其他文明的哲學比較起來，有其豐富之處，也有不足之處。像是與西方哲學相比，儒家哲學比較缺乏知識論的部份。在思想組織方面，也比較缺乏系統。黑格爾就對孔子的思想有所批評，他說：「關於中國哲學首先要注意的是在基督降生五百年前的孔子的教訓。孔子的教訓在萊布尼茲的時代曾轟動一時。它是一種道德哲學。他的著作在中國是最受尊重的。他曾經註釋了經籍，特別是歷史方面的（他還著了一種歷史）。他的其他作品是哲學方面的，也是對傳統典籍的

---

54. 趙敦華，《西方哲學簡史》（臺北：五南圖書，2002），頁 1。

註釋。他的道德教訓給他帶來最大的名聲。他的教訓是最受中國人尊重的權威。孔子的傳記曾經法國傳教士們由中文原著翻譯過來。從這傳記看，他似乎差不多是和泰利斯同時代的人。他曾作過一個時期的大臣，以後不受信任，失掉官職，便在他自己的朋友中過討論哲學的生活，但是仍舊常常接受諮詢。我們看到孔子和他的弟子們的談話（按即《論語》），裡面所講的是一種常識道德，這種常識道德我們在哪裡都找得到，在哪一個民族裡都找得到，可能還要好些，這是毫無出色之點的東西。孔子只是一個實際的世間智者，在他那裡思辯的哲學是一點也沒有的——只有一些善良的、老練的、道德的教訓，從裡面我們不能獲得什麼特殊的東西。 西塞羅 （按即 Marcus Tullius Cicero，公元前 106- 前 43 年）留下給我們的《政治義務論》便是一本道德教訓的書，比孔子所有的書內容豐富，而且更好。我們根據他的原著可以斷言：『為了保持孔子的名聲，假使他的書從來不曾有過翻譯，那倒是更好的事。』」 [55]

這種批評可以說是相當的嚴厲。但其實也不是非常令人意外，因為世界各個民族的確都有自己的道德說法，基本上也都很類似。按照演化倫理學的觀點，每個民族在演化的過程中，基本上都經歷過類似的過程。每個民族的人都不會喜歡殘暴的殺人犯，也都不會喜歡非常自我中心的人。因為人類社會的生活大致上都經過類似的演化過程，因此也會發展出類似的道德規律。雖然在細節上會有出入，但是大體上都是類似的。這就

---

55. 賀麟、王太慶譯，《哲學史演講錄》（北京：商務印書館，1997），黑格爾論中國哲學，摘自〈當代哲學的任務〉。

是為什麼很多民族都有類似的所謂道德金律，也就是「己所不欲，勿施於人」。

在黑格爾的年代，他對於儒家思想的認識自然不足，他只看過傳教士翻譯的少數儒家經典。《論語》較早就有西方文字的翻譯本。傳教士羅明堅 (Michele Ruggleri, 1543-1607) 和利瑪竇都進行了《論語》的翻譯，但是利瑪竇的譯本失傳，羅明堅的譯本也只有部份刊行。完整的《論語》拉丁文譯本後來在 1687 年由比利時耶穌會傳教士柏應理 (Philippe Couplet, 1623-1693) 等人翻譯出來，書名是 《中國哲學家孔子》(*Confucius Sinarum Philosophus*, 1687)。後來還有其他更多的譯本。

《孟子》的西文譯本也出現得相當早，1711 年有傳教士衛方濟 (Francois Noel, 1651-1729) 的拉丁文本。 1828 年有英國新教傳教士柯大衛 (David Collie, 1791-1828) 的英譯本，到了 1861 年有理雅各 (James Legge, 1815-1897) 的英譯本。

黑格爾讀過《論語》的譯本，但是《論語》不能代表儒家哲學思想的全部。先秦儒家思想的經典，除了《論語》之外，還有《孟子》、《荀子》、《易傳》等。《孟子》一書在 1711 年已經有拉丁文譯本，不過黑格爾在上面的評論中沒有提到。如果僅就《論語》本身而言，黑格爾的批評雖然嚴苛，卻也不是完全沒有他的理由。因為《論語》只是孔子弟子們所記錄的，與孔子的對話和一些有關孔子的記錄，並不是有系統的哲學論著。不過即使如此，黑格爾的批評仍然是對儒家思想的一個警訊，因為如果儒家只是講道德論，甚至把宋明理學很豐富的心性論

也算在內,都不一定能回答黑格爾的質問。就如同黑格爾所說的:「裡面所講的是一種常識道德,這種常識道德我們在哪裡都找得到,在哪一個民族裡都找得到,可能還要好些,這是毫無出色之點的東西。」

黑格爾已經有機會讀到《論語》,當時也已經有《孟子》的西文譯本,但是他卻看不到《荀子》,不能瞭解儒家除了孔子、孟子之外,還有另外一位大師荀子的著作。最早的《荀子》西文翻譯是理雅各在 1893 年的《中國經典》(Chinese Classics, 1893) 中,附有《荀子‧性惡》一章的翻譯,但也只是作為《孟子》譯文的附錄而已。1924 年,荷蘭漢學家戴文達 (J. J. L. Duyvendak, 1889-1954) 翻譯了《荀子‧正名》,1929 年他又寫了《荀子年表》。1927 年,美國傳教士、也是漢學家的德效騫 (Homer Dubs, 1892-1969) 寫了〈荀子——古代儒家的塑造者〉的文章,1928 年出版《荀子選譯》,翻譯了荀子三十二篇中的十九篇。1951 年到 1963 年間,梅貽寶陸續發表了《荀子‧正名》、《荀子‧勸學》、《荀子‧王制》等三篇的譯文和介紹。1963 年,華茲生 (Burton Watson, 1925-2017) 翻譯了《荀子》三十二篇中的十一篇。一直到 1988 年,才有諾布克 (John Knoblock, 1937-2018) 的三冊全譯本[56]。因此,黑格爾是不可能看過《荀子》的。

如果黑格爾讀過《荀子》,他應該不會用這樣嚴苛的話來批評儒家思想了。因為《荀子》的論述式文章,要遠比《論語》

---

56. 王靈康,〈英語世界荀子研究概況〉,《政治大學哲學學報》第 11 期,2003:頁 1-38。

有系統有主張，會讓西方人有敬佩之感。當今就有一些很好的
例子，完整的《荀子》譯本，1988 年才出現，從那時到現在這
麼短的時間內，國外研究儒家思想的外國學者中，就已經出現
了許多支持荀子的聲音。像是美國加州大學聖塔巴巴拉校區的
哲學教授芬格萊特 (Herbert Fingarette, 1921-2018) [57] 就跟
劉述先打過筆仗，芬格萊特說孟子把孔子思想主觀化了，好像
只注重主體，所以他比較喜歡荀子 [58]。波士頓大學的教授南樂
山 (Robert Neville, 1939-) 和白詩朗 (John H. Berthrong,
1946-) 都號稱他們在孟荀之中，比較支持荀子。美國哈佛大
學教授施華茲 (Benjamin Schwartz, 1916-1999) 也指出中國
思想家中，像荀子的邏輯心態，如果能結合科技實驗，最有希
望能發展出科學來 [59]。學者中多有這樣的看法，認為孟子比較
類似西方哲學中的柏拉圖，而荀子比較類似亞里士多德。孟子
是理想主義的儒家，而荀子是自然主義的儒家。孟子和荀子因
而各有其特性，他們分別是儒家唯理論和經驗論的領軍人物，
二者不可或缺。過去只把孟子當作繼承孔子的正統，而排斥荀
子，這是陸王心學的思路，不能代表儒家的全面，而且也因此

---

57. 芬格萊特在 1972 年出版了《孔子——即凡而聖》。芬格萊特著，彭
    國翔、張華譯，《孔子——即凡而聖》，英文書名 *Confucius: The
    Secular as Sacred*（江蘇：江蘇人民出版社，2002）。

58. 劉述先，《儒學的復興》（香港：天地圖書，2007），頁 53。

59. 蕭欣義，〈儒家思想對於經濟發展能夠貢獻什麼？〉，收錄於楊君實、
    杜念中主編，《儒家倫理與經濟發展》（臺北：允晨文化，1993），頁
    52。

過於狹隘，等於是儒學自廢武功。

　　回到儒家現代化的問題，傳統儒家思想雖然有缺口，但補充起來也不是什麼大問題，把知識論之類的缺口補足即是。就像中國傳統在技術方面的發明雖然很多，在純科學方面的發展卻有所不足，但是這些不足之處補上即可。我們在第 9 章已經討論過，今天中國海峽兩岸的自然科學都有很大的發展，大陸在發表科技論文方面，已經與美國並駕齊驅，甚至在很多重要領域已經超過。在哲學的發展上也應該可以有類似的表現。但是，當代新儒家往往強調中國傳統儒學的優勝之處在於儒家的道德心性論，這卻可能造成一個問題。因為就像黑格爾所說的，每個文明都有自己有關道德的說法，大體上也都很類似。如果強調儒家的優勝之處在道德論方面，這種自我中心的主張，在世界上將會有無法推廣的困難，對於其他文明的學者，也很難有說服力。就像牟宗三主張儒家有「智的直覺」，是「無執的存有論」，把儒家的道德心性論推崇為最高，恐怕就很難走出國門。以熊十力及其後學為主的當代新儒家之所以會有這樣的論述，應該與中國的國家命運有關。從 19 世紀開始，中國遭遇了李鴻章所說的「三千年未有之大變局」，有亡國滅種的危險。這一時期的儒家學者在這一艱難的歷史時刻，特別強調儒家道德心性論的優勝，這種由於愛國而來的情懷是可以理解的，但是能否在哲學上真正站得住腳，卻是一個問題。

　　因此儒家思想與其他文明的哲學比較起來，其最重要的特色其實並非其道德心性論，而是儒家思想只講天道而不講人格神，不以宗教為哲學思想最終寄託的主張。與其他文明的哲學

思想比較起來，儒學因而有兩項特色，第一，儒學沒有排他性，因此有兼容並蓄的氣魄。第二，它有強烈的宗教式情感，卻不是宗教，不講鬼神，也沒有有形的宗教組織 [60]。這在所有的世界文明當中是非常特殊的，也是非常早熟的，幾乎是只此一家，別無分店。印度文明以宗教為中心，其注重宗教的特色非常明顯。希臘和羅馬的西方文明，他們的宗教傳統在文化中也無處不在，並且深深影響了他們的哲學思想。等到基督教變成了羅馬帝國的國教，猶太－基督教傳統更成了西方人在生命中須臾不可或離的思想主宰，哲學變成了神學的婢女。這種情形不但在西方歷史上中世紀的黑暗時代是如此，甚至在 15 世紀的文藝復興、17 世紀的啟蒙運動之後，仍然影響了幾乎所有的西方哲學家，包括有極大影響力的哲學家，如康德、黑格爾、柏格森、詹姆士等人都在內。只有極少數的哲學家，像是狄德羅、費爾巴哈、尼采、羅素、沙特等人才能跳脫基督教的影響。啟蒙運動到現在已經有三百多年了，與 18 世紀以前相比，基督教在西方社會固然已經在衰退之中，但其影響力仍然不可小覷。

儒家思想則與此完全不同，在宗教思想方面，孔子的態度非常接近現代哲學的不可知論 (agnosticism)。孔子主張：「敬鬼神而遠之」[61]、「未知生，焉知死？」[62]、「未能事人，焉能

---

60. 鄭秋月，《對話詮釋──杜維明與成中英的美國儒學論說》（北京：中國社會科學出版社，2012），頁 215。

61. 《論語·雍也》，第 22 章。

62. 《論語·先進》，第 12 章。

事鬼?」[63]，而且「子不語怪力亂神」[64]，說:「天何言哉!四時行焉，百物生焉，天何言哉!」，認為「知之為知之，不知為不知，是知也。」[65]這幾乎是標準的不可知論，也與許多近代大科學家對於大自然的看法極為相似。至於儒家的另外兩位宗師，孟子對於宗教的態度與孔子也相當接近。孟子說:「仰不愧於天，俯不怍於人」[66]、「順天者存，逆天者亡」[67]、「盡其心者，知其性也。知其性，則知天矣。存其心養其性，所以事天也。」[68]孟子也是只談天道，不講鬼神。至於荀子，荀子明確主張「聖人不求知天」，使天回到自然之天的本位。荀子以自然之天否定神祕之天，沒有鬼神，祭祀純係神道設教，荀子說:「天行有常，不為堯存，不為桀亡，應之以治則吉，應之以亂則凶」、「大天而思之，孰與物畜而制之?從天而頌之，孰與制天命而用之?⋯⋯故錯人而思天，則失萬物之情」。[69]荀子根本不信鬼神，比孔子、孟子還要接近現代的無神論 (atheism)。自此以後，除了漢代的儒家受到陰陽家的影響，有一些神祕主義的因素以外，到了宋明理學之後，沒有一位有成就的儒家學者會講鬼神，這種不講人格神的思想成了中國儒家的傳統。在

---

63. 《論語‧先進》，第 12 章。

64. 《論語‧述而》，第 21 章。

65. 《論語‧為政》，第 17 章。

66. 《孟子‧盡心上》，第 20 章。

67. 《孟子‧離婁上》，第 7 章。

68. 《孟子‧盡心上》，第 1 章。

69. 《荀子‧天論》。

所有世界文明中，這是最為符合現代科學思想的。因此在這方面，儒家思想比所有的西方、印度的哲學思想都要更為早熟而先進。這也是為什麼在啟蒙時代，西方哲學家像是德國哲學家萊布尼茲 (Gottfried Wilhelm Leibniz, 1646-1716)、沃爾夫 (Christian Wolff, 1679-1754)、法國哲學家伏爾泰都非常重視儒家思想的原因。後來雖然因為中國國際地位下降，中國思想不像啟蒙時代一樣受到重視。但是隨著中華民族的復興，這種局面肯定是會改變的。

過去這一百多年，在儒家學者中，梁漱溟比較強調中國、印度、西方哲學的不同之處，但也有一定的限制。在當代新儒家中，牟宗三曾批評天主教，但是基本上不是從思想上著眼。唐君毅甚至還認為可能有鬼神，與其他儒家思想家有很大的差異，與儒家傳統思想也有出入 [70]。當前有些學者可能因為需要與西方國家交流，為了保持和諧，較少討論儒家思想與有神論宗教之間的差異，而多論儒學和基督教神學的互通交流，甚至認為可以並存，但在學理上這其實是很難講得通的。儒家思想必須保持不講人格神的傳統，與科學保持一致。在這方面，與西方哲學比較起來，儒學的寶貴特色還有很大的發展空間。

不但如此，世界上的傳統宗教往往都有民族特色，甚至強調自己民族是獨特的。像是猶太教和基督教，根據《舊約》的說法，都把猶太人當作他們神的選民。基督教的《舊約》其實就是猶太教原來的經典，裡面充滿了對於猶太人在神之前獨特

---

70. 李雅明，〈試論當代儒家之宗教觀及其歷史使命〉，《思想》第 23 期，2013：頁 25-53。

的角色和身份。這樣的論述引發基督教傳教過程中的反抗，像是羅馬帝國接受基督教，就經過幾百年的衝突。北歐人民也是在經過血腥的戰爭之後才被迫接受基督教的。基督教傳入中國，同樣引發多次衝突，甚至造成中國歷史上僅有的一次宗教戰爭——太平天國和無數的教案。這種潛在的衝突情況到今天仍在持續。而作為中華文化傳統的儒家思想則完全沒有這方面的問題，因為儒學沒有民族偏見、沒有以某個民族為中心。這為儒學未來在世界上的發展提供了一個重要的助力。

儒家思想的現代化及其歷史使命

什麼叫做思想現代化？就是一方面要能夠符合現代社會的需求，進一步要能指導社會的發展。現在一般人都認為現代化的社會應該是一個講求自由民主，並且能為科學發展提供良好條件的社會。過去人們往往批評儒學在這些方面不能符合現代化的需要。比如：儒家思想發展不了民主和自由，儒家思想發展不了科學和技術，儒家思想是封建時代的東西，已經不適應於今天的時代等等。

不過，如果我們更深一層來探討的話，情形將不是這樣。我們先討論儒家思想是否與民主有衝突的問題。在儒家先師中，孔子的年代是比較確定的，他的年代是公元前 551 到公元前 479 年。孟子的年代只能大約說是公元前 372 到公元前 289 年，荀子的年代更不確定，大約是公元前 313 到公元前 238 年。總之，他們都是公元前 3 世紀以前的人。當時全世界各個

國家實行的都是君主政治，要求儒家先師在那個時代就主張民主，這是不切實際的。然而即使在那個時代，先秦儒家卻不缺乏民本的思想。

首先孔子就很重視人民的福利。《論語》中有：「子謂子產，有君子之道四焉：其行己也恭，其事上也敬，其養民也惠，其使民也義。」[71] 另外有：「子貢曰：『如有博施於民，而能濟眾，何如？可謂仁乎？』子曰：『何事於仁，必也聖乎！堯舜其猶病諸！夫仁者，己欲立而立人，己欲達而達人。能近取譬，可謂仁之方也已。』」[72] 在《荀子》中，有一段孔子的談話，極富意義。《荀子‧哀公》說：「且丘聞之，君者舟也，庶人者水也。水則載舟，水則覆舟，君以此思危，則危將焉而不至矣！」[73]《荀子‧王制》也有：「傳曰：『君者舟也，庶人者水也，水則載舟，水則覆舟。』，此之謂也。故君人者，欲安，則莫若平政愛民矣。」[74] 都強調人民的福利，甚至人民可以有「覆舟」的權力。

當然，有人會批評說孔子也說過這樣的話：「子曰：『民可使由之，不可使知之。』」[75] 很多人以此來批評孔子，認為孔子要實行愚民政策。有人則把這句話解讀為「民可，使由之。不可，使知之」，這樣讀意思就不一樣了。不過即使用第一種解

71. 《論語‧公冶長》，第 16 章。

72. 《論語‧雍也》，第 30 章。

73. 王忠林注釋，《新譯荀子讀本》（臺北：三民書局，1987），頁 503。

74. 王忠林注釋，《新譯荀子讀本》（臺北：三民書局，1987），頁 117。

75. 《論語‧泰伯》，第 9 章。

讀，在公元前 5 世紀，要讓所有的民眾都能夠瞭解政府為什麼要這樣行政，實際上也是有困難的。孔子的民本思想，就是要建設一個「老者安之，朋友信之，少者懷之」[76]的理想社會，其目標就是《禮記·禮運》的大同世界。

孟子的民本思想比孔子還強烈，第一，他認為「民為貴，社稷次之，君為輕」[77]，將民擺到了最高的地位。在孟子這裡，民不但超過了君主，甚至超越了國家，民權大於王權。第二，孟子認為得民心者得天下，「桀紂之失天下也，失其民也；失其民者，失其心也。得天下有道：得其民，斯得天下矣。得其民有道：得其心，斯得民矣。」[78]這一思想承接「載舟覆舟」之說，對後世也影響很大。第三，破除忠君觀念。國君有過錯，國民甚至可以推翻他。《孟子·梁惠王下》記載，齊宣王問孟子，湯放逐桀，武王伐紂，是不是有這樣的事情，孟子回答說：「賊仁者謂之賊，賊義者謂之殘。殘賊之人謂之一夫。聞誅一夫紂矣，未聞弒君也。」第四，與民同樂。《孟子·梁惠王下》記載說：「樂民之樂者，民亦樂其樂；憂民之憂者，民亦憂其憂。樂以天下，憂以天下，然而不王者，未之有也。」第五，制民之產。在經濟上，孟子主張「民有恆產」，「民之為道也，有恆產者有恆心，無恆產者無恆心。苟無恆心，放辟邪侈，無不為已」[79]，要讓他們「仰足以事父母，俯足以畜妻子，樂歲

---

76. 《論語·公冶長》，第 26 章。

77. 《孟子·盡心下》，第 14 章。

78. 《孟子·離婁上》，第 9 章。

79. 《孟子·滕文公上》，第 3 章。

終身飽，凶年免於死亡。」[80]在孟子看來，為君者要能以民為本，勤謹為民，要能使民有恆產，保證民生，也就是實現「王道」，要以仁義治天下。這在公元前 3 世紀，是非常不容易的。

荀子也有很強的民本思想：在《荀子》中有這樣的記載：

1. 《荀子‧大略》：「天之生民，非為君也；天之立君，以為民也。」

2. 《荀子‧王制》：「傳曰：『君者舟也，庶人者水也，水則載舟，水則覆舟。』，此之謂也。故君人者，欲安，則莫若平政愛民矣。」

3. 《荀子‧性惡》：「塗之人可以為禹，曷謂也？曰：凡禹之所以為禹者，以其為仁義法正也。然則仁義法正，有可知可能之理。然而塗之人也，皆有可以知仁義法正之質，皆有可以能仁義法正之具，然則其可以為禹明矣。」

4. 《荀子‧富國》：「是以臣或弒其君，下或殺其上，粥其城，倍其節，而不死其事者，無它故焉，人主自取之。詩曰：『無言不讎，無德不報。』此之謂也。」

5. 《荀子‧君道》：「君者，何也？曰：能群也。能群也者，何也？曰：善生養人者也，善班治人者也，善顯設人者也，善藩飾人者也。善生養人者人親之，善班治人者人安之，善顯設人者人樂之，善藩飾人者人榮之。四統者俱，而天下歸之，夫是之謂能群。」

漢代以後，當權者為了利於統治，的確有強化威權主義的作法，這些作法的確也不合乎民主，但是這筆帳不能算到儒家

80. 《孟子‧梁惠王上》，第 7 章。

先師頭上。民主制度在歷史上是經過很長時期才逐步發展出來的，西方國家也是到了 18、19 世紀才逐漸有一些民主政治的出現。先秦儒家的三大宗師都有很強的民本思想。比諸當時全世界的其他文明，儒家先師的思想是很先進的。

至於在發展科學方面，儒家也很有科學求真的精神。孔子就說過：「知之為知之，不知為不知，是知也。」[81] 這是非常符合近代科學思想的，在公元前 5 世紀也是非常先進的。孟子對於客觀世界的認識也有一定的瞭解，他認為客觀世界有其自己的規律，是人所不能違反的。孟子明確地看到，一切事物發展和變化有其自己的一定的進程。在《孟子》中，有這樣一個故事：「宋人有閔其苗之不長而揠之者，芒芒然歸，謂其人曰：『今日病矣！予助苗長矣！』其子趨而往視之，苗則槁矣。天下之不助苗長者寡矣！以為無益而舍之者不耘苗者也。助之長者揠苗者也，非徒無益，而又害之。」[82] 認識世界是為了改造世界。最重要的一環在於掌握客觀規律，而不能不合乎客觀事實。孟子也拿夏禹治水，根據水勢就下、可導而不可遏的規律，來說明人認識世界、改造世界都須如此 [83]。孟子因此是尊重客觀事實的。

荀子向外求知的精神就更強了，他的主張接近西方的經驗論。荀子主張的天是自然之天，荀子以自然之天否定神祕之天，沒有鬼神，祭祀純係神道設教，荀子說：「天行有常，不為堯

81. 《論語・為政》，第 17 章。

82. 《孟子・公孫丑上》，第 2 章。

83. 《孟子・滕文公下》，第 9 章。

存，不為桀亡。應之以治則吉，應之以亂則凶。彊本而節用，則天不能貧；養備而動時，則天不能病；脩道而不貳，則天不能禍。」他接著說：「大天而思之，孰與物畜而制之？從天而頌之，孰與制天命而用之？……故錯人而思天，則失萬物之情。」[84]

　　荀子也提倡人的知性精神，抬高人道的地位。他說：「故君子敬其在己者，而不慕其在天者；小人錯其在己者，而慕其在天者。君子敬其在己者，而不慕其在天者，是以日進也；小人錯其在己者，而慕其在天者，是以日退也。」[85]他也說：「道者，非天之道，非地之道，人之所以道也，君子之所道也。」[86]如果順著荀子的知性精神，中國有很大希望可以走上科學發展的道路。很可惜因為荀子主張性惡的關係，得不到宋明之後大多儒者的認同，被排斥在正統之外，平白喪失了大好的發展機會。

　　中國在歷史上有許多技術發明，但是卻缺少純科學的發展。原因何在呢？這可能與後代儒者過於重視道德、過於講求心性、而沒有能夠提倡向外求知有關。長期研究中國科技發展史的李約瑟認為，在科學發展方面，儒家有兩種矛盾的傾向，儒家的理性思想反對迷信，有助於科學的發展，但是儒家思想過於關心人事，過於強調倫理道德至上，比較不關心自然事物，則不

84.　《荀子·天論》。

85.　《荀子·天論》。

86.　《荀子·儒效》。

利於科學的進步[87]。這種評論比較客觀,是有一定道理的。在這方面,宋明理學過度注重心性論,而且往往是形上學的心性論,可能是重要的原因之一。

至於說批評儒家思想所建立的禮教是一種吃人的禮教,儒家思想是封建時代的東西,已經不適應於今天的時代等。其實,為了維護社會的正常運行,世界上任何國家都有一定的規律、任何社會都有高低上下之分,這是沒有辦法避免的,這並不是一個應不應該有的問題,而是一個如何實行的問題。儒家先師並沒有規定說禮教必須要多嚴格,社會的階層要劃分得多清楚。事實上,中國自從秦朝實行郡縣制度以後,就沒有全國都實行分封諸侯的封建制度。比起歐洲國家一直到近代以前都有世襲的封建貴族制度而言,中國已經比歐洲先進得多了。中國也有長時期的科舉制度,一介平民可以憑著自己的才學,經過公平的考試而提升自己的社會地位,這在西方國家的歷史上都是不能想像的。如果後代的制度設計不良,那應該要由後代的人自己負責,不能把責任推到兩千年前的儒家先師頭上。而且隨著社會的進步,這些過去的缺點也都是可以調整的,因此並不構成基本的問題。

在中國歷史上,國外思想大規模的傳入只發生過兩次,就是漢代佛教的傳入與 19 世紀以後與西方文明的接觸。國外思想的傳入,如果是在平等的情況下,應該是對雙方都有利的。歷史上佛教的傳入就純粹是一件思想領域的事,與國際情勢無

---

87. 祝瑞升主編,《儒學與 21 世紀中國——構建、發展當代新儒學》(上海:學林出版社,2000),頁 217 與頁 482。

關。但是 19 世紀以後西方思想的傳入，卻與西方帝國主義的侵略同步。好在這一段創巨痛深的歷史已經過去了。中華民族已經重新站了起來。今後將可以在平等的地位上，與國外思想交流。

19 世紀之後外來思想的傳入，主要或許可以分為兩個部份，一個是從歐美國家湧來的，包括哲學、科學、政治、經濟各方面的思想衝擊。另一個則是主要從蘇聯傳入的馬克思列寧主義，雖然馬克思主義原來也源自西歐。

對於這第一個衝擊，我們在上一節已經討論過，中國的儒家思想與歐美思想最主要的不同之處，在於儒家講天道而不講人格神。在這方面，儒家思想無疑站在與近代科學更為符合的一方。而西方的基督教思想，隨著科學知識的進步與歷史研究的深化，其影響將會日益消退。這一趨勢可以很明顯的見於西方國家基督教徒人口比例近年來的大幅下降。而且，基督教原來是猶太教的分枝，其思想基於猶太民族的歷史文化，甚至以猶太人作為他們的神耶和華的選民。現在基督教《新舊約全書》中的《舊約》就是猶太人的傳統經典。因此，基督教的教義是帶有西方民族特別是猶太民族特徵的，與中華民族的傳統文化有明顯的出入。儒學的重要歷史使命之一，就是保衛中華民族傳統文化的繼續傳承。過去中華文明在面對外來思想的時候，宋明理學的首要任務是抗佛老。面對西方文明，當代儒家的歷史使命自然是為了維護中華民族文化的傳承而「非基」。「非基」並不是要像清代康熙、雍正時期那樣去驅逐天主教，而是在現在宗教信仰自由、公開透明的情況下，讓華夏子孫都能認清基

督宗教以及其他有神論宗教的歷史和教義、認清其中的迷信成分是跟科學思想有衝突的、以及這些宗教與儒家思想的不同之處，讓每一個人自己去辨明其中的是非。

　　至於馬克思主義，就像當年佛教傳入中國以後的逐漸中國化，中國現在也需要馬克思主義的中國化。首先我們要瞭解，馬克思主義與馬克思列寧主義是有重大區別的，雖然這個區別在中國共產黨的發展史上過去沒有受到足夠的重視。馬克思主義是由馬克思和恩格斯發展出來的。而馬克思列寧主義則是列寧在十月革命之後，在馬克思主義的基礎之上加上俄國因素，強調無產階級專政而發展出來的。這兩者有相當大的差異。在俄國十月革命之前，所有以馬克思主義為綱領的歐洲社會民主黨，都認為民主和社會主義根本是一物之兩面，他們甚至認為只有社會民主黨爭取的民主才是真正的民主。然而，列寧在1917 年革命成功之後，卻以「無產階級專政」為名，實行一黨專政。「無產階級專政」這個名詞雖然是馬克思首先使用的，但是在馬克思長篇累卷的文字當中，提到無產階級專政的，只有寥寥可數的三次，加上一篇報導文字，一共有四次[88]。所以這並不是馬克思主要強調的觀念。1989 年起的東歐劇變以及1991 年的蘇聯解體，實際上已經宣告列寧主義的破產。今後的

---

88. 馬克思提到「無產階級專政」的這四次是：⑴《法蘭西階級鬥爭》，1850 年；⑵馬克思致約‧魏德邁的信，1852 年；⑶馬克思，《哥達綱領批判》，1875 年；⑷「紀念國際成立七週年」，1871 年。以上均見《馬克思恩格斯選集》，分別在卷一頁 479、卷四頁 332、卷三頁21，及卷二頁 443。

問題主要在於如何讓馬克思主義恢復原有的民主成分，以及讓馬克思主義中國化。儒學傳統的民本思想，以及像《禮運·大同》所描繪的理想社會，為馬克思主義中國化提供了一個未來遠景的藍圖。

結　語

　　由於演化論和生物學的發展，演化倫理學因而興起，人們開始以基因學說、「近親選擇理論」和「互惠利他主義」來解釋人類社會的倫理道德。把這樣的思路應用到儒家人性論，可以完整的結合孟子的性善論和荀子的性惡論，得到符合實際、「善惡並存」的儒家人性論。這種「科學的儒家人性論」與儒家「親親」的仁愛思想是一致的。以「科學的儒家人性論」來重新解讀傳統儒家哲學，可以把孟子之學和荀子之學完整的恢復到儒學的傳統之中，重新展現出擁有唯理論和經驗論兩條主線的儒學傳統，這不但擴展了儒學的思想範圍，也可以開創出儒學與近代科學充分融合、現代化的新道路。

哲學概論 冀劍制／著

　　本書為哲學入門教科書，著重在引發學生對哲學的興趣，希望透過與哲學的簡單接觸，就能吸收養分，轉換成生活的智慧。本書另一項特點是廣泛介紹各種哲學議題，不偏重於任何特定主題，並且在篇首與篇末設計了一些值得討論的問題，訓練學生的思考能力。這本教材的目標，是要讓學生在學習的過程中，發現哲學思考的樂趣與應用價值，讓每個人都能依照自己的思路，汲取智慧的活水，讓生命更有意義。

知識論 彭孟堯／著

　　「求知」是人之所以為人的一項重要特徵，而《知識論》就是人類這種求知活動的菁華。什麼是知識的本質？眼見為憑是否保證了知識的正確性？夢中場景可以成為知識嗎？真正的知識要如何證明呢？本書除了介紹西方傳統的知識論之外，著重在解說當代英美哲學界在知識論領域的研究成果與發展，並引進認知科學及科學哲學的相關研究成果，以輔助並擴充對於知識論各項議題的掌握。

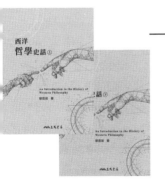

西洋哲學史話（上／下） 鄔昆如／著

　　本書以編年史的形式，將西洋哲學歷史分為希臘哲學、中世哲學、近代哲學和現代哲學四個部分，清楚地解說每一時期的沿革發展，並選擇數名或數個具代表性的哲學家或思想流派來介紹。在哲學概念的介紹上，作者不以譯本作為材料來源，而是盡量還原原作語言，以期提供全面而完整的西洋哲學史料。以深入淺出的文筆，從繁榮到哲學之死，從黑暗到迎接曙光，帶你一起找到進入西洋哲學的門徑，一窺哲學世界的萬千風貌及深厚底蘊。

倫理學釋論 陳特／著

　　西方大哲亞里斯多德以為道德教育可分為兩方面：一是培養年輕人的道德習慣；二是使年輕人明白道德的價值，或人之所以要道德的理由。一般的道德教育較強調前者，對於後者卻非常欠缺。本書介紹了一些很基本的倫理學說，在其中，讀者可以看到道德對於個人和社會的各種意義與價值，亦即人之所以要道德的各種理由。希望讀者能透過這些學說，思索並反省道德對於我們的生命可能會產生什麼樣的變化，進而找到新的人生方向與意義。

海德格與胡塞爾現象學 張燦輝／著

　　海德格被公認為二十世紀最重要的哲學家之一，其《存在與時間》一書更是引領現象學開啟一個新的境界。想要了解海德格哲學，則不能不從他的老師胡塞爾開始講起。本書於一九九六年首次出版，對當時漢語世界剛剛起步的海德格研究，有重要的參考價值。作者層層剖析海德格與胡塞爾這對師生的關係，對於現象學的發展、變化乃至超越與困境，都有淋漓盡致的分析，為漢語世界讀者，開啟一道通往現象學的大門。

邏　輯 林正弘／著

　　抽象思考的能力與嚴密推理的習慣，是處理複雜事物所不可缺少的。而培養這種能力與習慣最簡便的方法，就是學習邏輯，因為邏輯是直接以推理的規則為其研究的對象，也是思考訓練的一門重要學科。本書是初等符號邏輯的教科書。在內容上，主要包括語句邏輯以及量限邏輯等重要領域，敘述簡潔而緊湊；在方法上，則採用自然演繹法，即一套由前提導出結論的推論規則，因而本書適合初學者入門使用。

硬美學——從柏拉圖到古德曼的七種不流行讀法

劉亞蘭／著

　　我們或多或少都曾經為了美與藝術背後的哲學問題感到困惑：怎樣才算美？藝術到底是什麼？而觀眾、藝術家與作品之間的三角關係又是什麼？在本書中作者另闢蹊徑，擺脫以往用「唯美」的藝術作品來介紹美學，反而從七個迴異的主題下手，藉由美學與藝術哲學內最「冷硬」、最尖銳的議題來挑動讀者的哲學神經 ， 循著七種美學的「不流行讀法」，帶領讀者一窺藝術、美與哲學背後的種種爭論，來一趟「硬」美學之旅！

國家圖書館出版品預行編目資料

演化與人性：演化倫理學與儒家思想的創新／李雅明
著.－－初版一刷.－－臺北市：三民，2021
面；　公分.－－（哲學）

ISBN 978-957-14-7171-6 （平裝）
1. 儒家 2. 倫理學 3. 人性論

121.2   110004723

👀 哲學

演化與人性──演化倫理學與儒家思想的創新

作　　者	李雅明
發 行 人	劉振強
出 版 者	三民書局股份有限公司
地　　址	臺北市復興北路 386 號 (復北門市) 臺北市重慶南路一段 61 號 (重南門市)
電　　話	(02)25006600
網　　址	三民網路書店 https://www.sanmin.com.tw
出版日期	初版一刷 2021 年 5 月
書籍編號	S121290
ＩＳＢＮ	978-957-14-7171-6